株カラ売り5つの戦術

手堅く
短期で
効率よく稼ぐ

藤本 壱
Fujimoto Hajime

自由国民社

本書は信用取引及び空売りの概要と事例について、参考情報の提供を目的としたものです。投資勧誘を目的としたものではなく、投資助言ではありません。本書の内容に関しては正確を期すよう注意を払いましたが、内容を保証するものではありません。本書の情報を利用した結果生じたいかなる損害、損失についても、出版元、著者、本書制作の関係者は一切の責任を負いません。投資の判断はあくまでご自身の自己責任でお願い致します。

はじめに

新型コロナウイルスの世界的な感染拡大の影響により、日経平均株価は今年2月下旬の24000円弱から16000円台半ばまで、1か月弱で急落しました。その後は反発し、現時点では19000円台で推移していますが、しばらくの間は先行きの見通せない、予断を許さない状況が続きそうです。

このような状況下で、株で稼いでいくには、株を買って上がるのを待つだけではなく、信用取引を用いて「カラ売り」を活用することです。カラ売りには、次のような大きなメリットがあります。

①下げ相場でも儲けられる（上昇相場の買いと合わせればチャンスが2倍に）
②株価の急落をうまく狙えば、短期間で儲けられる
③レバレッジが効くので手持ち資金の約3倍の取引ができ、資金効率が良い
④持ち株の下落のヘッジやつなぎ売りなど、カラ売りならではの戦術が取れる

本書執筆時点では、世界景気が大きく減速、悪化する可能性があります。日本でも今年7月から開催予定だった東京オリンピックが1年延期され、過去最大規模を見込んでいたインバウンド需要が突然激減するという想定外の事態に見舞われています。感染防止のためには、他人と接することを極力控える必要があるため、宿泊業・観光業・飲食業・航空業などを中心に、国内の景気も急速に悪化しています。

このウイルス問題が早期に終息することを願いたいですが、長引くことも十分に考えられます。そうなると、株価が底這いの動きになるか、上昇しても長続きせずに、上昇／下落を繰り返すような動きが多くなりそうです。

そしてこのような相場こそ、カラ売りの威力を発揮できる機会なのです。

そこで本書では、個人投資家のための5つのカラ売り戦術を取り上げて、具体的に紹介します。ご自分の現物株投資のスタイルとの関係や相場局面に応じて、これらの戦術を取ることで、上昇と下落の両面で機動的に稼ぐことができます。相場の先行きが不透明な局面では、現物株をカラ売りする「売りヘッジ」で、現物株の下げリスクを回避することもできます。

●戦術1　下落トレンドに入った銘柄を狙う（第2章）

●戦術2　急騰した銘柄の下げを狙う（第3章）
●戦術3　悪材料が出た銘柄の下げを狙う（第4章）
●戦術4　市場全体が急落する時を狙う（第5章）
●戦術5　カラ売りを使った応用ワザで稼ぐ（第7章）

ただし、カラ売りには、よく頭に入れておくべき注意点やリスクも当然あります。ただやみくもにレバレッジをかけて建玉を大きくし、「これだけ上がったのならもうそろそろ下がるだろう」と安易に銘柄とタイミングを選んでいては、たちまち失敗して大きな損失を被ります。

そこで、本書ではカラ売りの基本的なリスク対策を解説するとともに、戦術ごとの銘柄の選び方やタイミングの取り方についても解説していきます。

最後に本書を手に取っていただいた皆様が、カラ売りを上手に使って利益を上げられるようになれば、筆者として幸いです。

2020年4月

藤本　壱

CHAPTER

1 信用取引と空売りのしくみを理解しよう

CHAPTER
2
下落トレンドに入った銘柄を狙う

CHAPTER

3

急騰した銘柄の下げを狙う

CHAPTER

4 悪材料が出た銘柄の下げを狙う

CHAPTER 5

市場全体が急落する時を狙う

CHAPTER

6

上手に稼ぐための空売りのリスク対策

CHAPTER 7

空売りを使った応用ワザで稼ぐ

CHAPTER

信用取引と空売りのしくみを理解しよう

信用取引のしくみをしっかり理解しよう

＋信用取引には空買いと空売りの2つがある

まずは、信用取引と空買い／空売りのしくみから解説しましょう。

現物取引と信用取引

一般的な個人投資家が株を取引する場合は証券会社に口座を作り、株を買うのに必要な金額を口座に入金して、その金額の範囲内で株を買います。また、買った株をしばらく保有した後で売却します。これを「現物取引」と呼びます。

現物取引に対して、信用取引では「空買い」と「空売り」の2つの手法を取ることができます。

空買いはお金を借りて株を買うしくみ

空買いでは口座にある現金の範囲を超えて、その現金の約3・3倍までの株を買うことができます（証券会社によって限度は若干異なります）。たとえば、30万円の資金を口座に入れることで、100万円の株を買えます。持っていないお金で株を買う形になるため、「**空買い**」と呼ばれます。

より詳しく言うと、口座に入れたお金は、お金を借りるための「担保」という位置づけになり、「**委託保証金**」と呼びます。

中 空売りは株を借りて売り、後で買い戻して返済するしくみ

空売りの大きな特徴は、「先に株を売って、後で買い戻す」ということです。「先に売るって何？」と思われる方も多いと思いますので、例を1つあげておきます。

ある銘柄Aの株価が現時点で1000円だとして、これから株価が800円まで下落しそうだとします。この状況でこの銘柄で利益を上げるには、どうすれば良いでしょうか？

この場合、以下のような手順を取れば、利益が得られます（図1・1）。

①銘柄Aを持っている誰かから、株を借りる

②株価が1000円の時点で、借りた銘柄Aの株を売る。これで1株当たり1000円が手に入る

③株価が800円に下がった時点で、銘柄Aの株を買う。これで1株当たり800円を支

図1-1●高い株を売って安くなったら買い戻せば儲けられる

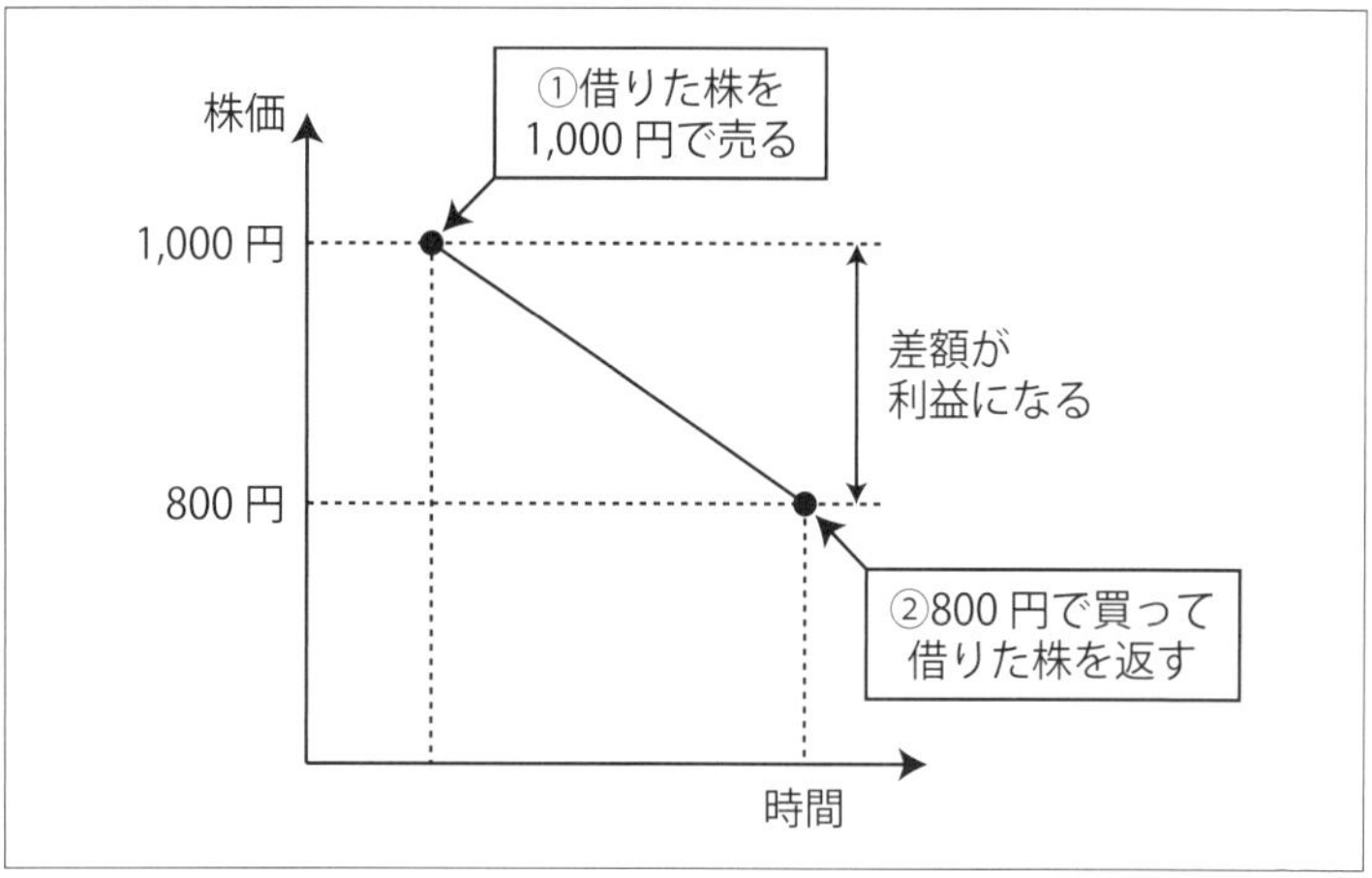

払うことになるが、②で売った時の1000円があるから、200円が手元に残る

④③で買った株を、①で借りた人に返す

このように、「**株価が高い時に株を借りてきて売り、株価が下がったら株を買い戻して、株を貸してくれた人に返す**」というのが、空売りの基本的な考え方です。

なお、「誰かから株を借りる」というと、難しそうに思えるかもしれませんが、実際の空売りの際には株を借りる処理は証券会社のシステムの側で自動的に行われます。

そのため我々個人投資家が株を借りることを意識する場面は、通常はありません。

空売りのメリットはこんなにある

空売りができれば下げ相場も怖くなく、投資機会と戦略が大幅拡大

ここでは、空売りならではのメリットを紹介します。

空売りのメリット① 下げ相場でも儲けられる

通常の現物取引や信用取引の空買いでは、「株を安く買って高く売る」ことで利益を得られます。しかし、株価下落局面では、「買い」だけではお手上げになります。

2019年までは株式市場はまずまずでしたが、2020年2月から3月にかけて**新型コロナウイルスの感染拡大が世界的な問題となり、日本を含む世界各国の株式市場が暴落**しました。大幅な景気後退につながる恐れがあり、予断を許さない状況になっています。

一方、前述したように空売りを使うと、株価が下がる局面でも、「高く売って安く買い戻す」ことで、利益を得られます。これが空売りの最大のメリットです。空売りを「買い」と組み合わせると、同一銘柄に対しても、**上げ／下げの両局面で機動的に稼ぐ**ことができるようになり、投資機会が2倍に増えることになります。

空売りのメリット② 下げ局面の方が短期間で儲けられる

株価の動きを見ていると、上昇する時は比較的長い期間をかけて少しずつ上昇するケースが多いのに対し、**下がりだすと一気に下がる**ことがよく見られます。特に、金融不安などの大きなリスク要因が発生すると、市場参加者が一斉に売りに走り、市場全体的に株価が急落するケースが多く見られます。その結果、空売りで儲けやすい状況が生まれます。

このようなタイミングにすかさず空売りすれば、短期間で効率よく稼げます。これは「買い」だけでは得られないメリットです。

空売りのメリット③ レバレッジが効き、資金効率が良い

現物取引では、手持ち資金の範囲内でしか株を買うことはできません。一方の空売りや空買いでは、保証金を担保にして手持ち資金を超えた売買をする（＝レバレッジをかける）ことができます。取引可能額は最大で手持ち資金の約3・3倍で、100万円の資金があれば約330万円分の建玉を持つことができます。

このため、少ない資金でも利益を稼ぐチャンスがあり、その利益を委託保証金に加えてさらに取引を増やすことができます。この点も大きなメリットです。

空売りのメリット④ 応用的な手法にも活用できる

空売りは、下げを期待して普通に売り建てる場合のほか、買い（現物買い／空買い）と空売りを組み合わせて、さまざまな**リスクヘッジ**に使うこともできます。

よく知られている手法として、買った持ち株の値下がりリスクを抑える「**つなぎ売り**」があります。現物株と同じ株数を空売りして**両建て**にすることで、現物株の下落による損失リスクをヘッジすることができます。現在のコロナショックのような暴落が起きそうな場合にも有効な手法です。そのほかにも、比較的低リスクで2つの銘柄の値動きの差を利用して儲ける「**サヤ取り**」などがあります。

以上、空売りのメリットを簡単に紹介しましたが、メリットが大きいということは、それに伴うコストやリスクもあるということです。リスクを抑える方法についても、順次説明していきます。

信用取引には制度信用取引と一般信用取引がある

2つの信用取引では、取扱銘柄や決済期限に違いがある

「制度信用取引」と「一般信用取引」の違いを、きちんと理解しておきましょう。

制度信用取引と一般信用取引

制度信用取引は、「制度」という言葉から想像されるように、証券取引所などの規定に沿って行う信用取引です。基本的にはどの証券会社でも、同じルールに沿って取引します（ただし、手数料等、証券会社によって異なる点もあります）。

また、制度信用取引は、裏方として「**証券金融会社**」が重要な役割を果たしています。空買いする人にお金を貸したり、空売りする人に株を貸したりするのが、証券金融会社の役目です。かつては複数の会社がありましたが、現在では日本証券金融の1社だけです。

一方の**一般信用取引**は、個々の証券会社がルールを決める信用取引です。お金を貸したり、株を貸したりするのも証券会社が自ら行います。そのため、証券会社によって費用や取引できる銘柄にも差があります（特に空売りの場合）。

中 制度信用取引と一般信用取引との違い

制度信用取引と一般信用取引には、異なる点があります。特に、空売りする際の違いが大きく、この点をしっかりと理解しておく必要があります。

◆空売りできる証券会社

制度信用取引では、信用取引を扱う証券会社なら、どこでも空売りができます（ただし銘柄によります。詳細は後述）。一方、一般信用取引では、証券会社自身が空売りする株を手配する必要があり、空売りを扱う証券会社は多くはありません（表1-1）。

表1-1●一般信用取引で空売りができる主な証券会社（2020年4月1日時点）

証券会社	URL
松井証券	https://www.matsui.co.jp/
auカブコム証券	https://www.kabu.com/
マネックス証券	https://www.monex.co.jp/
SBI証券	https://www.sbisec.co.jp/
楽天証券	https://www.rakuten-sec.co.jp/

◆空売りできる銘柄

制度信用取引では、空買いのみできる銘柄を「**信用銘柄**」、空買いも空売りもできる銘柄を「**貸借銘柄**」と呼びます。証券取引所が信用取引の対象銘柄の中から、貸借銘柄を選定しています。

貸借銘柄の一覧は東証のサイトで公開されています（https://www.jpx.co.jp/）。また、新聞の株価欄で、貸借銘柄にはそのことがわかるマークが付けられています（図1-2）。

表1-2●一般信用取引で空売りできる銘柄の数（2020年3月20日時点）

証券会社	銘柄数
松井証券	964銘柄
auカブコム証券	2080銘柄
SBI証券	3047銘柄
マネックス証券	1132銘柄
楽天証券	3724銘柄

図1-2●新聞の株価欄で、貸借銘柄には「・」マークが付けられている

•サカイオーベ	1929	1949	1884
•住江織	1690	1764	1685
フエルト	425	432	425
イチカワ	1230	1241	1230
日東網	1718	1750	1710
•アツギ	638	646	629
ダイニック	699	714	699
•セーレン	1269	1288	1233
•ソトー	933	943	918

基本的には流通している株数が多い銘柄が貸借銘柄に選ばれており、東証一部銘柄の約86％が該当します。一方、東証二部やJASDAQなどの新興市場では、貸借銘柄は少なく（東証二部で約29％、JASDAQで約19％）、制度信用取引では空売りができないことが多いです。

一方の一般信用取引では、個々の証券会社ごとに銘柄を選定しており、空売りできる銘柄が異なります（表1・2）。制度信用取引と同様、あまり流通していない銘柄は空売り不可のことが多いですが、制度信用取引にはない銘柄が扱われていることもあります。

◆空売りにかかる費用

空売りする際には、通常の株取引と同様に委託手数料がかかります。そのほかにいくつかの費用がかかります。

まず、株を借りてくる必要があるため、「**信用取引貸株料**」があります。信用取引貸株料は、制度信用取引よりも一般信用取引の方が高くなります。

また、制度信用取引の空売りでは、空売りが過熱した場合などに「逆日歩」という費用がかかることがあります。一方、一般信用取引では逆日歩はかかりません。

なお、これらの費用については、後の37ページで再度解説します。

◆取引を決済するまでの期間（決済期限）

制度信用取引では、**取引を決済するまでの期間が最長で6か月**と決まっています。空売りした場合は、6か月以内に買い戻して決済する必要があります。

また、一般信用取引では、決済までの期間に制限はありません（そのため「**無期限信用取引**」とも呼ばれます）。ただ、決済までの期間に比例して貸株料などの費用がかかりますので、無期限に決済を引き延ばすことは、実質的には無理があります。

ただし、一部の証券会社では、一般信用取引でも期限を設けている場合があります。たとえば、ａｕカブコム証券では「売短」と「長期」の2種類の空売りを扱っていて、それぞれの期限は13日間／10年となっています。また、楽天証券では「無期限」のほかに、「いちにち信用」と「短期」も扱っていて、それぞれの期限は当日中／13日間となっています。

信用取引はレバレッジをかけられる

委託保証金とレバレッジの関係

信用取引の特徴として、「レバレッジをかけて、大きなリターンを狙うことができる」という点があります。

レバレッジで大きな取引ができる

現物取引では、口座にある現金の範囲でのみ、取引することができます。

一方の信用取引では、証券会社よって若干の違いがありますが、原則として取引する金額の30％に相当する委託保証金があれば、空買い（または空売り）が行えます。たとえば、ある銘柄を100万円分空売りしたければ、100万円×30％＝30万円があれば良いです。

このように、少ない資金で大きな取引ができることを「**レバレッジ**」と呼びます。レバレッジ（leverage）は、日本語では「梃子（てこ）」のことです。

◆レバレッジをかけると資金効率が上がる

たとえば、ある銘柄を100万円分空売りする時、レバレッジをかけないとすれば、

図1-3●レバレッジで資金効率が上がる

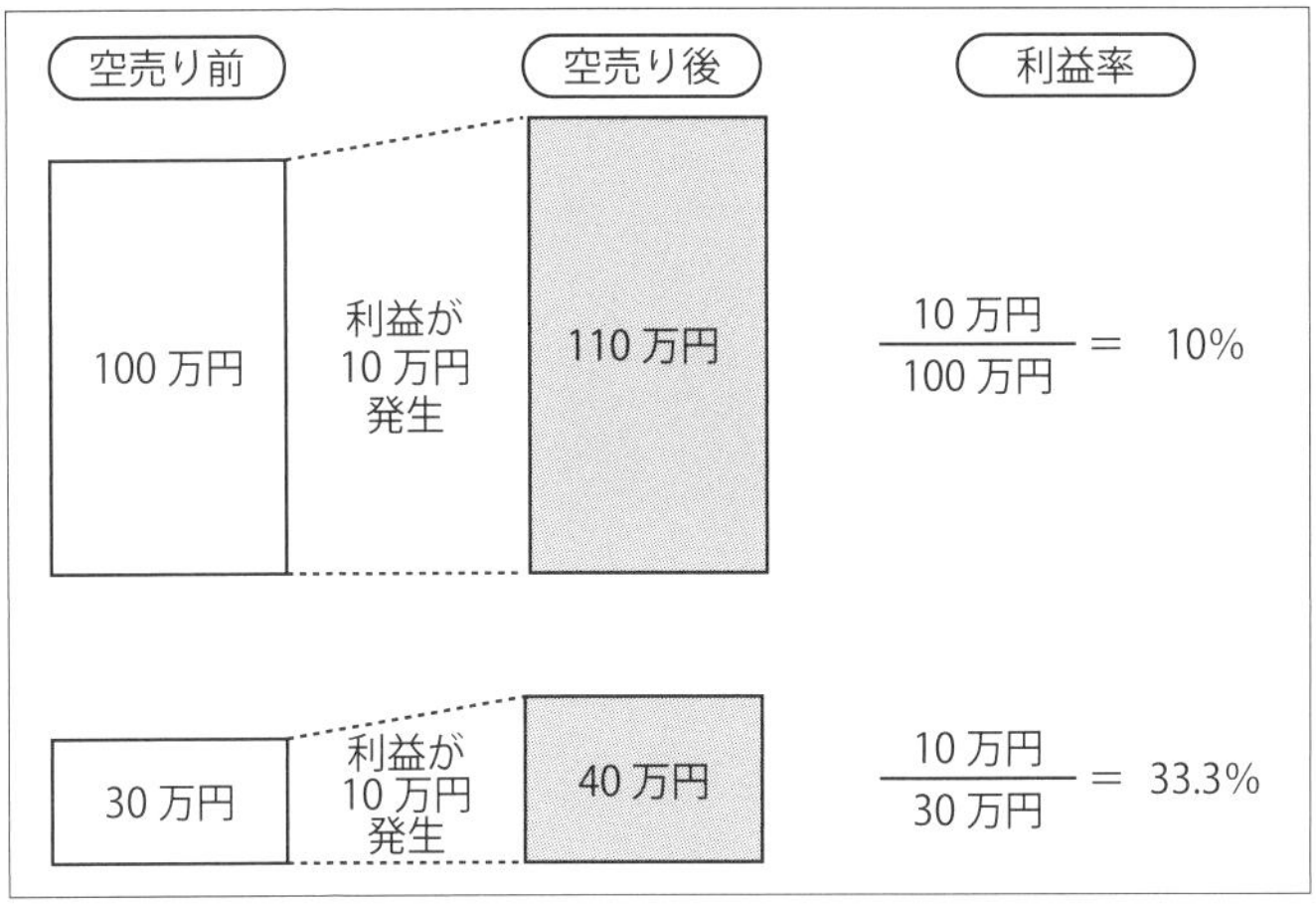

100万円の委託保証金が必要です。一方、レバレッジを目いっぱいかけるとすると、前述のように30万円の保証金があれば良いです。

その後、株価が10%下がった時点で買い戻したとします。すると、値下がり分が利益になりますので、100万円×10%=10万円の利益が生じます。

100万円の委託保証金を入れていた場合だと、保証金に対する利益率は、10%になります。一方、30万円の委託保証金だけ入れていた場合だと、利益率は10万円÷30万円=0.333…=33.3…%になり、利益率が約3・3倍になります（図1・3）。

このように、レバレッジをかけて、委託保証金として入れる額を減らすほど、空売りに成功した時の利益率が上がります。

レバレッジにはリスクがある

空売りで株価が下がると、レバレッジをかけているほど利益は大きくなります。しかし逆に株価が上がると、正反対に大きな損失になります。

たとえば、前ページの例で株価が10%値上がりした場合、レバレッジが1倍ならば損失は10%ですが、レバレッジを目一杯（約3・3倍）かけていると、損失は33・3…%になります。つまり、レバレッジをかけるほど、ハイリスク・ハイリターンになります。

また、空売りしている時に株価が上がると、委託保証金を追加で差し入れる必要（**追証**）が生じることがあります。

したがって、むやみにレバレッジをかけ過ぎない（委託保証金は十分な余裕を持たせる）ことをお勧めします。なお、追証については後の215ページで再度詳しく解説します。

代用有価証券も委託保証金に充当できる

委託保証金は基本的には**現金**で差し入れます。ただ、現金以外でも現物取引で買った保有中の株なども、委託保証金として使うことができます。このような「現金の代わりに委

表 1-3●代用有価証券として使える金融商品（2020年3月20日時点）

証券会社	上場株式	債券	投資信託
SBI証券	○	×	○
マネックス証券	○	×	○
auカブコム証券	○	×	○
楽天証券	○	×	○
松井証券	○	×	×
大和証券	○	○	○
野村證券	○	○	○

出所：各社ホームページ

託保証金として差し出す株など」を総称して、「**代用有価証券**」と呼びます。

多くの証券会社で代用有価証券として使えるのは現物株ですが、証券会社によっては、証券口座にある**債券**や**投資信託**を使える場合もあります（表1・3）。

中 代用有価証券を使う場合の注意点

まず代用有価証券は、委託保証金に換算する際に時価100％では評価されません。有価証券の種類や証券会社によって異なりますが、概ね80％前後で評価されます。この「代用有価証券を委託保証金として評価する際の割合」のことを、**代用掛目**（かけめ）と呼びます。

たとえば、株の代用掛目が80％の証券会社で、50万円の現金の他に時価100万円の株を代用有価証券として差し入れた場合、委託保証金としての評価額は、現金50万円＋株100万円×80％＝130万円になります。

◆株価が下がると評価額も下がる

代用有価証券は主に株ですが、株価は日々変動するため、**代用有価証券としての評価額も日々変動**します。特に、株価が下がると代用有価証券の評価も下がることになり、委託保証金が不足する（＝追証が発生する）ことがあります。

時には、代用有価証券の株が値下がりする一方で、空売りした株が値上がりして損失になり、ダブルパンチになることもあります。基本的には、**代用有価証券は使わずに現金で委託保証金を差し入れる**ことをお勧めします。

また、代用有価証券を使う場合は、特にレバレッジをかけすぎないように注意する必要があります。

◆規制がかかる場合がある

銘柄によっては、代用有価証券として認められない場合や、評価率が下がる場合があります。たとえば、株価が非常に低く、倒産するおそれがある銘柄は、代用有価証券として認められません。

また、信用取引が過熱した銘柄では、信用取引を規制するために「増担保規制」が取られることがあります。このような銘柄では、委託保証金の率が引き上げられ、かつその一部を現金で充当することが必要になります。

信用取引口座を開設する

証券口座を開設した後、信用取引口座を申し込む

空売りを始めるには、証券会社で信用取引口座を開設する必要があります。

信用取引口座開設の条件

信用取引は現物取引に比べしくみが複雑でリスクも高いため、現物取引と比べると口座開設の条件がやや厳しくなっています。

細かな条件は証券会社によって若干異なる場合もありますが、基本的には次のようなものが条件となっています。

①証券総合口座を開設済みであること
②すでに株取引の経験があること
③信用取引のルールを十分に理解していること
④十分な金融資産があること
⑤証券会社から常時連絡が取れる状態にあること

なお、本書では原則ネット取引での手順を解説します。証券会社では、**証券総合口座**をまず開設した後で、各種の口座（信用取引やＦＸなど）を追加で作る形を取っています。まだ証券総合口座をお持ちでない方は、各証券会社のホームページ等を参照してください。

中 信用取引口座の開設手続きをする

通常の証券口座にログインした後、信用取引関連のページを開いて、「口座開設」等のボタンをクリックします。信用取引の約款などが表示され、投資経験などについてＷＥＢ上で質問に答えます。一般的には、以下の手順で手続きを進めますが、申込み後、証券会社から電話で問い合わせがある場合もあります。

①口座開設に必要な情報を入力する
②投資経験や信用取引に関する質問に答える（ＷＥＢ審査）
③申込みを完了する

申込み手続きを完了してから証券会社で最終審査があり、メール等で結果が通知されます。早い所では２～３日で信用取引口座が開設されます。

空売り注文の出し方と決済の仕方

新規売りから返済買いで決済するまでの流れ

信用取引の口座を開設して委託保証金を入れれば、空売りを始めることができます。空売りの実際の手順を解説します。

委託保証金を用意する

まず、信用口座に委託保証金を入れることから始まります。たいていの証券会社では、委託保証金は**建玉の30％以上の金額（最低30万円）**が必要です（証券会社によっては、さらに多い場合もあります）。

現金を委託保証金にする場合、証券総合口座（現物取引の口座）に入金して、それを信用取引口座の保証金に振り替えることが一般的です。

新規に空売りする

空売りは売りから入り買い戻しで終わります。最初の売りを「**新規売り**」と呼びます。

図1-4●新規売り注文画面の例（SBI証券　［出所］https://www.sbisec.co.jp/）

新規売りの手順自体は、現物取引で買い注文を出す時とほぼ同じです。空売りする銘柄を指定した後、信用取引の種類／株数／指値・成行／注文期限などを指定します。新規売りの際にも現物取引と同じように、逆指値注文などが使えます。

たとえば、ＳＢＩ証券の場合だと、以下の手順で新規売りの注文を出します（図１・４）。

①口座にログインした後、画面上部の「取引」ボタンをクリック

②注文入力の画面が開くので、「信用新規売」をオンにした後、株数等の情報を入力

③取引パスワードを入力し、注文確認

図1-5●建玉を確認する例（SBI証券）

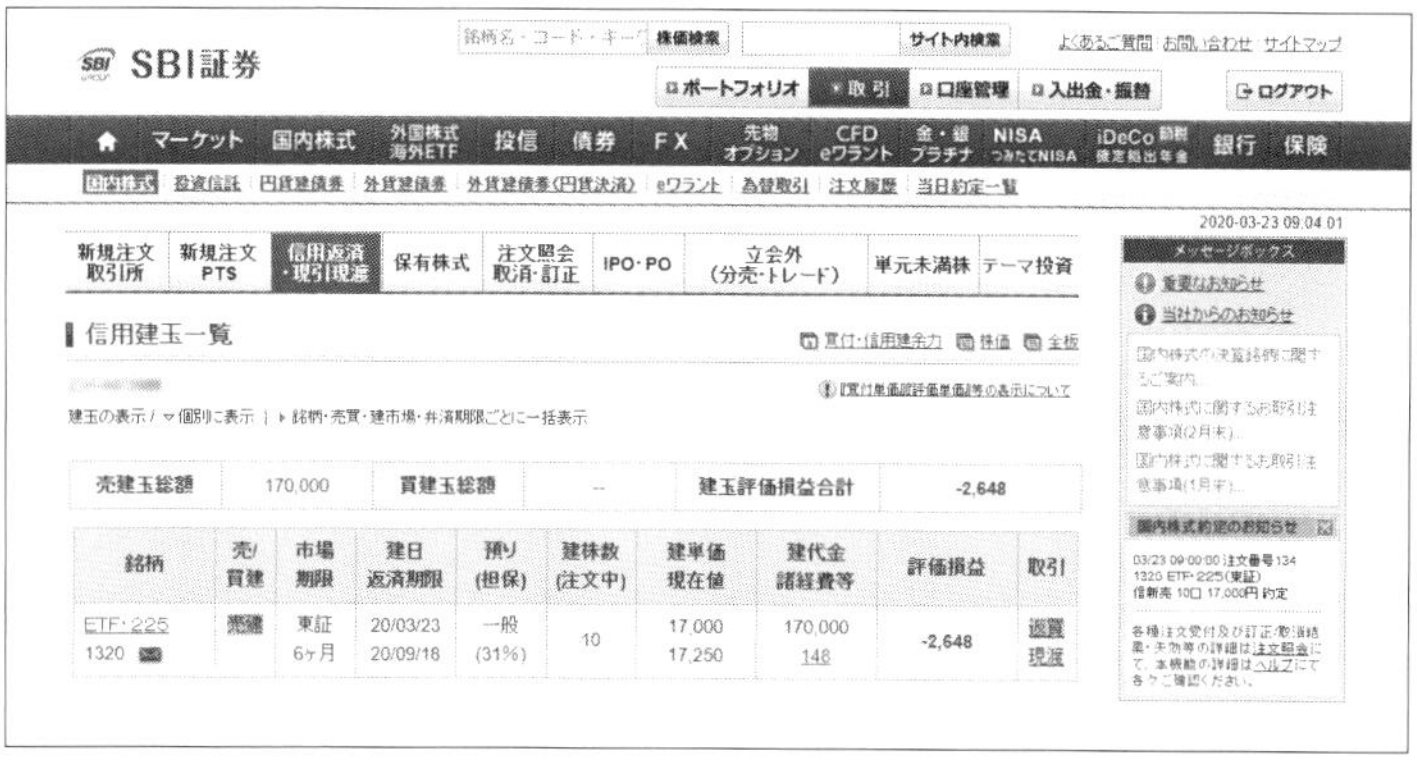

画面に移動して、注文を確認

建玉を確認する

信用取引では、まだ決済していない取引のことを、「**建玉**（たてぎょく）」と呼びます。空売りの建玉は「売り建玉」と呼びます。「売りポジション」と呼ぶこともあります。

ネット証券では、画面上で建玉の状態を確認することができます（図1・5）。

買い戻して決済する

空売りした株は、いずれは買い戻して決済する必要があります。この時の注文を「**返済買い**」と呼びます。

返済買いの手順は、現物取引で手持ちの株を売る時とほぼ同じです。建玉の一覧で買い戻したい建玉

図1-6●余力を確認する例（SBI証券）

を選び、株数などを指定して注文を出します。

余力を確認する

信用取引では、自分のお金や株を担保にしてレバレッジをかけることができるので、現物取引と比べて**余力**（あとどのぐらい取引できるか）ということを把握しにくくなります。特に、建玉を持っている状態でさらに新規の空売りをする場合、余力をしっかり把握しておく必要があります。

余力の確認も、取引の画面で見ることができます。ＳＢＩ証券の場合だと、画面右上の「口座管理」のリンクをクリックした後、メニューの「信用建余力」で余力等の情報が確認できます（図1・6）。

空売りにかかるコストはこんなものがある

貸株料や逆日歩など現物取引にはない費用もある

空売りには、現物取引にはない費用もかかります。それらをまとめておきましょう。

委託手数料

まず、現物取引と同様に、空売りでも株取引の際には委託手数料がかかります。手数料の計算方法は、証券会社ごとに異なります。また、証券会社によって、現物取引と信用取引とで手数料体系が同じである会社もあれば、異なる会社もあります。現物と信用とで手数料体系が異なる証券会社では、信用取引の手数料がより安くなっていたり、取引の頻度など条件によっては無料になったりすることが一般的です。いずれにしろ価格競争により、各社かなりの割安な手数料となっています。

信用取引貸株料

空売りでは、自分が持っていない株を借りてきて売る形を取ります。株を借りるための費用として、「**信用取引貸株料**」があります。信用取引貸株料は、新規売りから返済買いまでの日数を両端入れで数えて、その日数に応じた日割りで計算されます。1日のうちに新規売りと返済買いの両方を行った場合でも、1日分の費用がかかります。

　信用取引貸株料の年率は、証券会社によって異なります。本書執筆時点では、制度信用取引だと年率1・1～1・15％程度が多くなっています。また、一般信用取引で空売りができる場合は、制度信用取引より高い年率になります（表1・4）。

表1-4●主な証券会社の信用取引貸株料の年率（2020年3月20日時点）

証券会社	制度信用取引	一般信用取引
SBI証券	1.15%	短期：3.90% 長期：1.10%
マネックス証券	1.15%	短期：3.90% 長期：1.10%
松井証券	1.15%	2.00%
auカブコム証券	1.15%	短期：5.85% 長期：2.25%
楽天証券	1.10%	短期：3.90% 長期：1.10%
大和証券	1.15%	1.50%

※取引条件によって優遇適用もあり　出所：各社ホームページ

中 信用管理費

　新規売りから1か月経過するごとに、「**信用管理費**」という費用が発生します。

　多くの証券会社では信用管理費は、1株当たり0・110円です。たとえば、ある銘柄を2000株空売りし、1か月経過すると、0・110円×2000株＝

220円の信用管理費が発生します。

ただし、多くの証券会社では、信用管理費の下限は110円で上限は1100円です。

配当金相当額

株を持っていてその銘柄の決算期末を経過すると、配当を受け取れます。それと反対に、売り建玉を持っている状態で、その銘柄の決算期末を経過すると、配当分に相当する額を支払う必要が生じます。これを「**配当金相当額**」と呼びます。

配当金相当額は、**配当から所得税を源泉徴収した額**にあたります（制度信用取引の場合）。本書執筆時点では、配当金の所得税の税率は15・315％になります（0・315％は復興特別所得税）。

たとえば、ある銘柄を空売りして、その銘柄の期末を経過したとします。また、その銘柄の税引き前の配当が1000円だったとします。この場合、1000円－1000円×15・315％＝847円を、配当金相当額として支払います。

逆日歩

場合によっては、ある銘柄に空売りが集中することがあります（その銘柄に大きな悪材料が出た時など）。空売りは株を借りてきて行う取引なので、空売りが集中すると株を借りて調達するのが困難になり、普段よりも調達のコストが上がります。

そこで、借りる株を調達しづらい状況に陥ると、特別な費用として「**逆日歩**」（ぎゃくひぶ）が発生します（ただし、制度信用取引のみ）。逆日歩の額は、株不足の状況によって変化します。また、逆日歩は1株／1日当たりの金額で表されます。

たとえば、ある銘柄の逆日歩が、1株／1日当たり0・1円だとします。この銘柄を1000株空売りしている場合、1日当たり1000株×0・1円＝100円の逆日歩がかかります。

逆日歩は空売りのリスクの1つなので、後の199ページで再度解説します。

中 長期間の空売りは事実上困難

現物取引の場合、買った株を保有している間には、通常、費用は何もかかりません。その上配当や株主優待が得られます。一方の空売りでは、ここまでの話からわかるように、建玉を持っている期間に応じて、費用が徐々にかさんでいきます。

そのため、長期間に渡って建玉を持ち続けると、空売りと買い戻しの間の株価の差で利益が出たとしても、費用で利益の多くが消えてしまう、といったことが起こり得ます。空売りでは、建玉をあまり長期間持ち続けることは、事実上難しいと言えます。
また、制度信用取引では、そもそも6か月以内に建玉を決済しなければならない決まりがあります。

空買いの費用

空買いでも、空売りと同様の費用に、管理費や名義書換料などがかかります。また、お金を借りて株を買う形になりますので、信用取引貸株料ではなく、借りたお金に対する**買方金利**がかかります。

買方金利は証券会社によって異なり、また制度信用取引と一般信用取引とで異なります（一般信用取引の方が高い）。

表1-5●主な証券会社の買方金利の年率（2020年3月20日時点）

証券会社	制度信用取引	一般信用取引
SBI証券	2.80%	2.80%
マネックス証券	2.80%	3.47%
松井証券	3.10%	4.10%
auカブコム証券	3.98%	3.79%
楽天証券	2.80%	2.80%
大和証券	2.80%	3.00%

※取引条件によって優遇適用もあり　出所：各社ホームページ

信用取引の税金はどうなっている?

現物株式の差益と合算して損益を計算

株の売買で利益が出た場合には、税金がかかります。信用取引での税金について、簡単にまとめておきます。

基本的には現物取引と同じ取り扱い

信用取引（空買い／空売り）で得た差益の税金は、基本的には現物取引と同じです。年間（1月1日～12月31日）を通じて、現物株式の譲渡益と合算し、利益が出ていれば、**20・315%**の税金がかかります（所得税15・315%／住民税5%）。

たとえば、空売りで10万円の利益が出たとします。この場合、所得税は10万円×15・315%＝1万5315円、住民税は10万円×5%＝5000円になります。

源泉徴収ありの特定口座の場合だと、取引を決済した時点で利益から税金が源泉徴収されます（損失が出た場合で、すでに源泉徴収されている税金があれば、還付されます）。

一方、源泉徴収なしの特定口座の場合は、自分で確定申告して税金を納めます。

なお、利益を計算する際に、取引にかかった費用は利益から控除することができます。空売りの場合だと、手数料／信用取引貸株料／信用管理費／逆日歩／配当金相当額が費用に当たります（証券会社の出す年間取引報告書に記載されてきます）。

また、現物取引と同じように、確定申告をすることで3年間の繰越控除や損益通算ができます。

中 信用取引はNISAの適用外

2014年1月から、**NISA（少額投資非課税制度）**がスタートしました。NISAは年間120万円（最大600万円）までの投資元本（株式・株式投信）が非課税になる制度ですが、信用取引には適用されません。

個人投資家のための空売り5つの戦術

✚リスク許容度や現物株投資との関係、相場の状況などから戦術を選ぶ

空売りができるようになると、株式投資の戦略が大きく広がります。しかし、やみくもに仕掛けると、たちまち失敗してとんでもない結果になってしまいます。

中 相場の傾向を踏まえた空売りの基本方針

具体的な戦術はこの後の章で解説していきますが、それらに共通する基本方針をまとめておきましょう。

◆空売りは基本的に短期勝負

前述したように、信用取引では決済までの期間が長いほど、費用がかさみます。取引1回ごとの費用はさほど高額ではなくても、長い目で見ると資産を食いつぶしていく一因になります。

そこで、狙った銘柄の状況にもよりますが、取引期間は基本的には**短期間**（数日〜数週間程度）を心掛け、無理をせず利益をこまめに積み上げていくようにします。思惑がはず

れて株価が上がった時は適切に損切りをして、傷口を広げないようにします。空売りこそ、確実なロスカットが不可欠であることを肝に銘じてください。

◆過度のプレッシャーのかかる取引はしない

取引期間などに制限があり費用もかかるため、空売りは現物取引よりも精神的なプレッシャーが強くかかります。急騰・急落局面でのはげしい株価の動きに翻弄されて冷静さを欠いた結果、失敗することもあります。そのような失敗を抑えるためにも、自分にとって無理のない取引を心掛けるべきです。

特に、**取引に慣れるまでは、レバレッジは基本的にかけない**ことをお勧めします。うまくいった時の成果は魅力的ではありますが、逆に失敗すると短期間で大きく損を出しやすく、判断を誤る原因になりがちです。

中 個人投資家のための空売り5戦術

ここまでの話を踏まえて、本書では第2章〜第5章および第7章で、個人投資家に適した5つの空売り戦術を紹介します。自分のリスク許容度や現物株投資との関係、市場の状況に合わせてそれらを選択することができると思います。

◆戦術1　下落トレンドに入った銘柄を狙う

現物取引でも信用取引でも同じですが、株式投資はトレンドに沿うことが基本です。

空売りは、株価が下落する中で儲ける手法ですから、上昇トレント中の銘柄は避け、基本的には**下落トレンドに入った銘柄、上昇する力を失って下落トレンド途上にある銘柄**を中心に狙っていきます。

そのような銘柄をしっかり選べば、空売りした後に反転上昇にあうことは少なく、成功率が高まります。これが銘柄選びと空売りタイミングの基本になります。

◆戦術2　急騰した銘柄の下げを狙う

株価が急騰した銘柄を見て、「これだけ上がったなら後はもう下がるだろう」と思って空売りしたところ、下がっても押し目を付けただけですぐに反転し、あっという間に持ち上げられてしまうことは少なくありません。このような失敗は極力避けるべきです。

急騰した銘柄を狙う場合は、基本的に**下落トレンドもしくは保ち合いトレンド途上の一時的な急騰**を狙います。市場の過剰な期待や根拠のない人気による上昇など、**急騰に具体的な裏付けがない銘柄**に限定し、かつ**天井を付けたことを確認**してから、無理のない空売りをするようにします。

なお、第3章では、急騰銘柄の上昇／下落の両方で利益を取る方法も紹介します。

◆戦術3　悪材料が出た銘柄の下げを狙う

個別銘柄の悪材料と言えば、業績の下方修正、減配、無配、公募増資、粉飾決算など重大な法令違反の発覚、販売不振、重大な事故、製品の欠陥やリコール、業務提携打ち切り、規制強化、円高ドル安、原材料の高騰、風評などさまざまなものがあります。

その中から、**大きな悪材料や株価に直接影響する悪材料が出た銘柄**の下げを狙って仕掛け、底を打ったあたりで買い戻せば、短期間で利益を上げられます。特に市場全体の状況が悪い時の悪材料には、市場は反応しやすい傾向がありますので、**弱気相場の時の悪材料**が狙い目になります。

◆戦術4　株式市場全体が急落した時を狙う

日本の株式市場も年に数回は、市場全体が大きく急落する時があります。本書執筆時点では、**新型コロナウイルスの感染拡大による暴落**が起こりました。ほかにも、世界的な景気大幅後退観測、アメリカと中国との貿易交渉問題、ＥＵ離脱後の英国とＥＵとの移行期間後の経済問題、中東を中心とした地政学的リスクの高まりなどによって、世界的にリスクが高まると、**世界の株式市場が連動して大きく下落する**ケースが見られます。

その市場全体の大きな下げに乗って空売りし、リスク要因が落ち着くことで市場全体が底を付けたあたりで買い戻すという方法を紹介します。うまくいけば短期間で大きく稼ぐこともできますが、リバウンドには特に注意する必要があります。

◆戦術5　空売りを使った応用ワザで稼ぐ

空売りを使うと単に下げで儲けるだけでなく、いろいろな応用手法が可能になります。

たとえば、**つなぎ売り**は、「保有する現物株が下落しそうだけれど、有望株だから今手放したくない」といった時に**同じ銘柄を空売りして両建てにすることで、現物株の下げをヘッジする**手法です。つなぎ売りは、「もうすぐ権利確定日なので配当や株主優待を取りたいが、株が下落しそうだ」という時などにも使えます。

また、**サヤ取り**は、似たような動きをする2つの銘柄の値動きの差（サヤ）の拡大・縮小を使って稼ぐ手法です。

なお、第7章では、その他の小技なども紹介します。

CHAPTER 2

下落トレンドに入った銘柄を狙う

下落トレンドの銘柄を空売りするのが基本

＋中長期的な下落トレンドに沿って空売りするのがベスト

買いでも空売りでも、不測のリスクをできるだけ減らすことが重要です。空売りを仕掛けるなら、中長期的に下落トレンドに入った銘柄を狙うのが、まず基本になります。

中 下落トレンドに沿って地道に利益を上げる

空売りで利益を上げるには、株価が高い時に売って、安くなったら買い戻すしかありません。となると、取りうる方法は以下のどちらかのパターンになります。

①株価が下落トレンドにあって徐々に下がり続けていく銘柄を選び、空売りしてからしばらく待って、下がったところで買い戻す
②株価が急騰している銘柄を選び、勢いが止まって下げ始めたところを空売りして、下がったところですばやく買い戻す

②の方法は、うまくいけば比較的短期間で効率よく利益が得られます。ただ、②では株価が下がるかと思いきや、すぐに下げ止まって再度大きく上昇してしまうリスクもあります。そうなると、逆に短期間で大損するはめになります。

一方の①の方法は、利益を得るまでにある程度時間がかかりそうで、この点はデメリットです。ただ、②と比べると、株価が急に反転上昇する可能性が低いため損失になりにくく、下げ幅（＝利益）も大きく期待できるというメリットがあります。

株の世界で長く生き残っていくには、無理に大きなリスクを取って大勝負を狙うのではなく、自分がコントロールできる範囲でリスクを取って、着実にリターンを上げていくことが必要です。

この点から、①の**「下落トレンドに入って株価が下がっていく銘柄」**を狙うのが、空売りの基本的な戦略になります。

中 長期／短期のチャートを組み合わせてトレンドを判断する

株価のトレンドを判断するには株価チャートを使いますが、信用取引は原則的に短期（数日～数週間、長くても数か月）で行うものですので、主に**日足**のチャートを使います。

ただ、中長期的な下落トレンドに沿って空売りする場合、日足チャートだけでは中長期的なトレンドを判断しづらい面もあります。また、日足だけを見ると下落トレンドに見えても、中長期的に見れば上昇トレンドの中の一時的な下落である場合もあります。

そこで、**週足や月足を見て中長期的に下落トレンドになっているかどうかを判断**し、その後で日足のチャートでトレンドを見て、空売りするタイミングと、買い戻すタイミングを判断するようにします。

さらに、トレンドを判断するために、それに適したテクニカル指標も見るようにします。後述しますが、具体的には移動平均線や一目均衡表などを活用します。

まず週足や月足でトレンドをチェックする

＋中長期的に下落途中の弱った銘柄から探していく

チャート的に下落トレンドの銘柄を選ぶには、まず週足や月足をチェックして、中長期的なトレンドを見ることが必要です。

中 まず月足で数年の長期的なトレンドを見る

まず、図2・1と図2・2の2つのチャートを見てください。それぞれ**ガンホー・オンライン・エンターテイメント**（3765）と**花王**（4452）の2015年以降の月足チャートです。

大まかに見て、ガンホーは上下がありますが、長い目で見れば下落トレンドのチャートになっています。一方、花王は株価が順調に上昇しています。

2つのチャートを見比べてみれば、ガンホーは**長期的に下落傾向の期間が長く、弱気の銘柄**と言えるでしょう。したがって、この2つから空売りする銘柄を選ぶとすれば、ガンホーの方がまず候補になると考えられます。

図 2-1 ● 長期的に下落傾向の期間が長いガンホー・オンライン・エンターテイメント

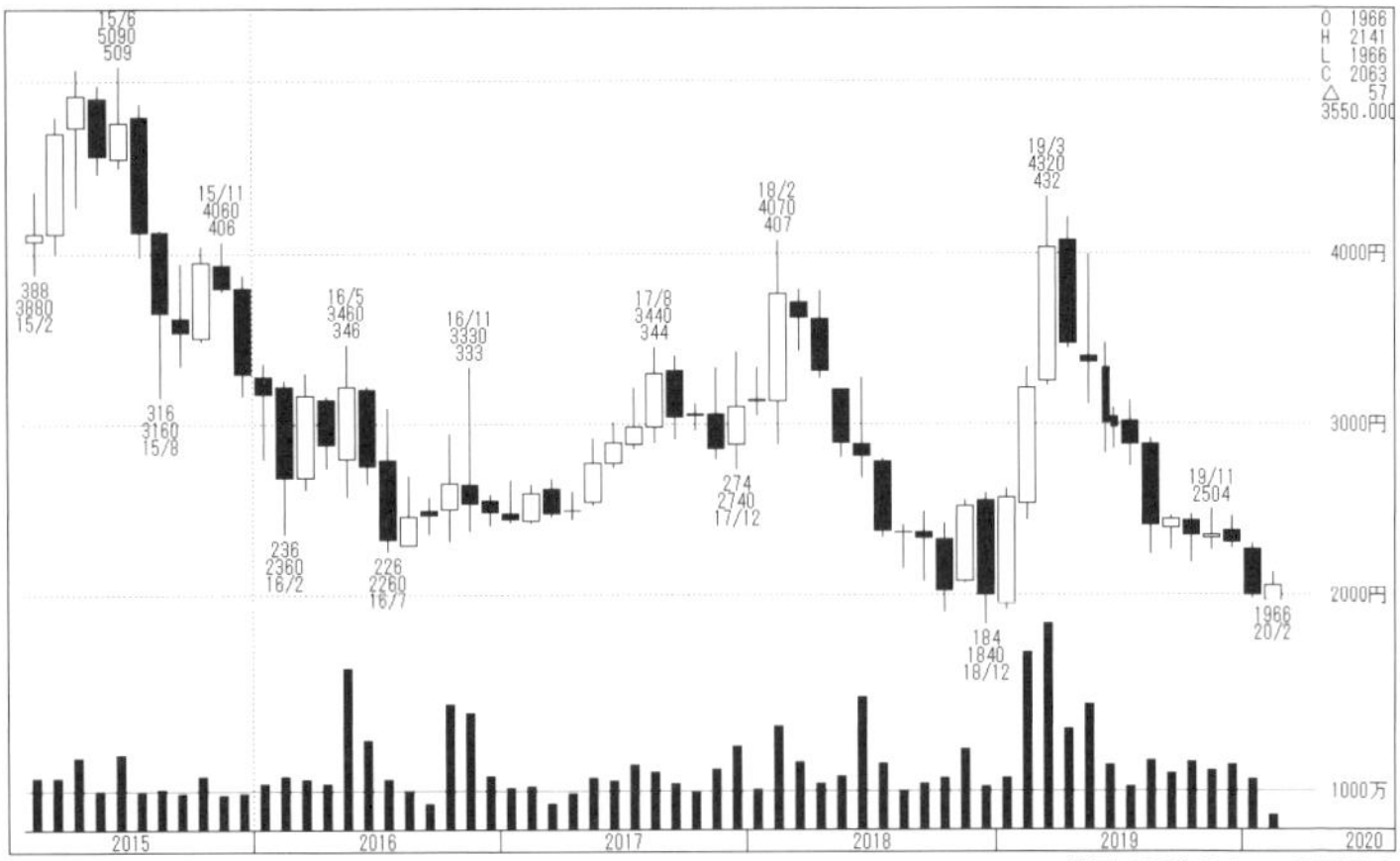

月足 /2015.2 ～ 2020.2

図 2-2 ● 長期的に上昇トレンドの花王

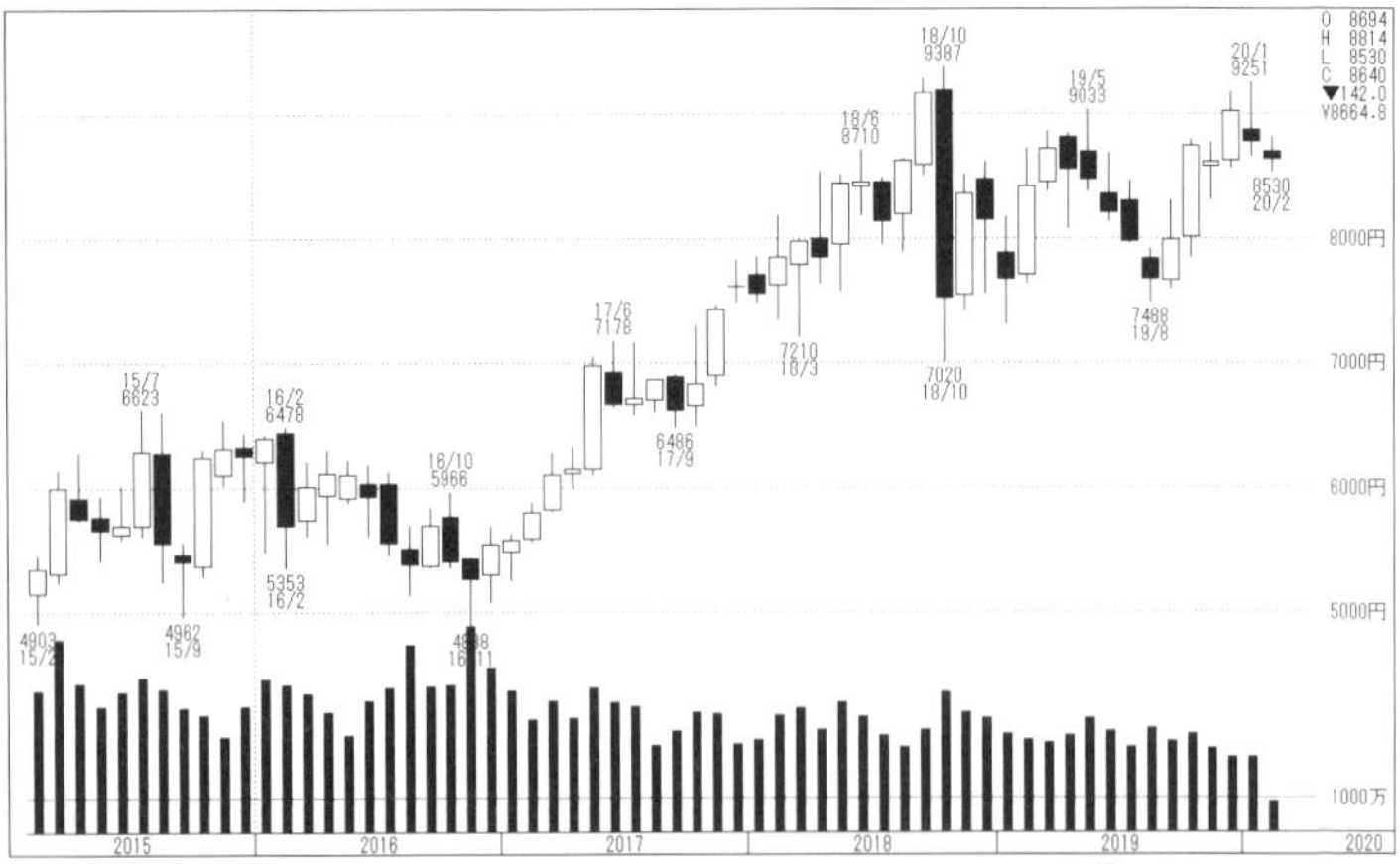

月足 /2015.2 ～ 2020.2

図2-3●ガンホーの2018年9月以降の週足

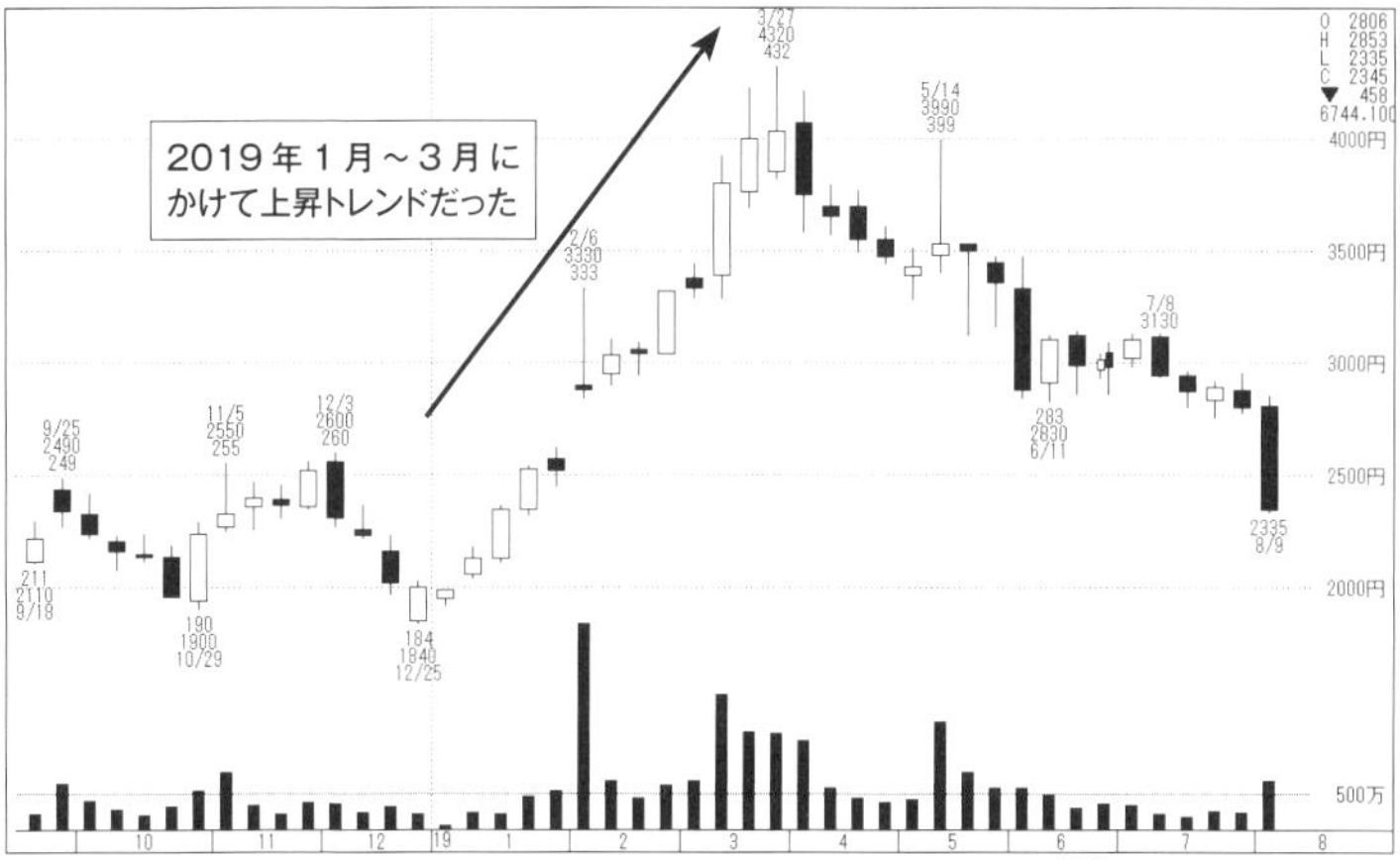
2019年1月～3月に
かけて上昇トレンドだった

週足/2018.9～2019.8

週足も組み合わせて銘柄を選ぶ

前述したように、まず数年単位の長期で見て、下落トレンドになっている銘柄を探します。しかし、期間を狭めてみると、ずっと下落し続けているのではなく、上昇している期間もあります。現在が上昇トレンドの途中であるなら、長期的に見て下落トレンドの途中でも空売りは避けるべきでしょう。今現在が上昇トレンドかどうかは、**週足**で見てみます。

たとえば、ガンホーの2018年9月中旬以降の週足チャートを見ると、2019年1月～3月は上昇トレンドになっていました(図2・3)。上昇が続くこの時期はもちろん、その後しばらくは空売りを避けるべきだと言えます。

下値支持線を割り込んだら空売りのタイミング

＋直近の安値やトレンドラインなど、下値支持線を割るポイントに注目

空売りするタイミングは、主に株価チャートで判断します。まず基本として、トレンドラインを使った基本的な判断方法を紹介します。

中 直近の安値を割ることが基本

もっとも基本となるのは、「**株価が下がって直近の安値を割り込む**」ということです。

株価が下がる時には、一本調子に下がり続けることはめったにありません。ある程度下がったら少し反発して戻り、再度下落に戻るという形になりやすいです。その際に、直近の安値を割り込んで下がると、さらに下落が続きやすい傾向があります。

株価の下げ止まりの目途になる線のことを、「**下値支持線**」や「**サポートライン**」と呼びます。前述の話からすると、直近の安値から平行に引いた線も、下値支持線の1つになります（図2・4）。

これ以後にさまざまなタイミングの判断方法を紹介しますが、それらとともに、直近の

図2-4●直近の安値を割り込むと下落が続きやすい

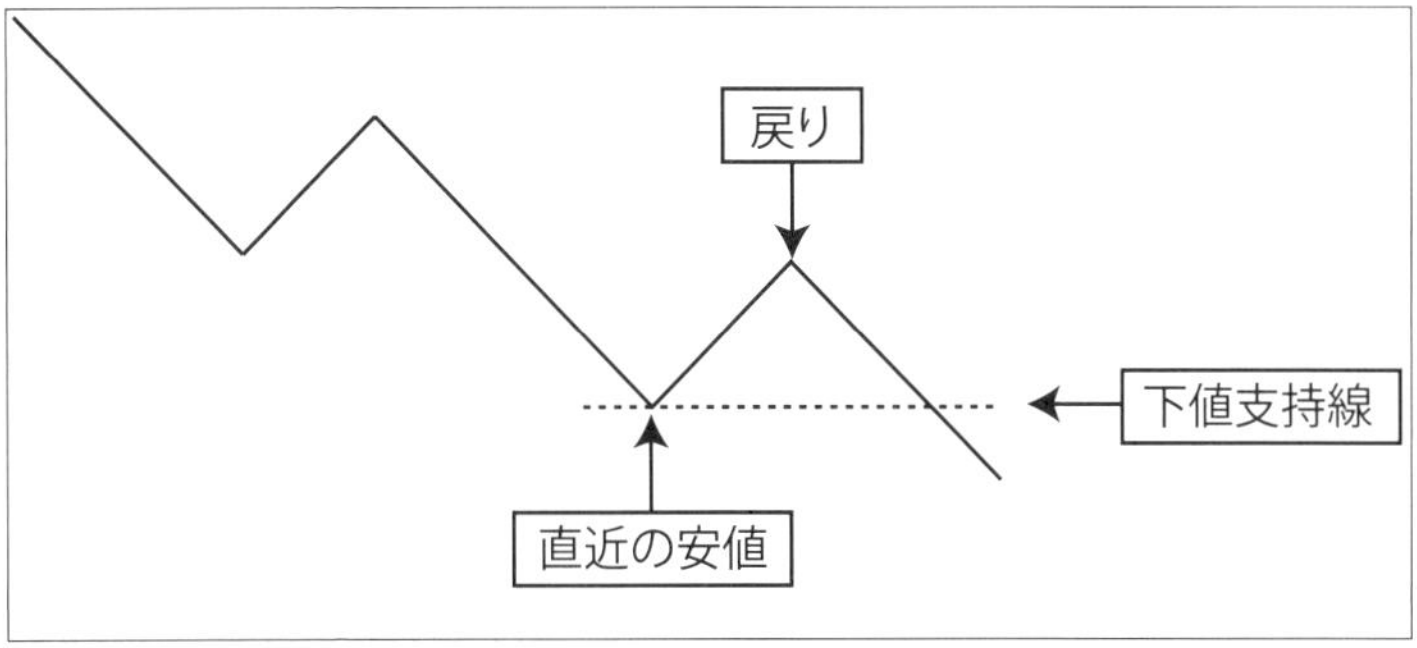

安値を割ったかどうかをよく見るようにします。

トレンドラインを引いてみる

株価の動きを大きく分けると、**上昇トレンド／下落トレンド／保ち合いトレンド（レンジ）**の3つに分かれます。トレンドをはっきりさせるために、トレンドラインを引いてみます。

株価の動きを見て、高値同士／安値同士をそれぞれ結ぶと、トレンドラインができます。3つのトレンドラインを引くと、それぞれ図2・5のような感じになります。この場合、上側のトレンドラインは「**上値抵抗線**」、下側のトレンドラインは「**下値支持線**」となります。

ただ、株価は規則的に変化するわけではありませんので、上下のトレンドラインピッタリに株価が跳ね返されて上下することはまずありません。

そのため、ある程度目分量でトレンドラインを引きま

図2-5● 3つのトレンド

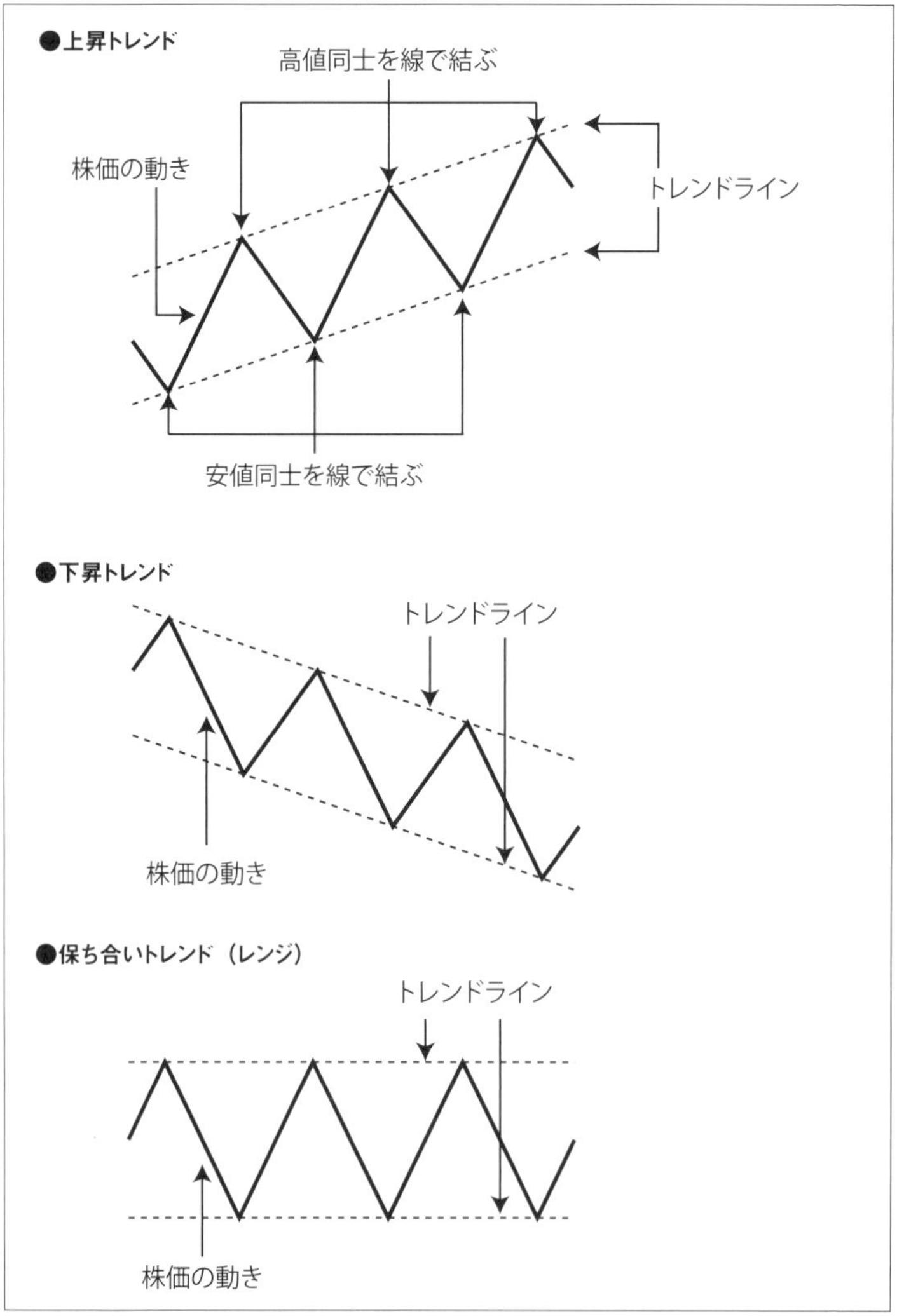
●上昇トレンド
高値同士を線で結ぶ
株価の動き
トレンドライン
安値同士を線で結ぶ
●下昇トレンド
トレンドライン
株価の動き
●保ち合いトレンド（レンジ）
トレンドライン
株価の動き

す。

中 下値支持線を割りそうな銘柄に注目しておく

株価が下側のトレンドラインである**下値支持線を割り込むと、それまでのトレンドが変化する**ことがよくあります。それまでが上昇トレンドだったなら、下落トレンドか保ち合いに変化しやすく、また、それまでが保ち合いだったなら、それ以後は下落トレンドになりやすい傾向があります。

空売りは、株価が下落トレンドの時に行うのが基本です。したがって、株価が下値支持線を割りそうな銘柄をいくつか探しておき、実際に下値支持線を割ったところで空売りするようにします。

◆トレンドラインで判断する例（ヒノキヤグループ）

実際の例として、**ヒノキヤグループ**（１４１３）を取り上げます（図2･6）。ヒノキヤグループはしばらく上昇が続いて、２０１８年4月に高値で４５４０円を付けましたが、その後は下落トレンドに入っていて、空売りの候補として良さそうでした。

２０１９年8月から12月にかけて、上昇トレンドになっていました。しかし、12月下旬に下値支持線（下側のトレンドライン）を割り込むとしばらく下落が続き、２０２０年2

図2-6●下値支持線（下側のトレンドライン）を割り込んで下落した例（ヒノキヤグループ）

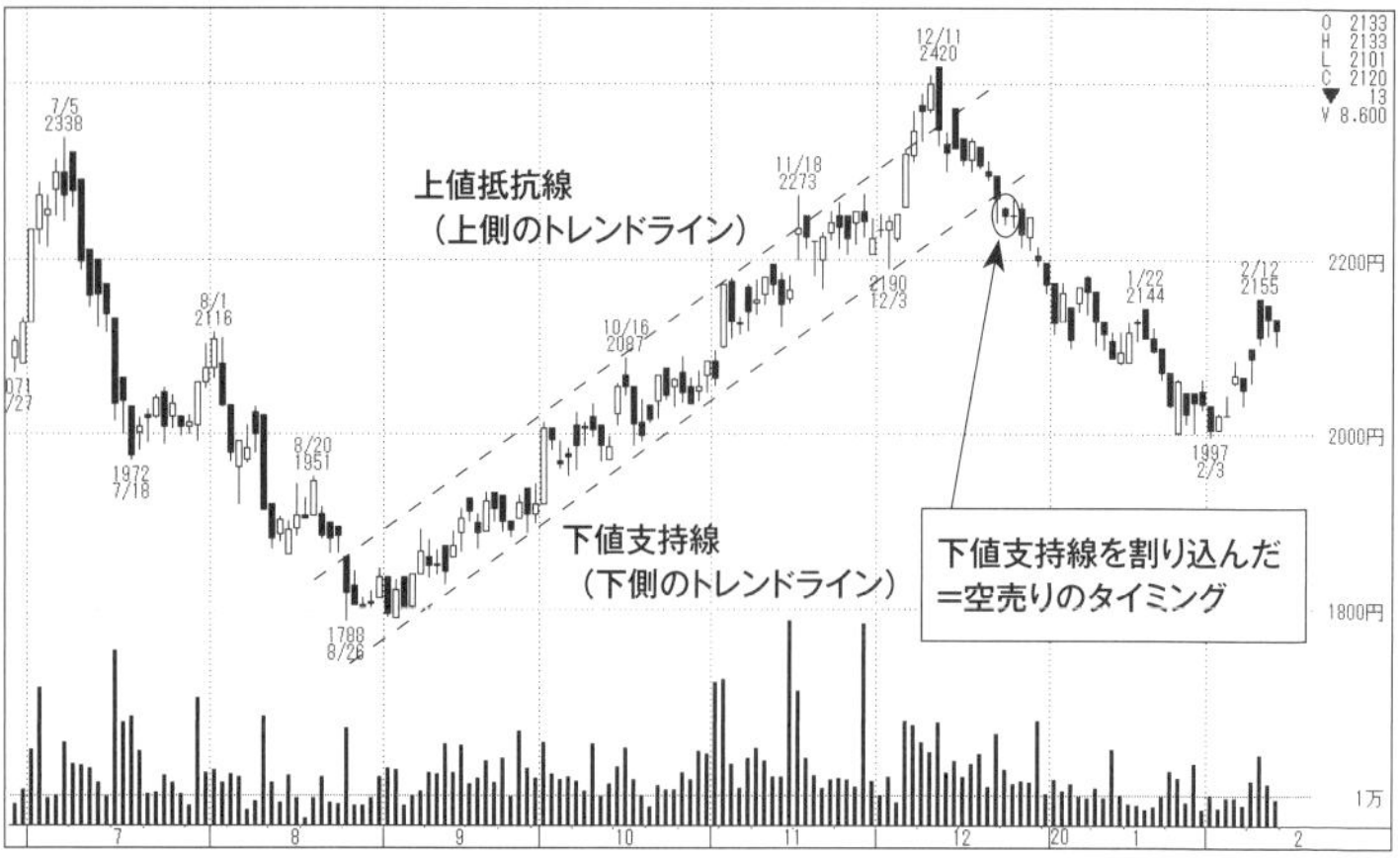

日足/2019.7～2020.2

月3日には一時2000円割れまで下がりました。下値支持線を割り込んだタイミングで空売りしていれば、比較的短期間で利益を得ることができていました。

なお、この事例では株価が下値支持線を割り込んだ後は順調に下落していますが、いったん下値支持線を割り込んだ後、再度上昇に転じて、ダマシになることもあります。したがって、下値支持線を下回ったからといって、すぐには上昇トレンドが終わったとは判断できません。

ダマシに遭遇した時は手仕舞いして損失を確定させ、次の機会を待つ必要があります。この損切りについては、後の第6章で解説します。

株価のパターンで空売りタイミングを見る

＋天井圏やトレンド中段で見られる下落を示唆するパターン

株価の動きをパターンで見ると、株価の下落を示唆するパターンが見つかる場合もあります。これらも理解しておきましょう。

天井を打って下落する時のパターン

トレンドラインのほかにも、株価下落を示唆するパターンがいくつかあります。その代表的なものとして、「ダブルトップ型」や「ヘッドアンドショルダー型」があります。

ダブルトップ型は、ほぼ同じ株価で天井を2回付けて、下落に転じるパターンです。天井（トップ）が2つできるので、ダブルトップ型と呼びます。

また、**ヘッドアンドショルダー型**は、天井を3回付けるパターンで、両端の天井がほぼ同じ高さになり、真ん中の天井が最も株価が高い状態です。なおかつ、天井と天井の間の押し目も、ほぼ同じ株価水準になることが多いです。頭（ヘッド）と両肩（ショルダー）のような形なので、ヘッドアンドショルダー型と呼びます。

図2-7●天井を付けて下落する2つのパターン

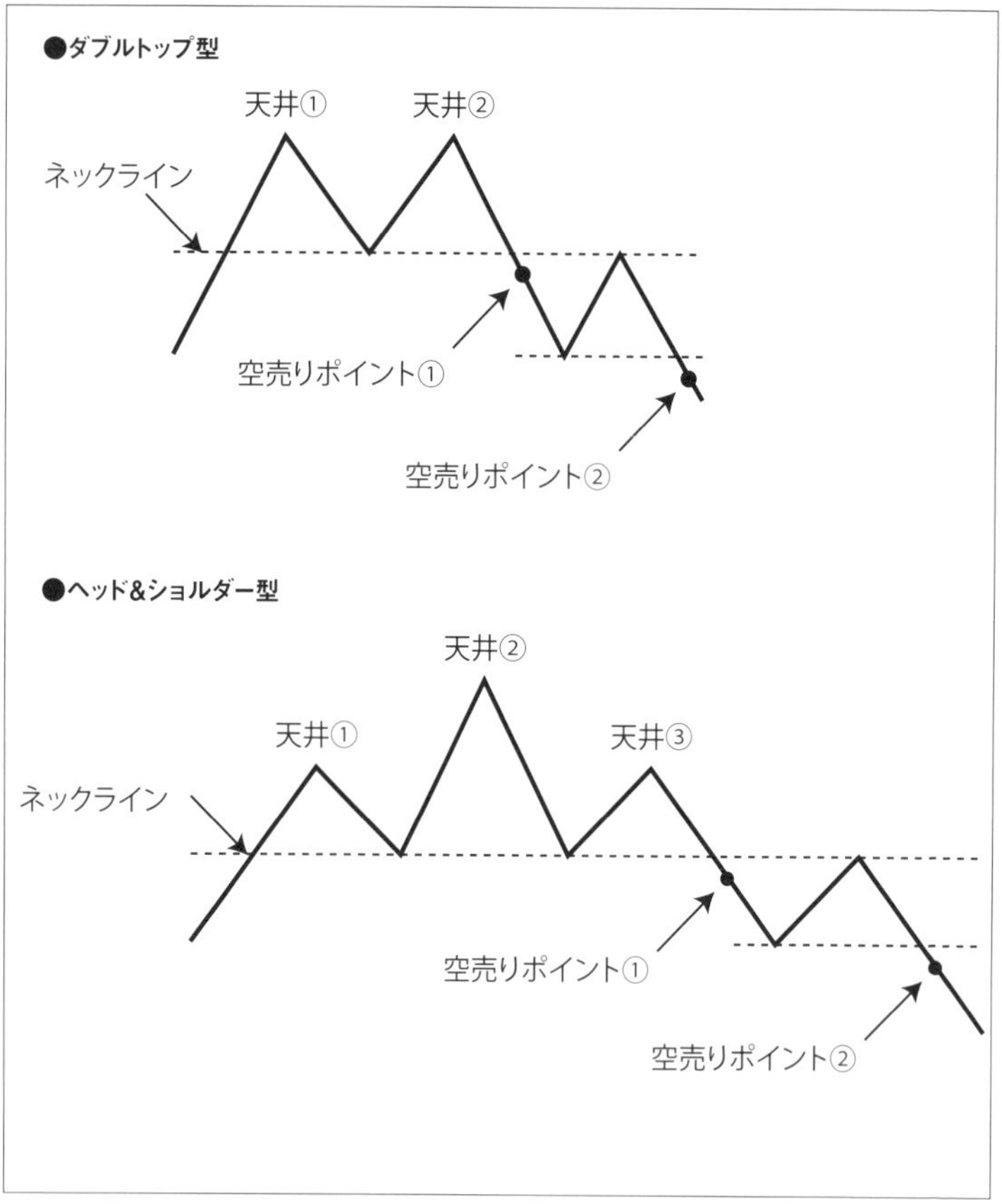

図2-8●ダブルトップ型で空売りを判断する例（ツカダ・グローバルHD）

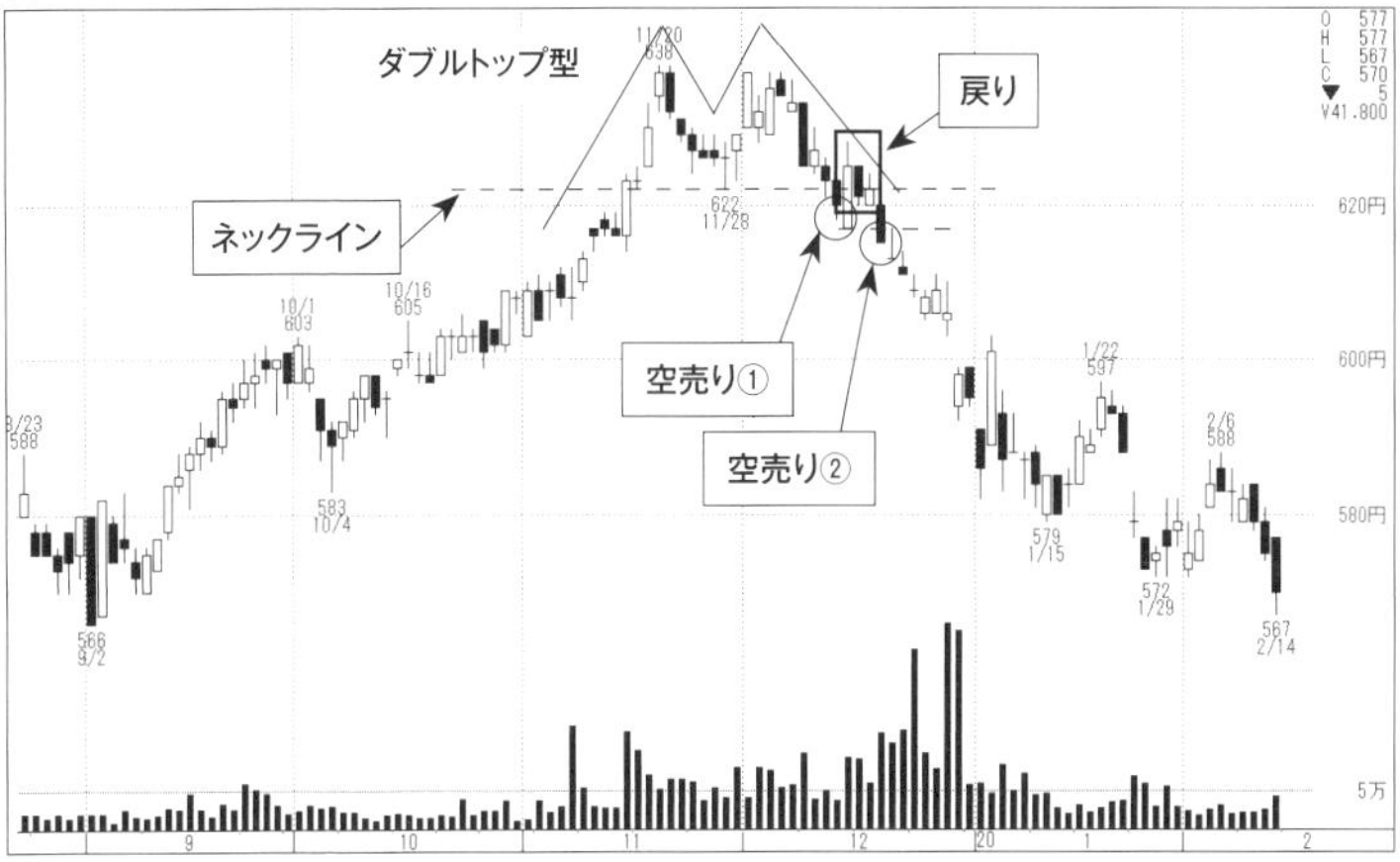

日足 /2019.8 ～ 2020.2

両方の型とも、押し目の水準に引いた線を「**ネックライン**」と呼びます。株価がネックラインを割り込むと、その後は下落に転じることが多いとされています。したがって、そのタイミングで空売りを仕掛けます。

また、ネックラインを割った後、いったん反発するもののネックライン付近から再度下がりだすこともよくあります。この場合、ネックライン後の最初の安値を下回ると、株価がさらに下がりやすくなります。このタイミングも空売りに適しています（図2・7）。

◆ダブルトップ型が出た例（ツカダ・グローバルHD）

ツカダ・グローバルHD（2418）の2019年8月～2020年2月の日足チャートを取り上げます（図2・8）。

２０１９年11月と12月にほとんど同額で高値を付けて、ダブルトップ型になっています。その後のネックラインを割り込んだところ（図の「空売り①」）が空売りのポイントになります。ただ、その時は若干下がった後に戻りがあり（図の「戻り」）、すぐには利益にはなりませんでした。

しかし、その後に再度下がって、図の「空売り①」の直後の安値を下回ると（図の「空売り②」）、そこからは株価が下落するペースが上がり、１か月弱でおよそ7％下落しています。このタイミングで空売りしていれば、比較的短期間で利益を得ることができました。

また、2月中旬まで「空売り②」の株価を下回った状態が続いています。

中 トレンド中段で出やすい保ち合いのパターン

一般的に、トレンドラインを引くと、高値と安値のトレンドラインがほぼ平行になることが多いですが、平行にならずに徐々に収束していく場合もあります。このパターンとして以下の3種類（それぞれに上昇型・下降型）があります。これらの保ち合いパターンはトレンドの中段で出ることが多く、収束後はトレンドが転換するか、元のトレンドに戻ることが多く見られます。

①三角形型…上下どちらかのトレンドラインが水平で、もう片方が徐々に接近してくる形
②ペナント型…上側のラインが下がり、下値支持線が上がる形

図2-9●トレンドの中段で出やすい保ち合いのパターン（下放れしやすい型）

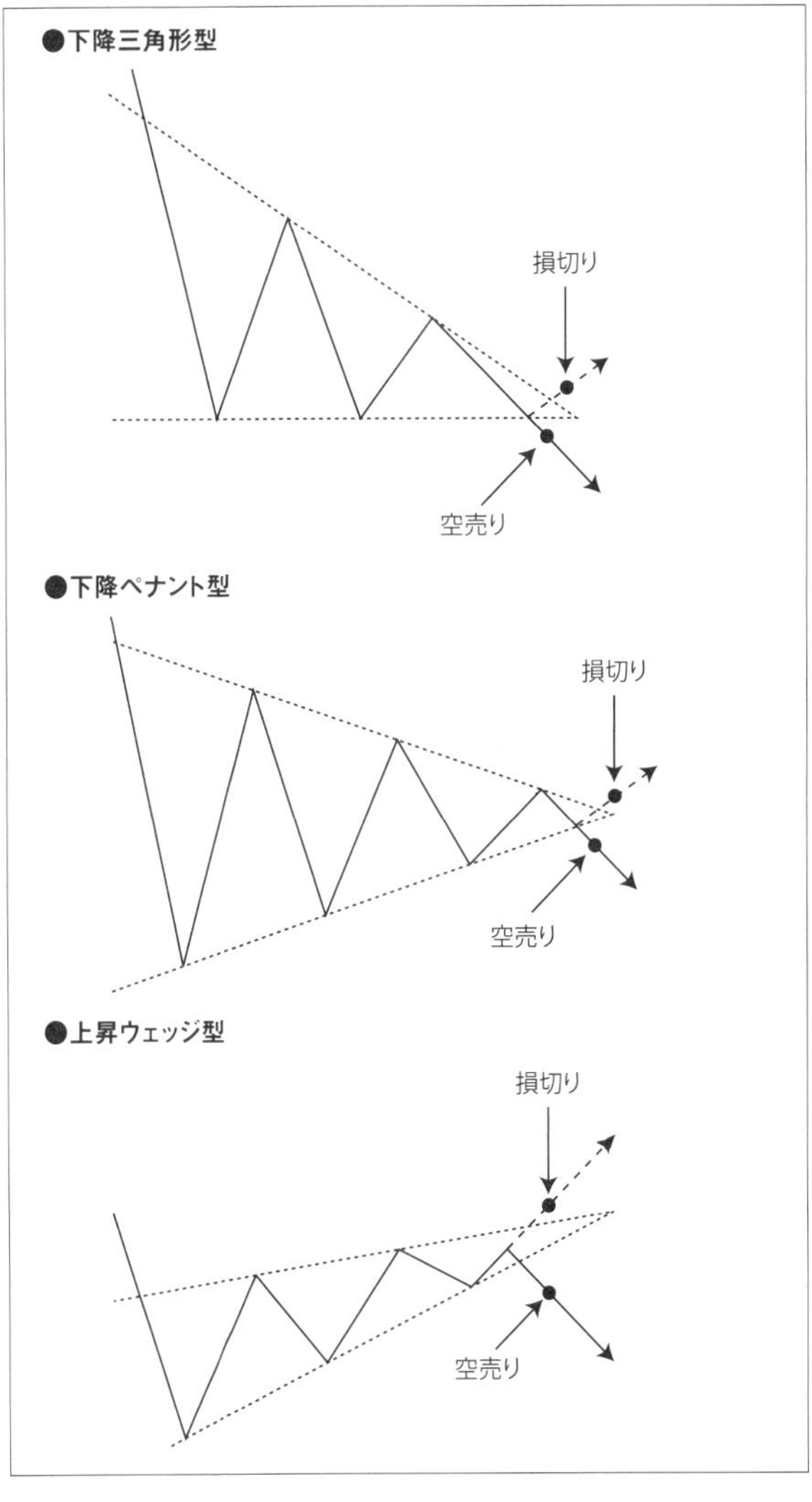

③ウェッジ型…上下両方のトレンドラインが上昇（または下落）しつつも、徐々に収束する形

これらの形が出た場合、株価が下側のトレンドラインを割り込んで下落すると、下放れで下落トレンドに転換することが多く、そのタイミングは空売りに適しています。

なお、図2・9の三角形型／ペナント型は下降型、ウェッジ型は上昇型になっています（下落局面の途中で出やすい型）。

これらの型はトレンドラインが収束した後、実線の方向へ放れることが多いです。しかし、状況によっては逆の向きのパターンが出ることもあります。その場合も、株価が下値支持線を割り込んだ時には、空売りを検討することが考えられます。

また、トレンドラインが収束した後に、株価がいったん下落するものの、その後に上昇方向に放れることもあります。このような時に、下落直後に空売りしていたなら、迷わず損切りします。

◆ウェッジ型で判断する例（マツモトキヨシＨＤ）

保ち合いのパターンから下放れで下落する銘柄の例として、**マツモトキヨシＨＤ**（３０８８）の２０１８年８月～２０１９年２月の日足を取り上げます（図２・10）。

図2-10●下降ウェッジ型で空売りを判断する例（マツモトキヨシHD）

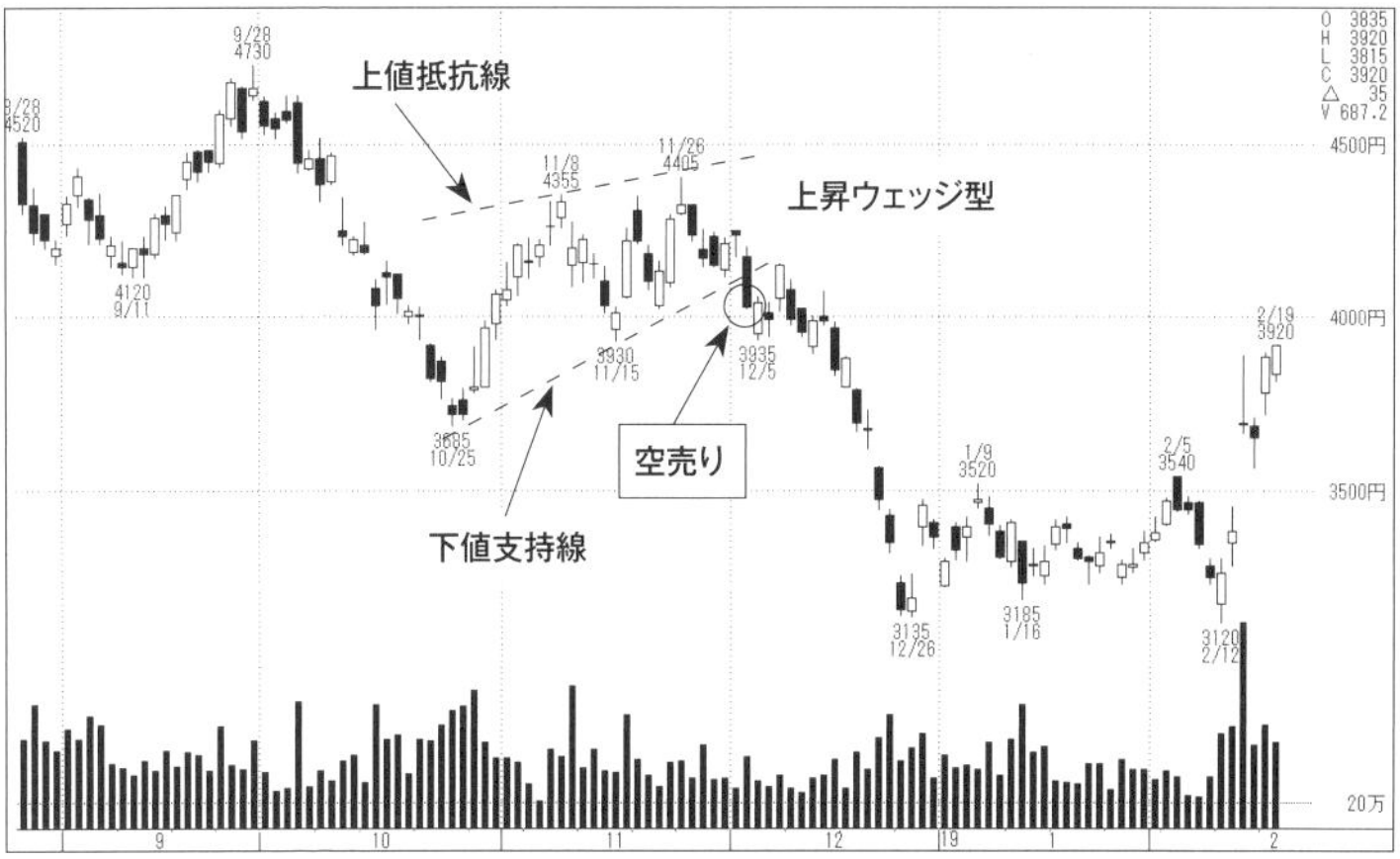

日足 /2019.8〜2020.2

マツモトキヨシＨＤの株価は、２０１８年の10月から11月にかけて、下値支持線／上値抵抗線ともに切り上がりつつ幅が徐々に狭まり、**上昇ウェッジ型**の形になっていました。

一見すると、上昇が続きそうに見える形です。

しかし、２０１８年12月に入って株価が下値抵抗線を下回ると（図の「空売り」の位置）、その後は一気に下落し、12月26日には安値で３１３５円を付けました。下げはじめの株価は４０００円近辺だったので、１か月足らずでおよそ20％下落したことになります。この下値抵抗線を下回ったタイミングが、空売りに適していました。

グランビルの法則で空売りタイミングを見る

株価と移動平均線のクロスで判断する基本的指標

売りタイミングを判断する手法として、「移動平均線」を使った「グランビルの法則」は基本的なものです。

移動平均線とは?

「移動平均」とは、直近の株価を平均した値のことです。たとえば、「25日移動平均」と言えば、直近25日間の株価を平均した値を指します。また、移動平均を毎日（あるいは毎週/毎月）計算して、それらを線で結んで折れ線グラフにしたものが、移動平均線（MA）になります（図2・11）。

移動平均線は、平均する日数が長いほど株価から遅れて、株価に寄り添うように上下します（平均する日数の半分程度）。たとえば、50日移動平均線は、株価から25日程度遅れて上下します。また、株価が上昇トレンドにある間は、移動平均線は株価の下に位置し、下落トレンドにある間は、移動平均線は株価の上に位置します。

図2-11●トヨタ自動車の株価と移動平均線

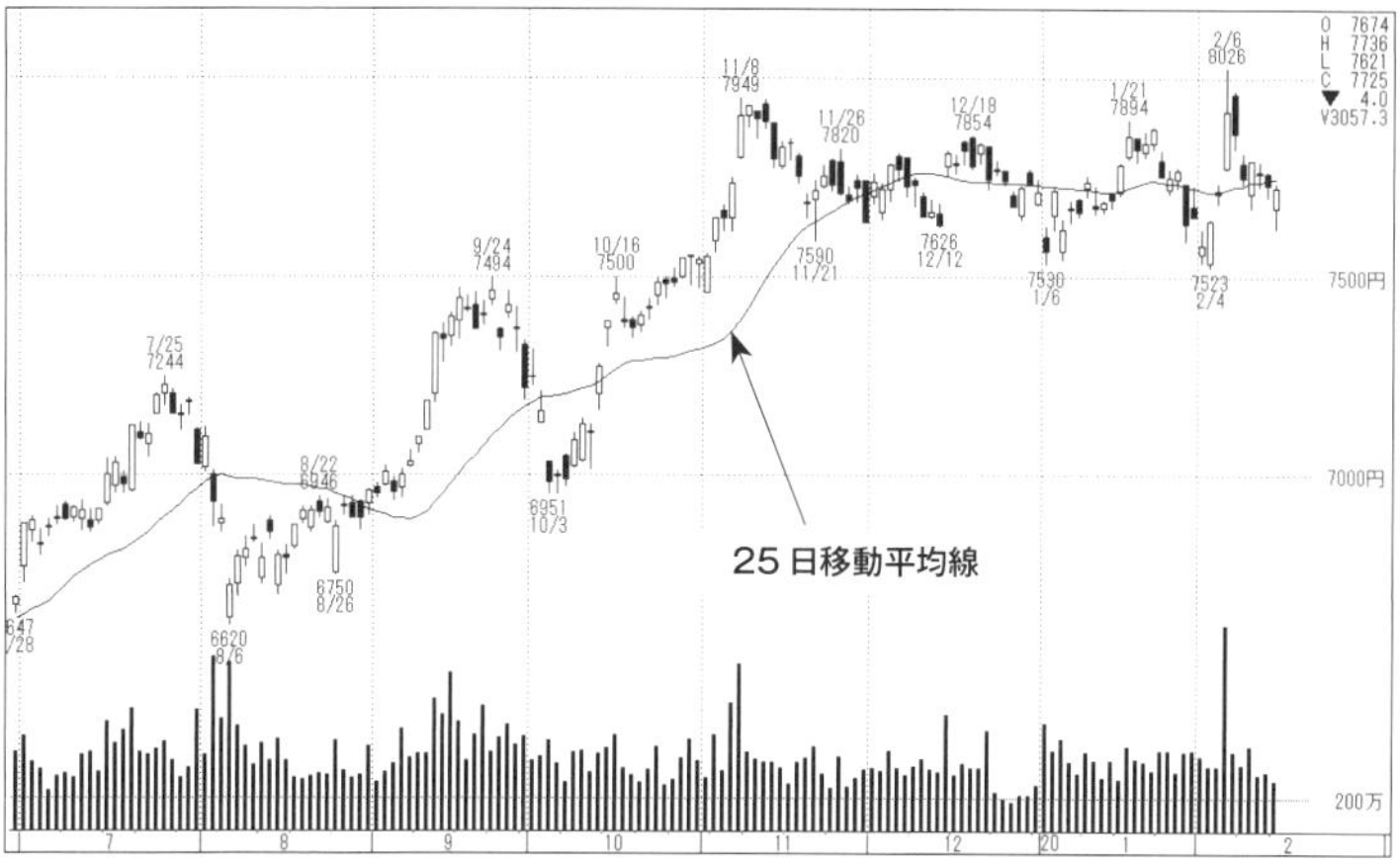

日足 /2019.7 ～ 2020.2

中 グランビルの売り4法則

「グランビルの法則」は買い／売りそれぞれに4つの法則がありますが、ここでは売り法則だけ紹介します（図2・12）。

◆売り法則1

横ばいから下向きに変わりつつある移動平均線を、株価が上から下に抜いたら売り。

◆売り法則2

下向きの移動平均線に向かって株価が上昇し、いったん移動平均線を越えた後、再度移動平均線を割り込んで下がったら売り。

◆売り法則3

下向きの移動平均線に向かって株価が上昇し、移動平均線の手前で上昇が止まって、再度下がったら売り。

図2-12●グランビルの売り4法則

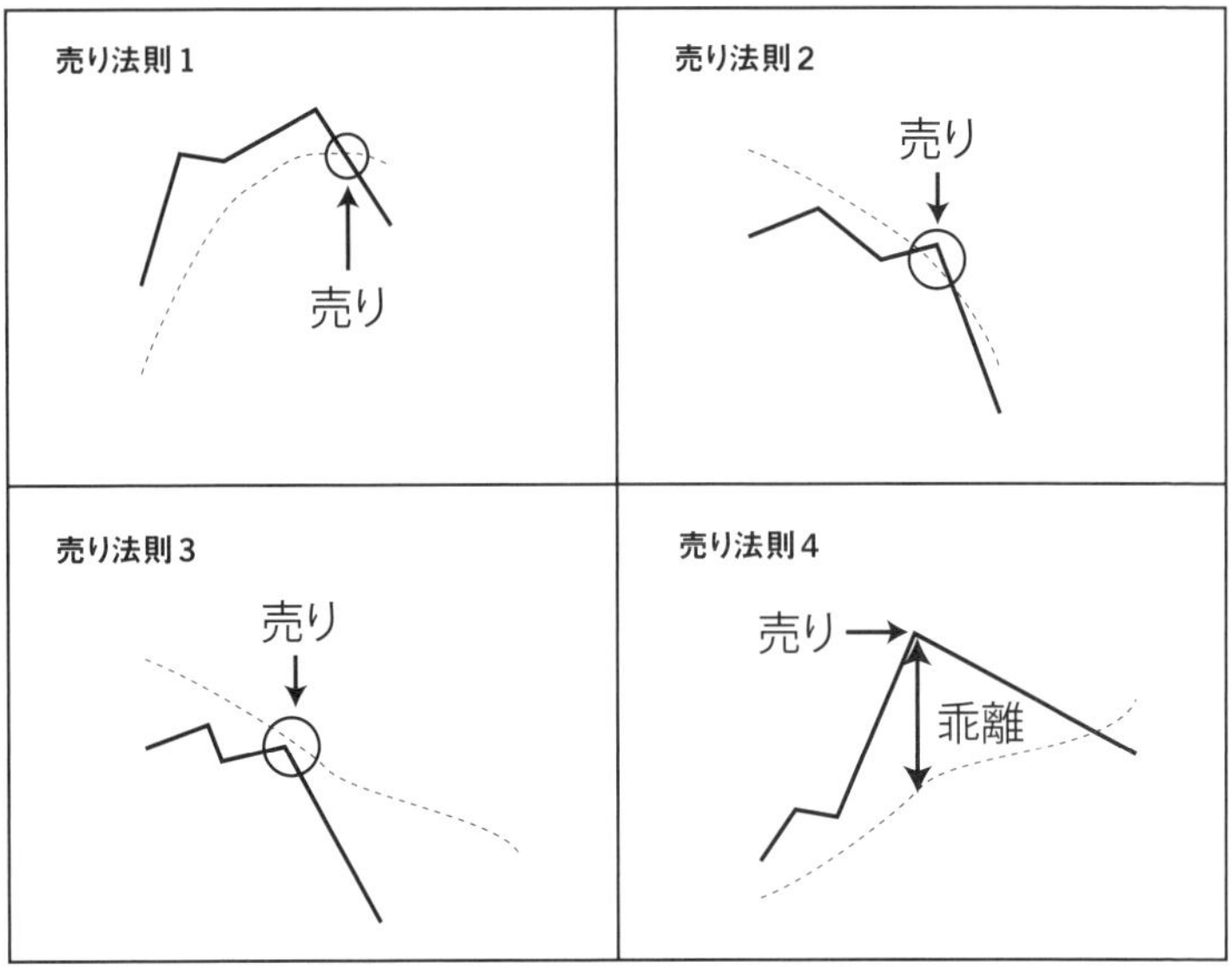

◆売り法則4

株価が急騰し、上昇中の移動平均線から大きく離れたら（乖離したら）売り。

法則1は、株価が天井を打ち、下がり始めるタイミングをとらえる法則です。法則2と3は、下落トレンドの途中で、株価が一時的に戻って再度下がるタイミングをとらえます。最後の法則4は、上昇トレンドの際に急騰後の下げをとらえます。

下落トレンドに沿って空売りする場合、法則1～法則3を使います（法則4は上昇トレンド時に使うため、ここでは除きます）。

中 週足と日足を組み合わせて判断する

空売りは基本的に短期間で決済しますので、チャートで売買タイミングを判断する際には日足を使うことが一般的です。ただ、グランビルの法則を使う場合、日足だと株価と移動平均線が頻繁にクロスするので、売買タイミングを大まかに判断するのが難しいです。

そこで、週足で大まかな空売りタイミングを判断し、細かなタイミングを日足で判断する、という方法が考えられます。

◆グランビルの法則を使った判断の例（日本カーバイド工業）

具体的な例として、**日本カーバイド工業**（４０６４）の空売りタイミングを、週足と日足を組み合わせて判断してみます。

日本カーバイド工業の株価は、２０１７年9月から２０１９年9月にかけて、およそ2年間下落トレンドが続きました。この間の空売りのタイミングを見てみます。

週足に13週移動平均線を引いてみると、売り法則が繰り返し出ています（図２・13）。２０１７年前半は株価が保ち合い気味であまり上手くいっていませんが、２０１８年後半からは法則が出るたびに株価が大きく下落するというパターンを繰り返しています。

次に、日足チャートを使って、売り法則が出た付近の株価の動きを詳しく調べ、実際の

図2-13●売り法則が複数回出た日本カーバイド工業の週足

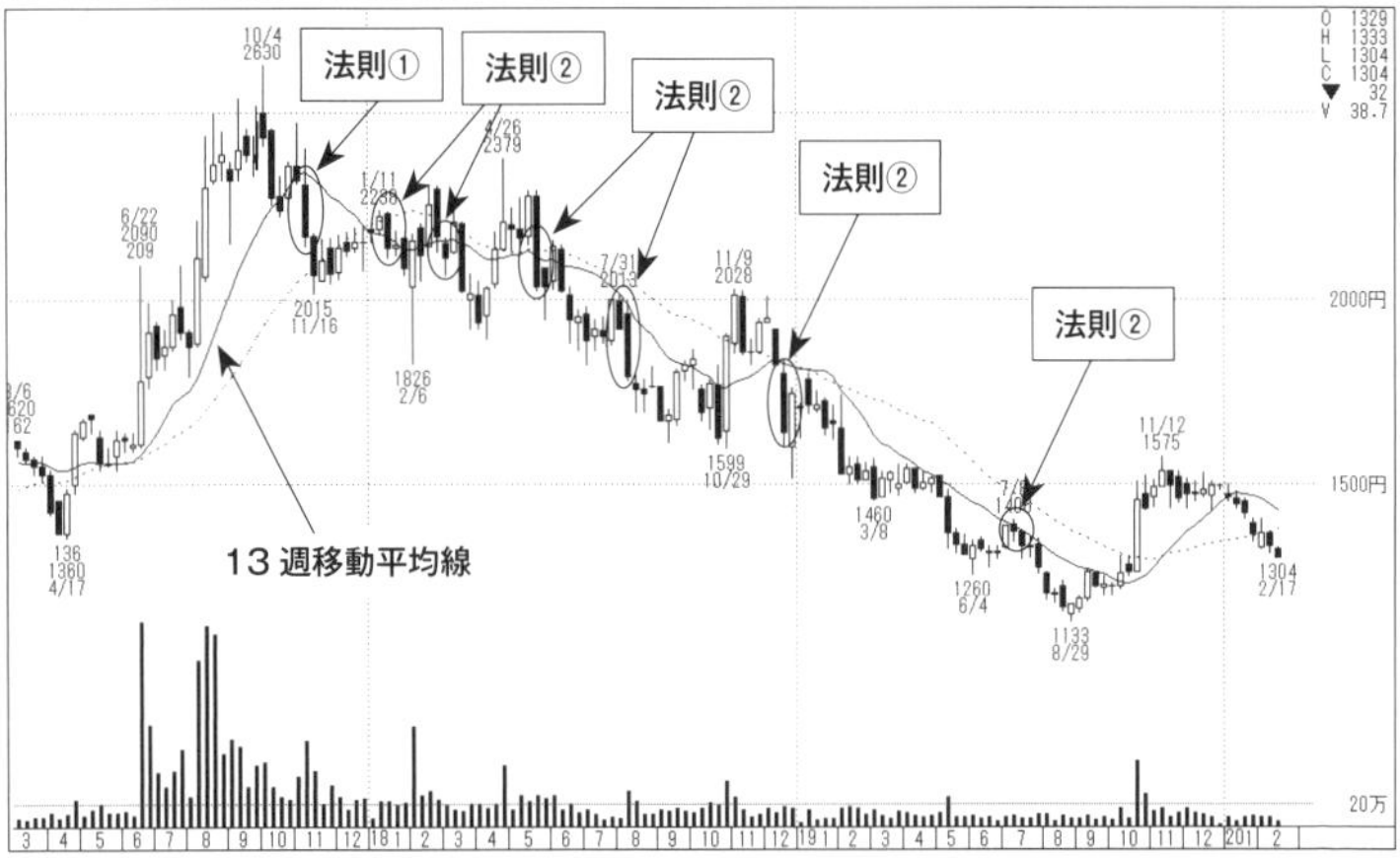

週足 /2017.3 ～ 2020.2

図2-14●下降三角形型や下降ペナント型が出た日本カーバイド工業の日足

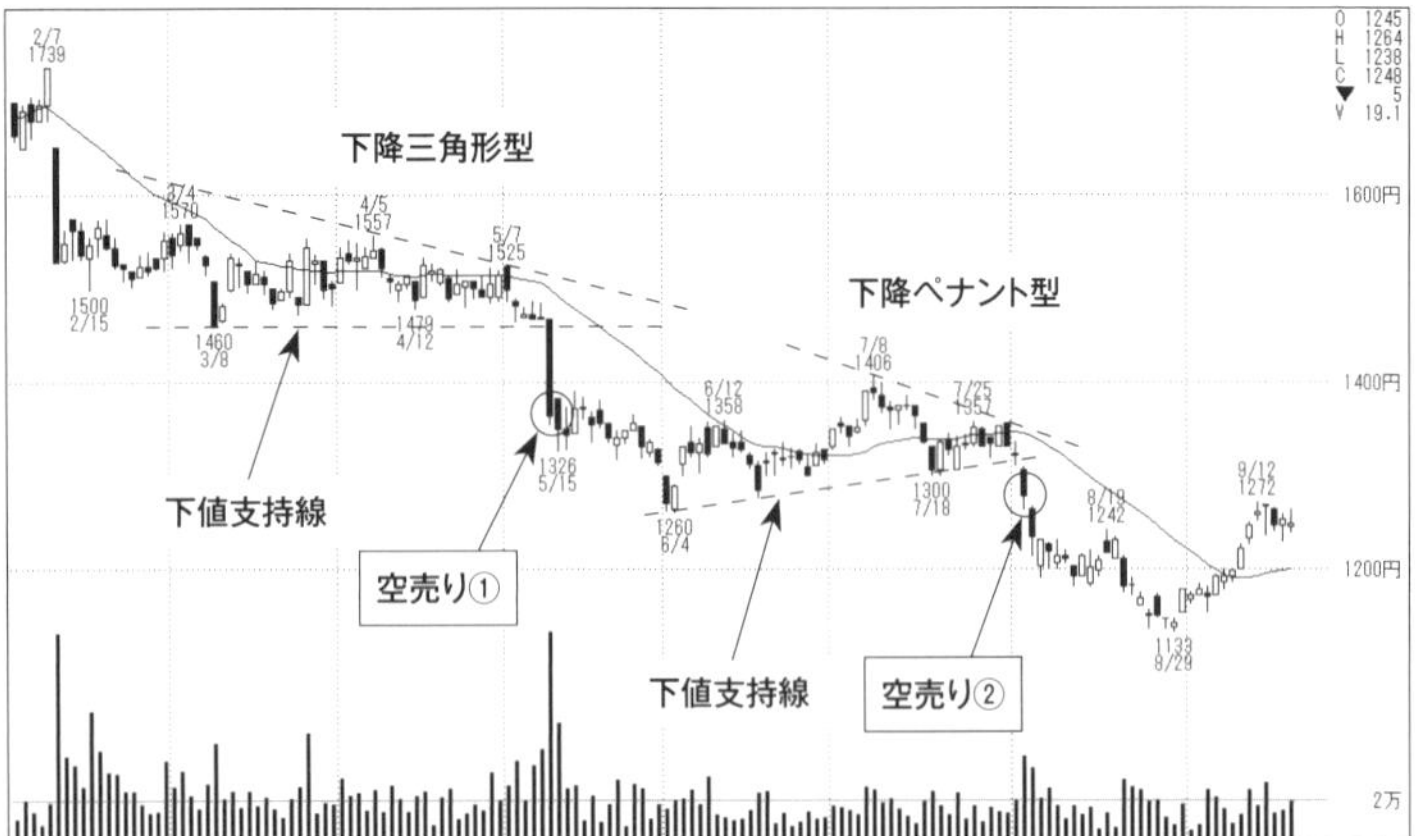

日足 /2019.2 ～ 2019.9

空売りタイミングを判断します。移動平均の期間は25日にしています。

たとえば、2019年3月〜4月の日足を見てみると、図2・14のように下降三角形になって、高値を徐々に切り下げる動きになっています。そして、5月中旬に株価が下値支持線を下回ると、6月初めまで下落が続きました（図中の「空売り①」）。ここは、チャートのパターン的に、空売りのポイントだったと言えます。実際、株価はその後10％程度下落しています。

また、6月から7月には下降ペナント型になっていて、株価が25日移動平均線と下値支持線を下回ると、その後に株価の下げがきつくなり、1か月弱で10％ほどの下落になりました（図中の「空売り②」）。


このように、週足と日足を組み合わせて、週足で大まかな判断を下した後、日足でより細かな空売りタイミングを判断すると良いでしょう。

複数の移動平均線で空売りタイミングを見る

＋短期・中期・長期の移動平均線を組み合わせた空売りと買い戻し

前節では、移動平均線（MA）とグランビルの法則を使って、空売りのタイミングを判断しました。この方法では1本の移動平均線と株価を組み合わせていましたが、移動平均線を複数本使う方法も考えられます。

3本の移動平均線を使う

複数の移動平均線を使う方法としては、長短2つの期間の移動平均線を使って、それらのクロスで売買タイミングを判断する「ゴールデンクロス」「デッドクロス」が有名です。この方法では、「ゴールデンクロスしたら買い」「デッドクロスしたら売り」というシンプルな考え方で売買タイミングを判断します。

ただ、ゴールデンクロス／デッドクロスではシンプル過ぎて、**ダマシが出る**ことがそこそこはあります。また、**売買のタイミングが遅れがちになる**傾向もあります。

そこで、移動平均線をさらにもう1本増やし、**短期／中期／長期の3本**を使うようにし

図2-15●株価と短期／中期／長期の各移動平均線の位置関係

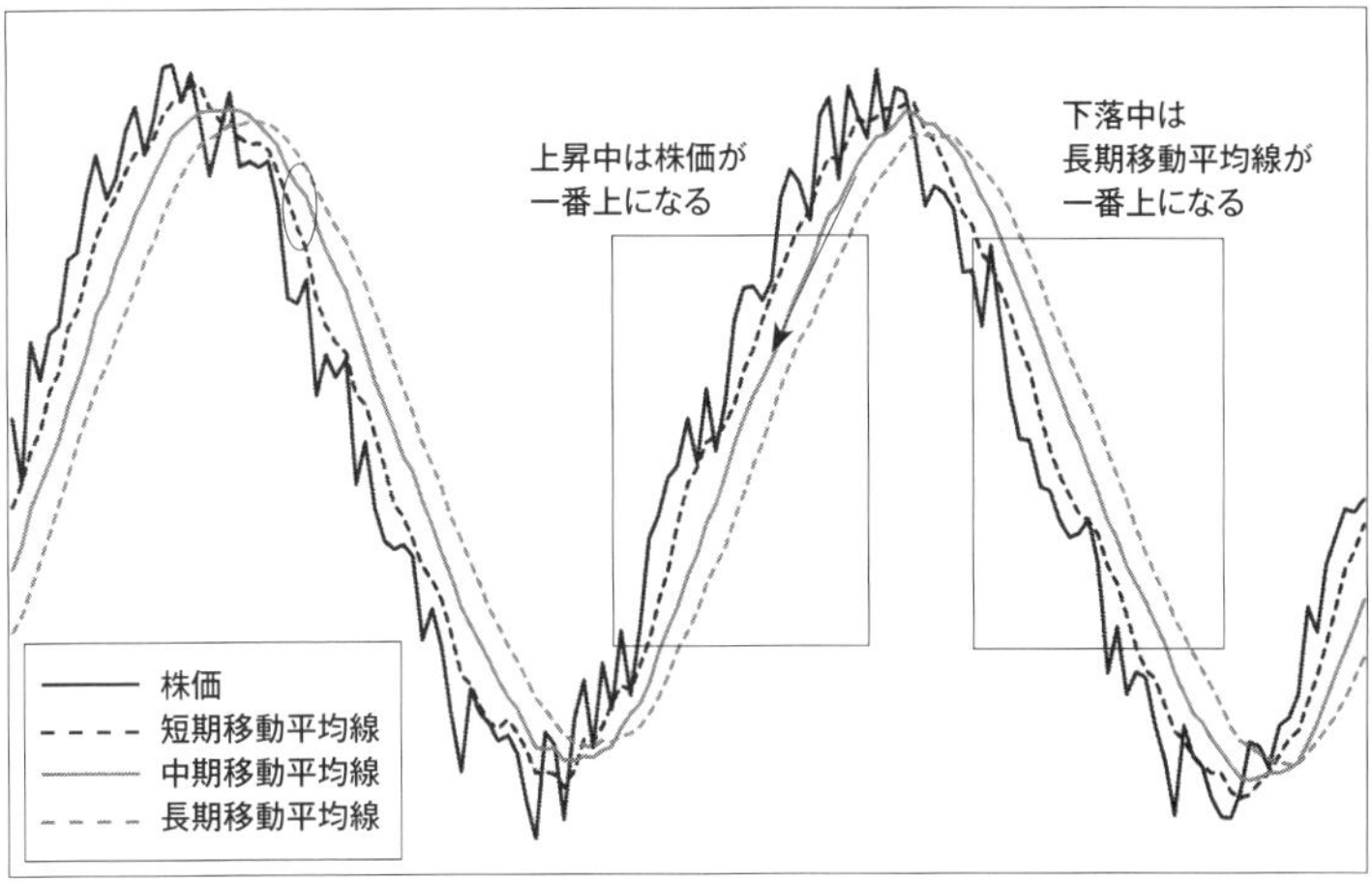
上昇中は株価が
一番上になる
下落中は
長期移動平均線が
一番上になる
株価
短期移動平均線
中期移動平均線
長期移動平均線

ます。そして、各移動平均線と株価との位置関係や、移動平均線と株価との絡み具合から、売買タイミングを判断するようにします。

中 株価と移動平均線の位置関係

売買のタイミングを判断する前に、株価と移動平均線がどのような位置関係になるのかを押さえておきましょう。

移動平均線は株価の後を追うように動く性質があります。また、**移動平均の計算期間を長くするほど、株価から遅れて動く**性質があります。そのため、複数の移動平均線を引くと、**株価の上昇が続いている間**は、上から株価→短期移動平均線→中期移動平均線→長期移動平均線の順に並び、移動平均線も上昇します（図2・15）。

一方、**株価の下落が続いている間**は、上から長期移動平均線→中期移動平均線→短期移動平均線→株価の順に並び、移動平均線も下落します。

中 移動平均の計算期間を決める

移動平均線では、移動平均の計算期間によって動き方が変わってきます。計算期間を長くするほど、動きが滑らかになり、株価のトレンドを表す傾向が強くなります。しかし、株価から遅れて動くようになります。一方、計算期間を短くすれば、株価からの遅れは小さくなりますが、日々の株価の動きに敏感に反応するようになり、売買の判断に使うのが難しくなっていきます。

このようなことから、3本の移動平均線を組み合わせる場合、**それぞれの計算期間をどのようにするか**ということも、考える必要があります。

日足のチャートでは、移動平均の計算期間として、**5日／10日／25日／75日／200日**などがよく使われています。200日線は期間が長く、大まかなトレンドを考えるのには良いですが、空売りのタイミングの判断に使うには長すぎます。一方、5日では株価と動き方があまり変わらず、空売りのタイミングの判断に使うのは難しいでしょう。

そこで本書では、10日／25日／75日の3本の移動平均線を組み合わせて、空売りのタイミングを判断することにします。

中 移動平均線の位置関係が正しい時だけ空売りする

買いにしても空売りにしても、株価のトレンドに沿って、逆らわずに行うことが重要です。空売りであれば、**株価が下落トレンドの時期に限定して行うようにすることで、失敗を少なくする**ことができます。

「株価と移動平均線の位置関係」のところで述べたように、下落トレンドが続いていれば、長期移動平均線が一番上に位置し、長期→中期→短期→株価の順に並びます。この間に限定して空売りを行うようにすれば、トレンドに沿った形にすることができます。

逆に、この移動平均線の位置関係が正しくない場合は、空売りを見送るか、あるいは別の方法で空売りを判断します。

たとえば、株価が保ち合いで推移しているときは、移動平均線も横ばいの動きになり、3本の移動平均線が頻繁にクロスします。このような時期には、空売りを見送るのが1つの方法です。あるいは、3本の移動平均線で売買タイミングを判断せずに、他の方法を使います。

図2-16●空売りを始めるタイミング

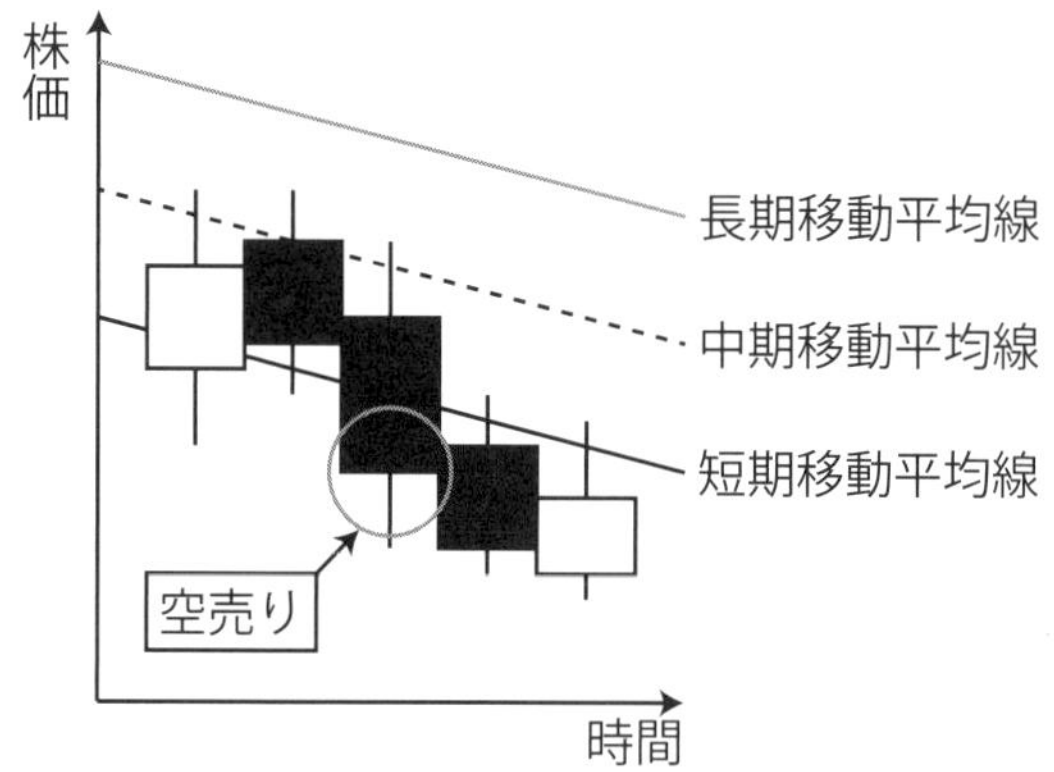

中 空売りを始めるタイミング

次に、空売りを始めるタイミングを考えていきましょう。前節で紹介したグランビルの法則を応用して、以下のように考えます。

3本の移動平均線の位置関係が正しく、なおかつ株価が短期移動平均線を上から下に抜いたときに、空売りを始める（図2・16）

このような状態が起こるのは、株価が下落トレンドに入ってしばらくしてから、株価が一時的に上昇して短期移動平均線を上回り、その後に下落に転じる場合です。68ページで解説した「売り法則2」の形にあたります。

図2-17●株価が移動平均線から大きく下に離れたら買い戻す

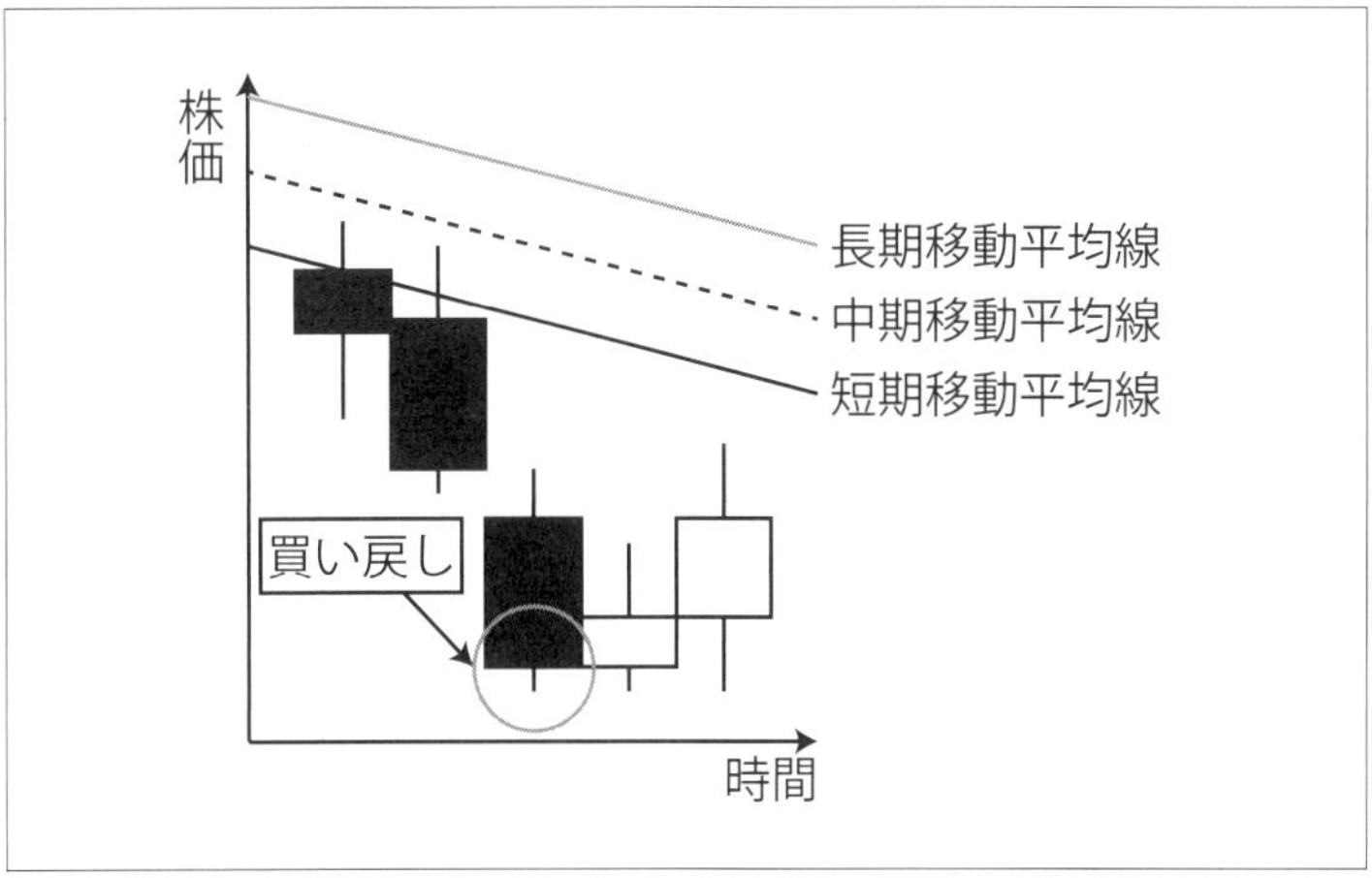

中 買い戻すタイミング

一方、空売りを終えて買い戻すタイミングも考えます。ここでは、以下の3つのタイミングを使うことにします。

①株価が移動平均線から大きく下に離れたとき

1つ目は、「株価が短期移動平均線から大きく下に離れたとき」です（図2・17）。これは、株価が大きく下がったときで、**リバウンドによる上昇が起こりやすい**状況です。68ページで解説した「売り法則4」を逆にした形にあたります。

なお、「株価が移動平均線からどの程度下に離れたら、『大きく離れた』と判断するか」ということについては、後の90ページで解説

図2-18●短期移動平均線が上向きに変わったら買い戻す

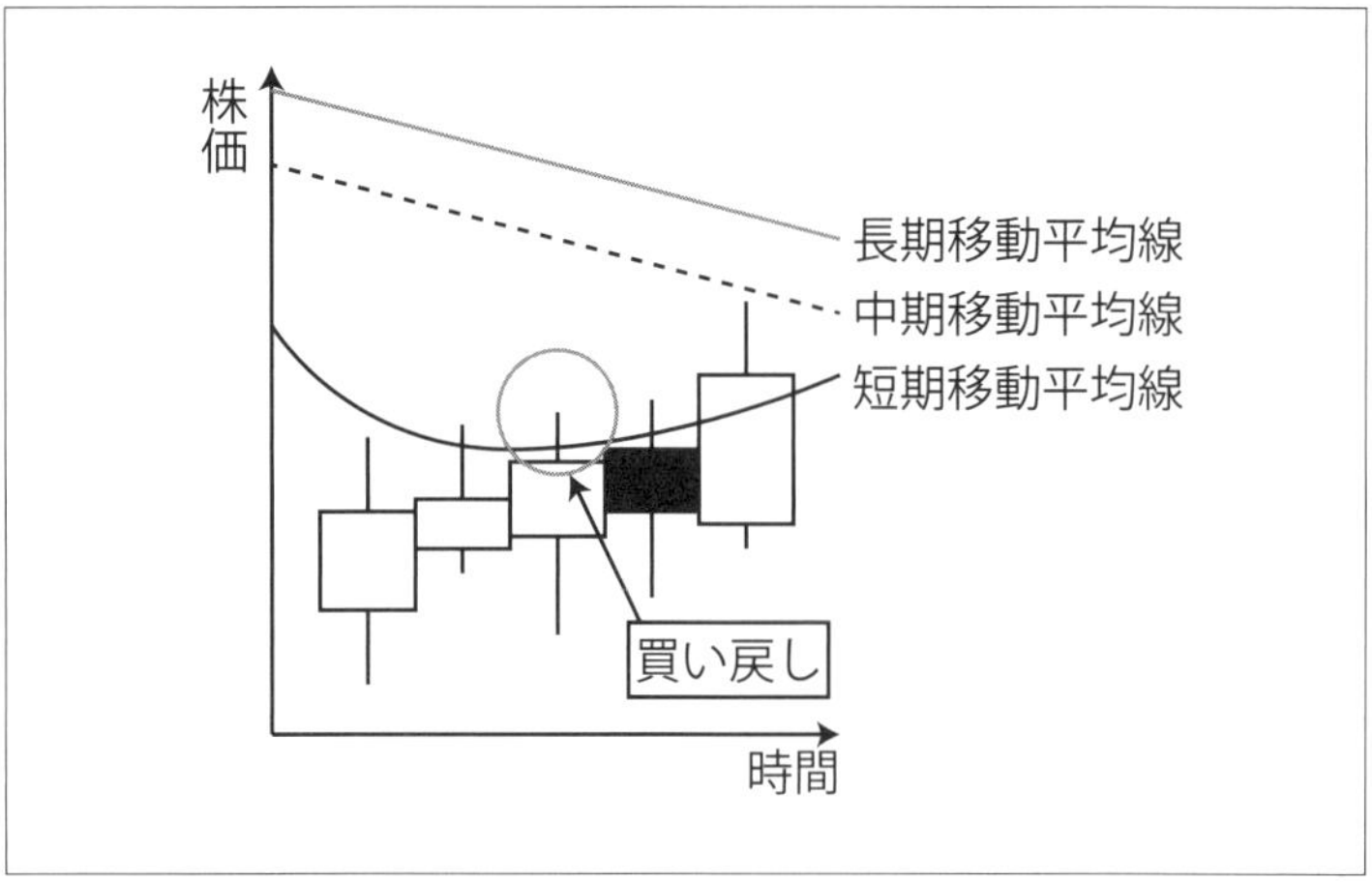

します。

②短期移動平均線が上向きに変わったとき

もう1つのタイミングに、「短期移動平均線が上向きに変わったとき」があります（図2・18）。

これは株価下落が落ち着いて、上昇に変わり始めたことを意味しています。そのままで買い戻さないでいると、利益を失う（あるいは損失になる）可能性がありますので、買い戻すようにします。

③株価が短期移動平均線を上に抜いたとき

また、「株価が短期移動平均線を上に抜いたとき」も考えられます（図2・19）。これも、株価が下落から上昇に変わりつつあるサインですので、利益を減らさない（あるいは損失にならない）ように、買い戻しておきま

図2-19●株価が短期移動平均線を上に抜いたら買い戻す

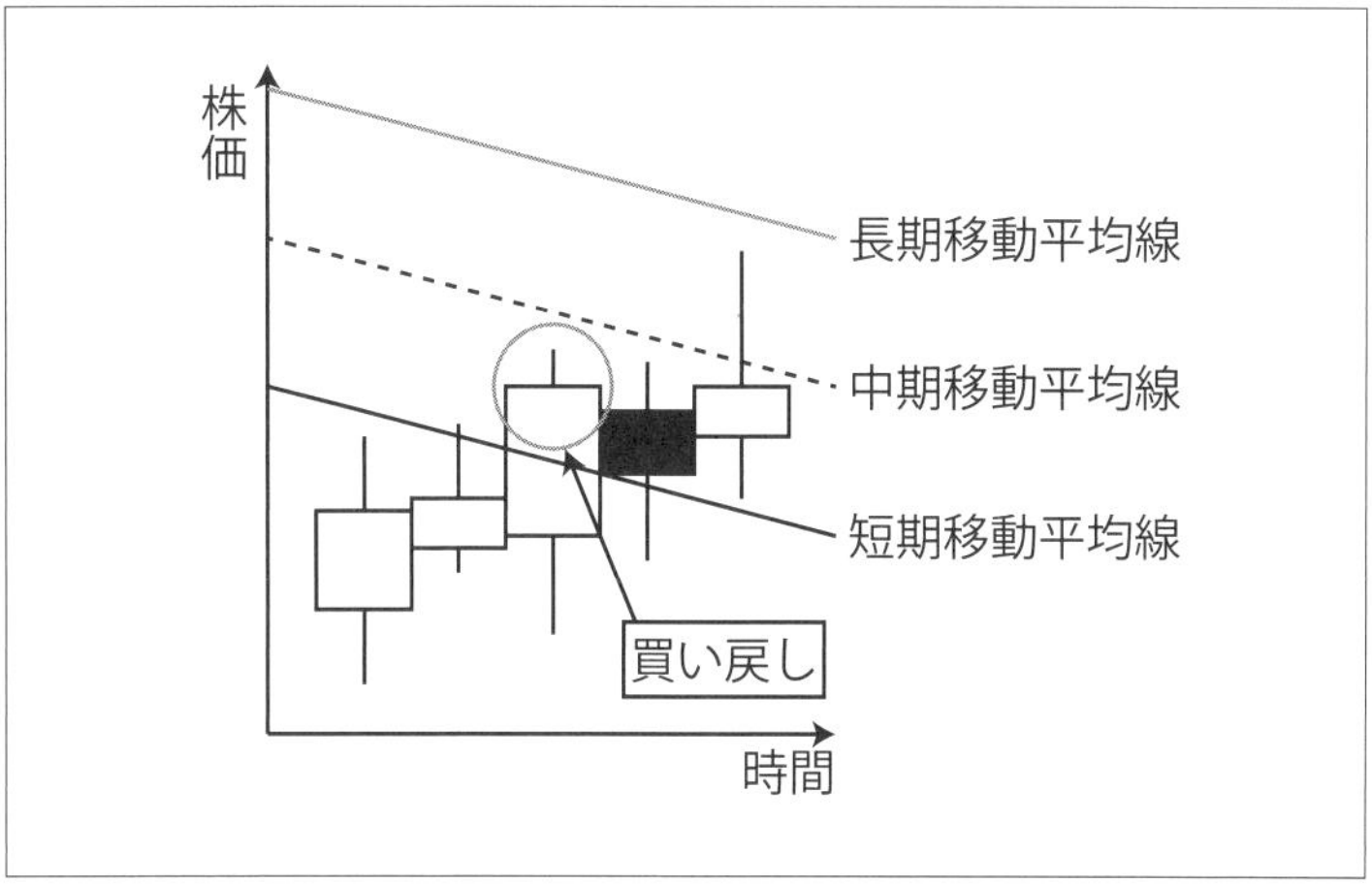

す。

中 移動動平均線の組み合わせで売買タイミングを判断する例

ここまでの話に沿って、株価と3本の移動平均線との位置関係から、空売りと買い戻しのタイミングを判断する例を取り上げます。

三越伊勢丹ホールディングス（3099）の2018年12月〜2019年6月の日足チャートに、10日／25日／75日の3本の移動平均線を引いて、売買タイミングを判断します（図2・20）。

まず、3本の移動平均線が、上から順に長期→中期→短期になっている時期だけ、空売りを行うようにします。図2・20では、点線で囲んでいる「A」と「B」の部分がその時

図2-20●3本の移動平均線で売買タイミングを判断する例（三越伊勢丹HD）

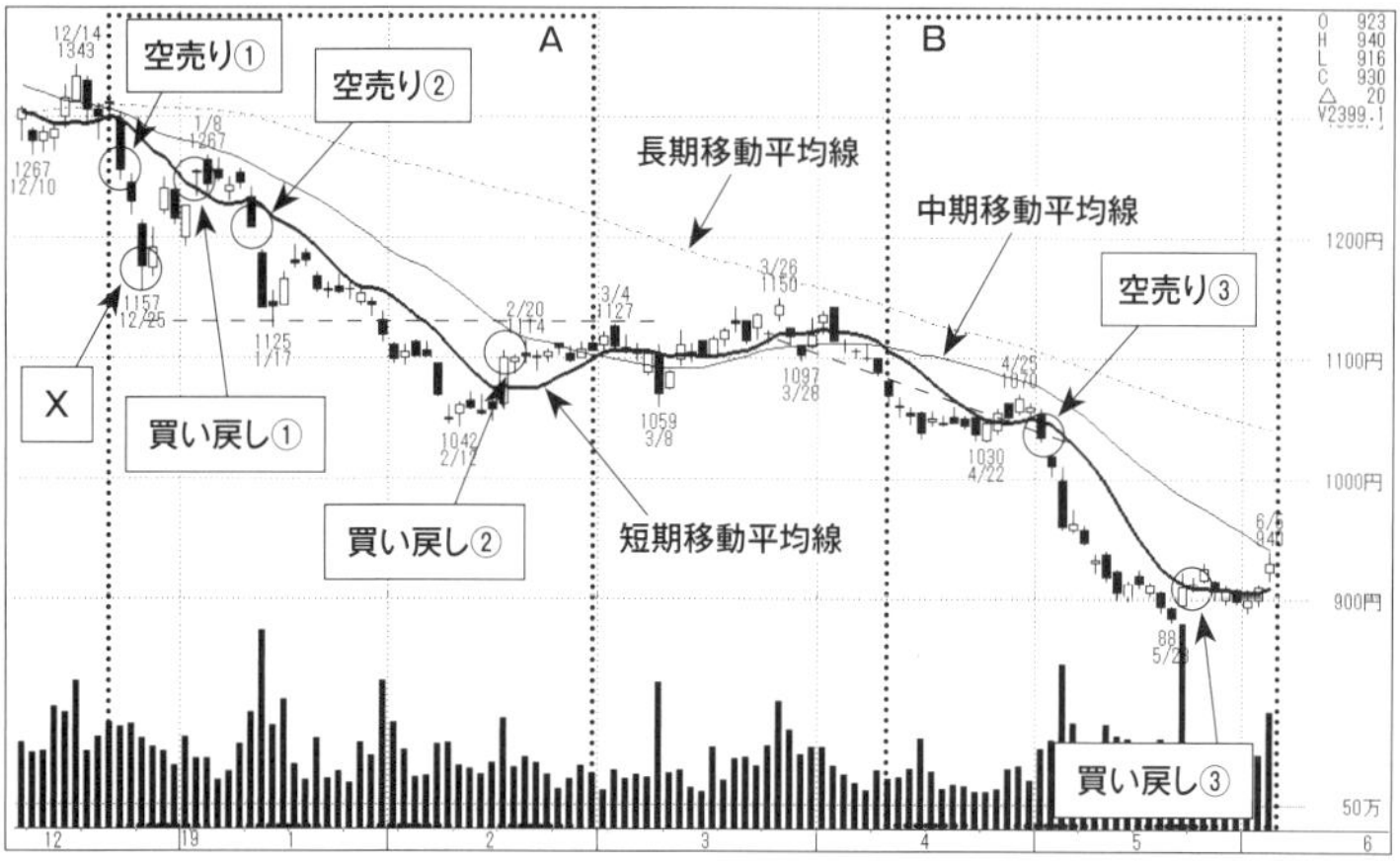

日足 /2018.12～2019.6

期にあたります。

次に、AとBの範囲の中で、株価が短期移動平均線を上から下に抜いたタイミングで、空売りを行います。図2・20では、「空売り①」～「空売り③」の3か所がそのタイミングに該当しています。

そして、空売りした後に、前述の買い戻しタイミングの判断方法に沿って、買い戻すかどうかを判断していきます。すると、「空売り①」～「空売り③」のそれぞれに対して、「買い戻し①」～「買い戻し③」で買い戻す形になります。いずれも、株価が移動平均線を上に抜いて、買い戻す形になっています。

空売り①と買い戻し①を比較すると、ほぼ同じ株価になっているので、損益はほぼ0になっています。一方、空売り②→買い戻し②

と空売り③→買い戻し③では、空売り時点から株価が10％程度下落した時点で買い戻す形になっていますので、利益を得ることができています。

また、空売り①の後の株価の動きを見ると、図中の「X」のところで、株価が移動平均線からやや下に離れた形になっています。「大きく下に離れた」とまでは言い切れないですが、このようなタイミングで欲張らずに買い戻すのも、1つの方法だと言えます。

別の方法と組み合わせて判断する

ここでは、空売りと買い戻しの両方のタイミングを、株価と移動平均線の関係から判断するようにしました。しかし、両方ともこの方法で判断しなければならないのではなく、空売りだけ／買い戻しだけをこの方法で判断し、残りは別の方法で判断することも考えられます。

たとえば、空売りのタイミングは株価と移動平均線の組み合わせから判断し、買い戻しはこの後の節で解説する方法で判断する、ということもできます。

また、複数の方法を併用することもできます。たとえば、買い戻しのタイミングを判断する際に、移動平均と株価の組み合わせを使うだけでなく、他の方法も併用して、どちらかで買い戻しのサインが出た時点で買い戻す、ということもできます。

中 使えない時期もある

株価が中長期的に下落トレンドになっている銘柄であっても、短期的に見ると保ち合いだったり、上昇したりすることもあります。そのような時期には、3本の移動平均線の並び順が変わってくるので、この節で取り上げた方法を使うことはできません。

株価が上昇すれば、73ページの図2・15にあげたように、3本の移動平均線は上から順に短期→中期→長期の順番になり、空売りに適している時期とは逆の順序になります。

また、株価が保ち合いになると、短期移動平均線や中期移動平均線は株価に沿って上下し、長期移動平均線は横ばい気味になるため、3本の移動平均線の位置関係が頻繁に変わります。

図2・21は、**ニチレキ**（5011）の2019年6月～9月の日足チャートに、10日／25日／75日の3本の移動平均線を入れたものです。この時期のニチレキの株価は保ち合いで推移しているため、短期移動平均線と中期移動平均線が上下し、長期移動平均線と何度も交差する形になっていることがわかります。このような時期は、この節であげた方法で空売りを判断するのには適していません。

図2-21●保ち合い状態では３本の移動平均線が頻繁に交差し、空売りには適さない
（ニチレキ）

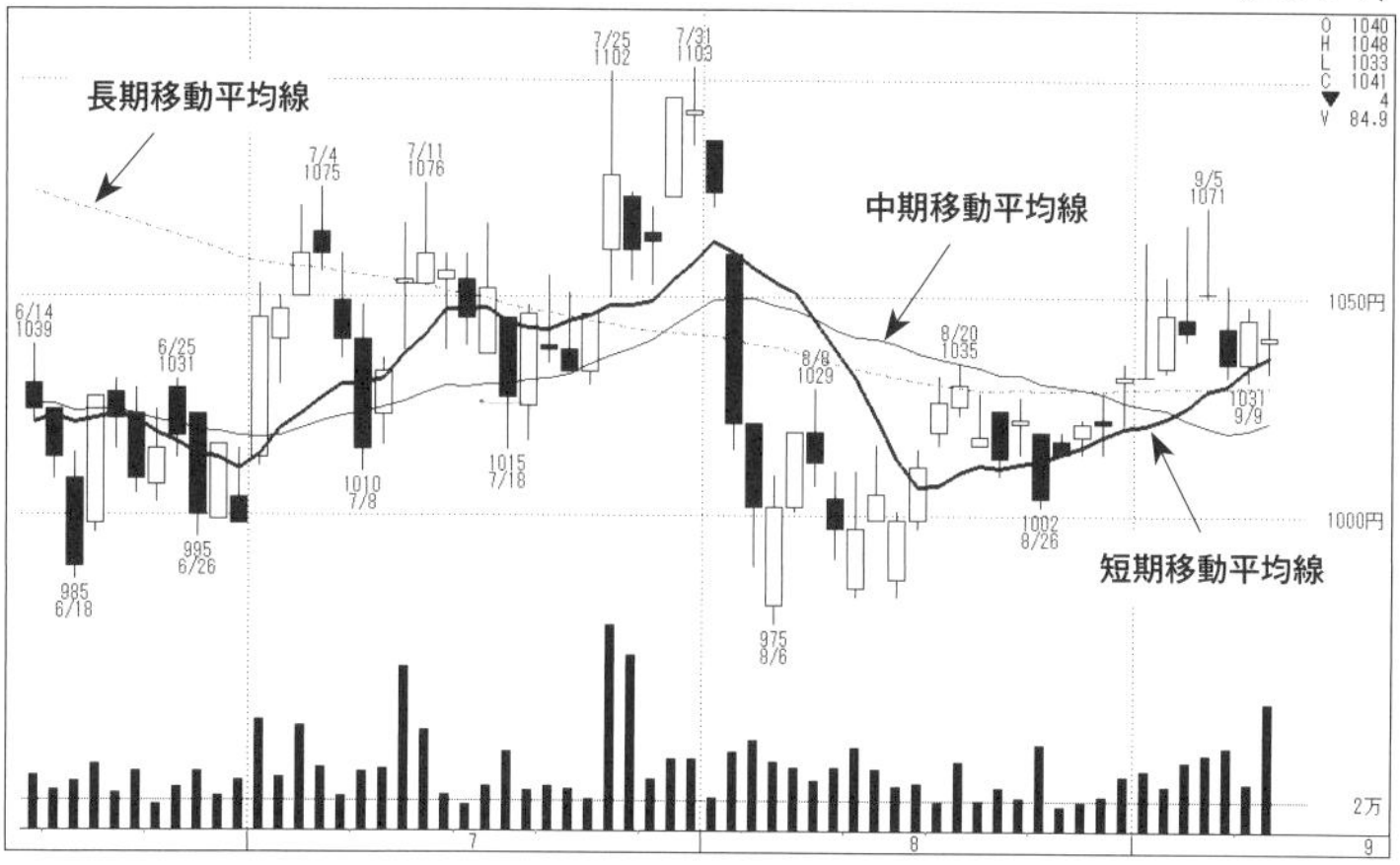

日足 /2019.6～2019.9

一目均衡表の帯で空売りタイミングを見る

＋上から下へ帯を抜けたら中期的な下落トレンドに転換

空売りで稼ぐには、空売りした後ある程度下がったら買い戻して利益を確定し、また売りのタイミングが来たら空売りする、という手法を取ります。一目均衡表の帯を使って、空売りタイミングを判断する方法を紹介します。

中 一目均衡表のしくみ

一目均衡表は、一目山人氏が戦前の昭和10年に考案した株価チャート分析の手法です。一目均衡表では、5種類の線（基準線・転換線・先行スパン1・先行スパン2・遅行スパン）や時間論／値幅観測論という手法を組み合わせて、売買のタイミングを判断します。この中の「**帯**」（または「**雲**」）を使って、空売りのタイミングを判断します。

帯は、「先行スパン1」と「先行スパン2」という指標に挟まれる部分のことを指します。株価が上昇トレンドの間は、帯は株価の下に位置し、**下値支持線**のような働きをします。株価が下落トレンドの間は、帯は株価の上に位置し、**上値抵抗線**のような働きをします。

中 帯を使った空売りタイミングの判断の仕方

株価が下落してきて帯を下に割り込むと、**弱気相場とされ下落トレンドに転換**したと判断されます。逆に、株価が上昇してきて帯を突き抜けて雲の上に出ると、強気相場とされ

図2-22●帯を使った空売りタイミングの判断

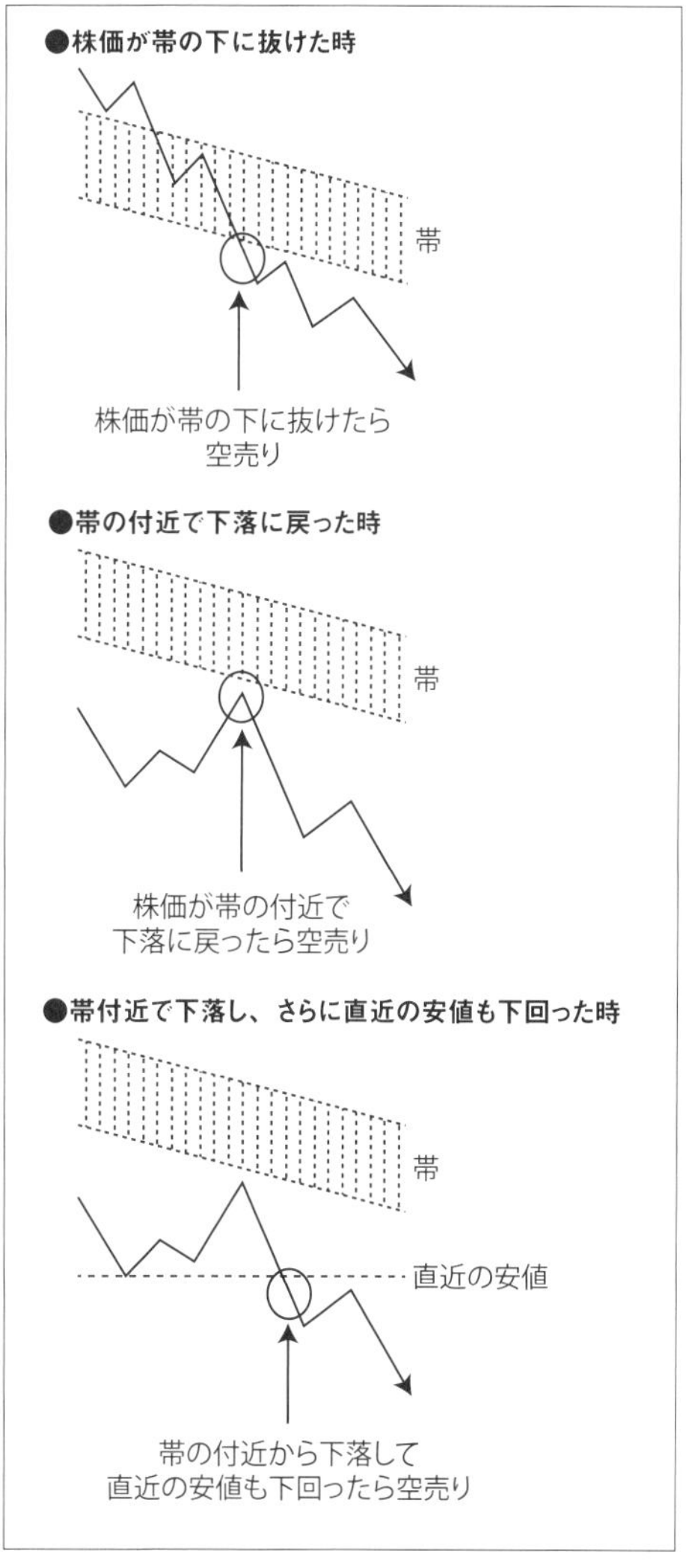
●株価が帯の下に抜けた時
帯
株価が帯の下に抜けたら
空売り
●帯の付近で下落に戻った時
帯
株価が帯の付近で
下落に戻ったら空売り
●帯付近で下落し、さらに直近の安値も下回った時
帯
直近の安値
帯の付近から下落して
直近の安値も下回ったら空売り

上昇トレンドに転換したと判断されます。したがって、**株価が下落し帯を抜けて割り込んだ時**が、空売りのタイミングに当たります（図2・22）。

また、下落トレンドの中で株価が一時的に戻ることも多いですが、その場合は株価が帯の手前で止まったり、帯に入ったものの跳ね返されて再度帯の下に出ることが多くあります。このように、**株価が帯の付近で反落した時**も、空売りのタイミングと考えられます。

ただ、株価が帯の付近で反落したらすぐに空売りすると、ダマシになる場合もあります。帯の付近で下落した後、**少し様子を見て直近の安値も下回った時点**で空売りすれば、より確率が高まります。

◆帯で空売りを判断する例（ユシロ化学工業）

図2・23は、**ユシロ化学工業**（5013）の2018年3月～2018年12月の日足チャートに、一目均衡表の帯を入れた例です。

2018年3月下旬に、株価が帯を下に抜いています。まず、このタイミングが空売りに適しています（図中の「空売り①」の箇所）。この後、チャートの右端まで株価は下落トレンドが続き、ほとんど帯の下に位置しています。

3月下旬にいったん目先の底を打った後、5月上旬まで戻っています（図中の「戻り①」の箇所）。しかし、その後に再度下落し、5月末には直近の安値を下回っています。

図2-23●帯で空売りを判断する例（ユシロ化学工業）

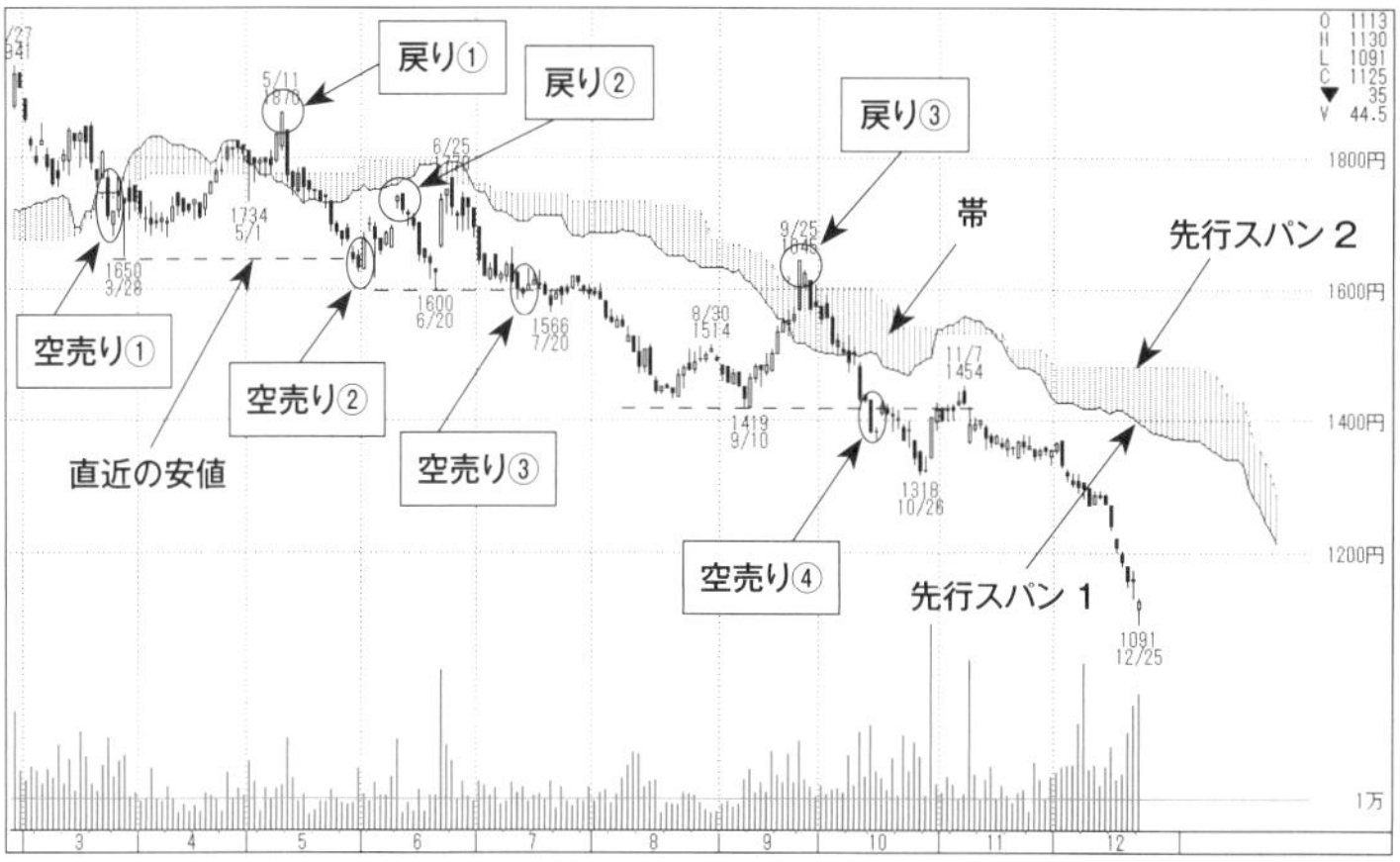

日足 /2018.3～2018.12

ここも空売りのタイミングにあたります（図中の「空売り②」）。

この後も、株価が帯近くまで戻ってから下落に転じたり（図中の「戻り②」）、帯にいったん入ってから下落に転じたりしています（図中の「戻り③」）。いずれも、その後に直近の安値を抜くと株価が一段と下落していて、空売りのタイミングに当たります（図中の「空売り③」と「空売り④」）。

なお、空売り①や空売り②のように、空売りした後に株価が戻って、なかなか下落せずに時間だけが経過する形になることもあります。このような時には撤退を検討した方が良いでしょう。

買い戻して利食いするタイミングの取り方

＋売り建玉の買い戻しはあまり深追いせずに早めが無難

空売りした後、その株をいつ買い戻して利益を確定するかは重要な問題です。買い戻しのタイミングを判断する方法をいくつか紹介します。

中 株価が大きく下げた時に買い戻して利益確定

株価の動きが下落トレンドになっても、一定のペースで下がっていくことはなく、大きく下げては幾分戻し、また大きく下げては戻し・・・といった動きを繰り返すのが一般的です。

大きく下げた時の底で買い戻すことができればベストですが、底をぴったりと当てることはまず不可能です。そこで、なるべく底に近そうなタイミングで買い戻しを狙います。

中 下値支持線（トレンドライン）付近まで下がったら買い戻す

買い戻しのタイミングを判断する方法はいくつかありますが、その基本はまずトレンド

図2-24●トレンドラインで買い戻しを判断する例（タクマ）

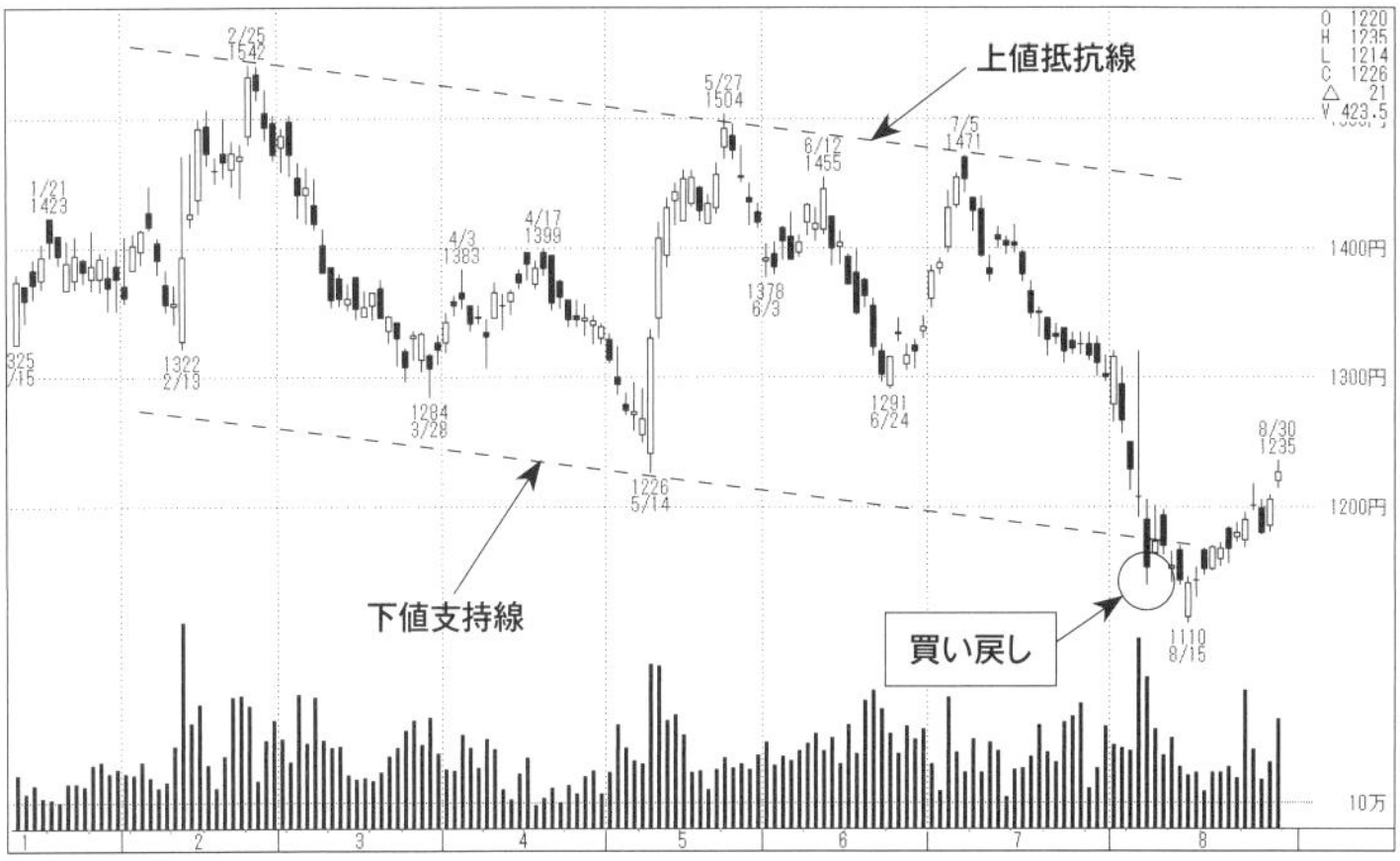

日足/2019.1～2019.8

ラインを引いて下値支持線に迫っているかどうかを確認することです。

株価が下がって下値支持線に近づくと、下げすぎ感が強くなって、株価が反発することがよくあります。したがって、株価が下値支持線付近まで下がったら、空売りした株を買い戻して利食いをするのが無難です。

◆トレンドラインで判断する例（タクマ）

図2・24は、**タクマ**（6013）の2019年1月から8月の日足チャートに、トレンドラインを引いた例です。

2019年2月下旬の高値と5月下旬の高値を線で結んで**上値抵抗線**を引いたあと、その線を平行移動して、5月中旬の安値を通るように**下値支持線**を引きました。

7月の高値の後は株価が再度下落していま

すが、8月上旬に下値支持線を若干割り込んでいます。そして、その後の株価はやや反発しています。もしこの時点でタクマを空売りしていたなら、ここで買い戻しておくのが無難だったと言えます。

中 株価が移動平均線から下に大きく乖離したら買い戻す

株価は上がる時も下がる時も、行き過ぎが起きることがよくあります。この行き過ぎを判断する指標も多数あります。

その中で比較的シンプルなものに「**乖離率**」があります。乖離率とは、**株価が移動平均線からどの程度乖離して（離れて）いるかを表す**指標です。株価が移動平均線と同じ値なら乖離率は0％となり、株価が下落して移動平均線から下に離れるほど、マイナスの大きな値を取ります。

株価が移動平均線から極端に離れることは、そう多くは起こりません。そのため**乖離率はある程度の範囲に収まりやすい**傾向があります。そこで、過去の株価と乖離率の動きを見て、乖離率がどの程度の範囲を取るかを調べます。

そして、現在の株価と乖離率の動きを見て、過去の乖離率の下限に迫ったら、これ以上下がる可能性は低いと判断して、空売りしている株を買い戻すようにします。

図2-25●エフテックの乖離率の下限は－10％付近

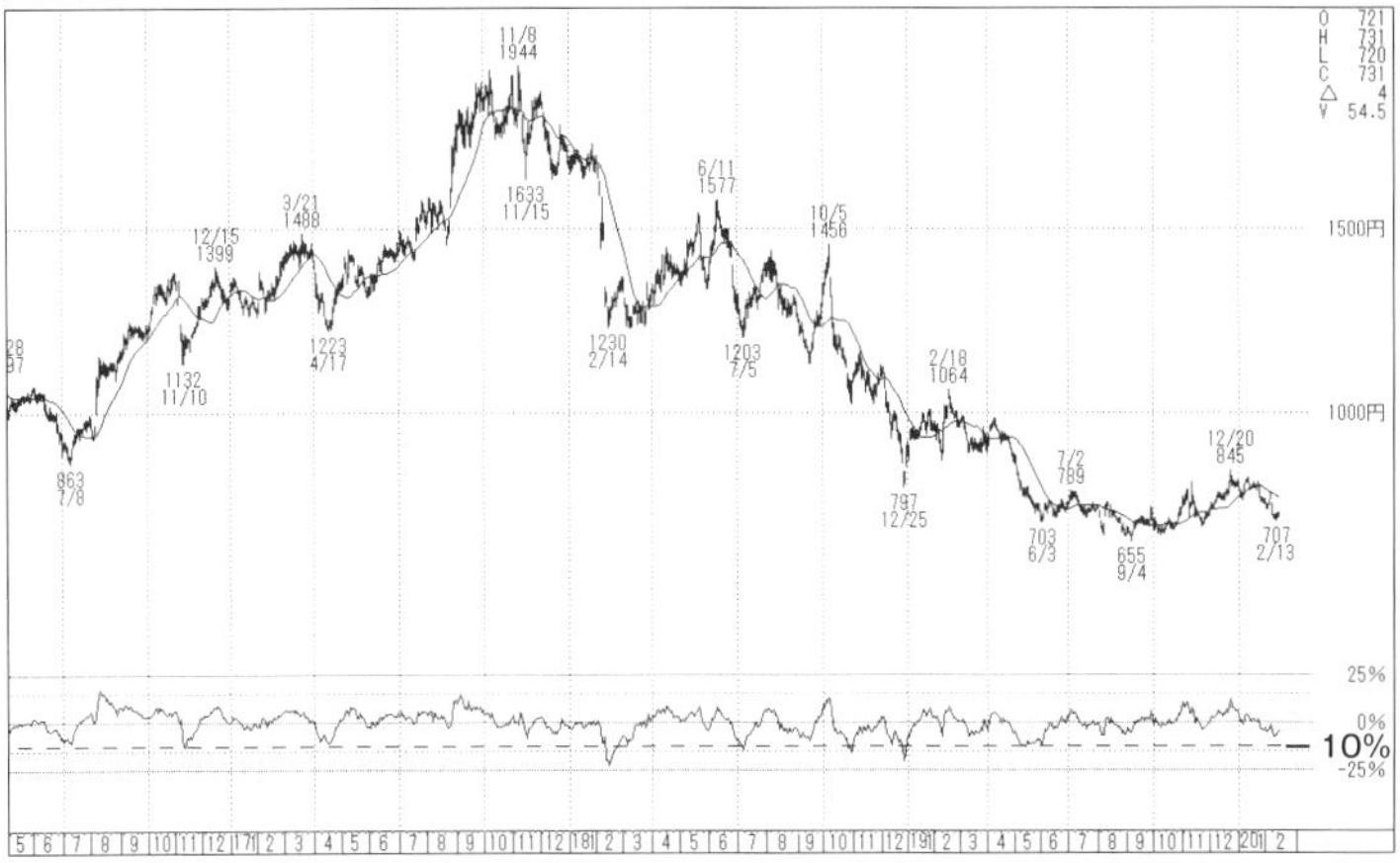

週足 /2016.5 ～ 2020.2

◆乖離率で買い戻しを判断する例（エフテック）

　図２・25は、エフテック（７２１２）の２０１６年５月～２０２０年２月の株価（週足）／25日移動平均線と、25日移動平均線からの乖離率の動きをチャートにしたものです。このチャートを見ると、乖離率がマイナス10％を下回っている期間はほとんどありません。したがって、エフテックでは、乖離率の下限はマイナス10％程度だと考え、そこまで株価が下がったら買い戻すのが良いと考えます。

　２０１８年２月にアメリカの利上げ問題で市場全体が急落したとき、エフテックも株価が急落し、25日移動平均線を大きく割り込みました。しかし、どこまでも下がることはな

図2-26●乖離率はどこまでも下がり続けるわけではない

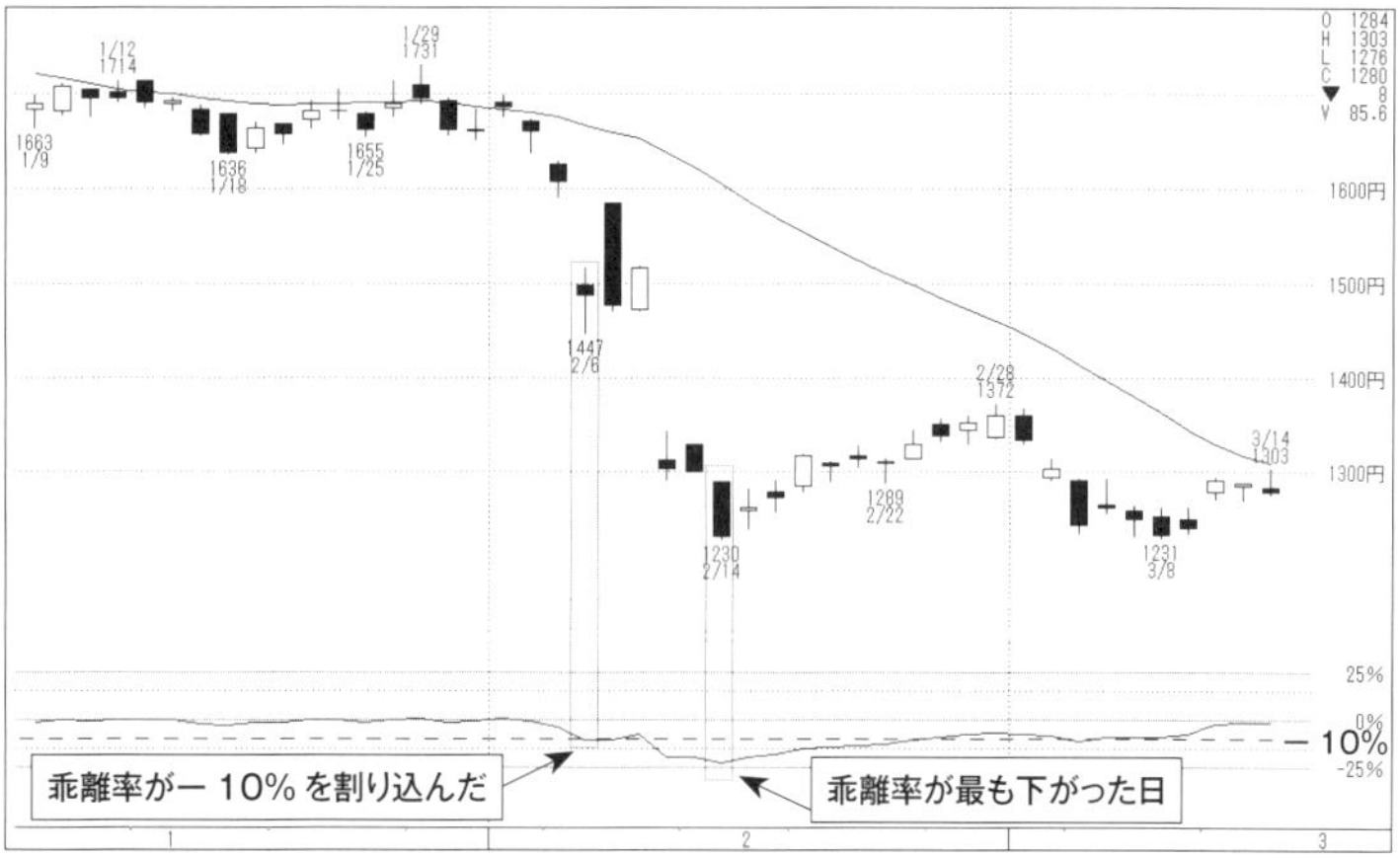

日足 /2018.1 ～ 2018.3

く、最も乖離率が低かったときで、マイナス23・20%でした（図2・26）。また、乖離率がマイナス10%を割った時点で、底まであと数日になっています。この結果を見ると、過去の経験則が生きていることがわかります。

中 ボリンジャーバンドで買い戻しを判断する

下がりすぎを判断するもう1つの指標として、「ボリンジャーバンド」があります。

ボリンジャーバンドは、株価の値動きの大きさを**「標準偏差」**という値で表し、移動平均線の上下に2本ずつのバンドを引いて、株価の行き過ぎを判断する指標です。標準偏差を「σ」という記号で表し、「**シグマ**」と読みます。

図2-27●ファミリーマートは－2σを下回ることがほとんどない

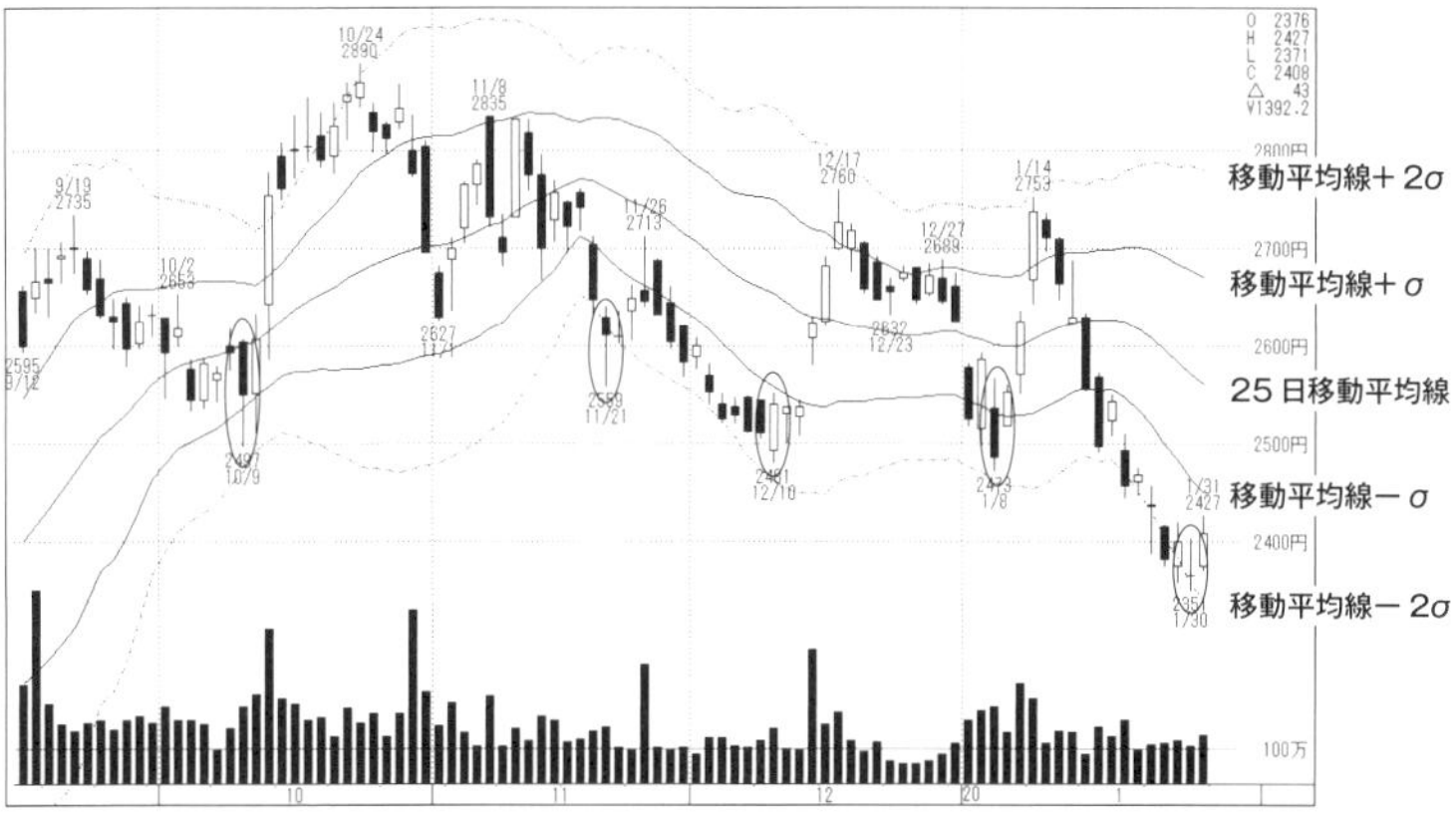

日足 /2019.9 ～ 2020.1

一般に、株価が移動平均線プラス2σのバンドを超えて上がることや、移動平均線マイナス2σのバンドを超えて下がることは少なく、それは全体の5％に過ぎないとされています。したがって、**基本的には空売りした後で株価がマイナス2σのバンドに迫ったら、買い戻しておく方が無難**と考えられます。

◆トレンドがあまりはっきりしない場合

特に、トレンドがあまりはっきりしていない時には、ボリンジャーバンドの幅が狭くなり、なおかつマイナス2σのバンド付近で株価が下げ止まることがよく見られます。

図2・27は、**ファミリーマート**（8028）の2019年9月～2020年1月の株価と移動平均線／ボリンジャーバンドの動きです。移動平均線／ボリンジャーバンドの計算期間は25

日にしています。

この間、株価はほぼ保ち合い気味で推移していて、下がってもマイナス2σのラインがほぼ下限になっていることがわかります。このような状況であれば、株価がマイナス2σのバンドまで下がったなら、必ず買い戻しておくべきです。

◆保ち合いから下落に変わる場合

しばらく株価が保ち合いで推移して、その後に下落トレンドに転換することもあります。この場合、保ち合いの間はボリンジャーバンドの幅が狭いですが、下落に伴ってバンドの幅が広くなります。そして、しばらくの間にわたって、株価がマイナス2σの線に張り付いたまま下がる**バンドウォーク**になりやすいです。

このような場合は、前述のように「株価がマイナス2σまで下がったら買い戻し」と判断すると、その後の下落による利益を取り逃すことになります。そこで、別の判断方法として、**プラス2σのバンドの動きに注目**します。

下落し始めの頃は、バンドの動きは株価からやや遅れるため、プラス2σのバンドは上昇傾向になります。しかし、下落がひと段落して落ち着きだすと、プラス2σのバンドも下落し始めます。このタイミングで買い戻しておくのが無難です。

図2・28は、**ミライトＨＤ**（１４１７）の２０１９年4月~9月の日足チャートに、ボ

図2-28●＋2σのバンドに注目して買い戻し（ミライトHD）

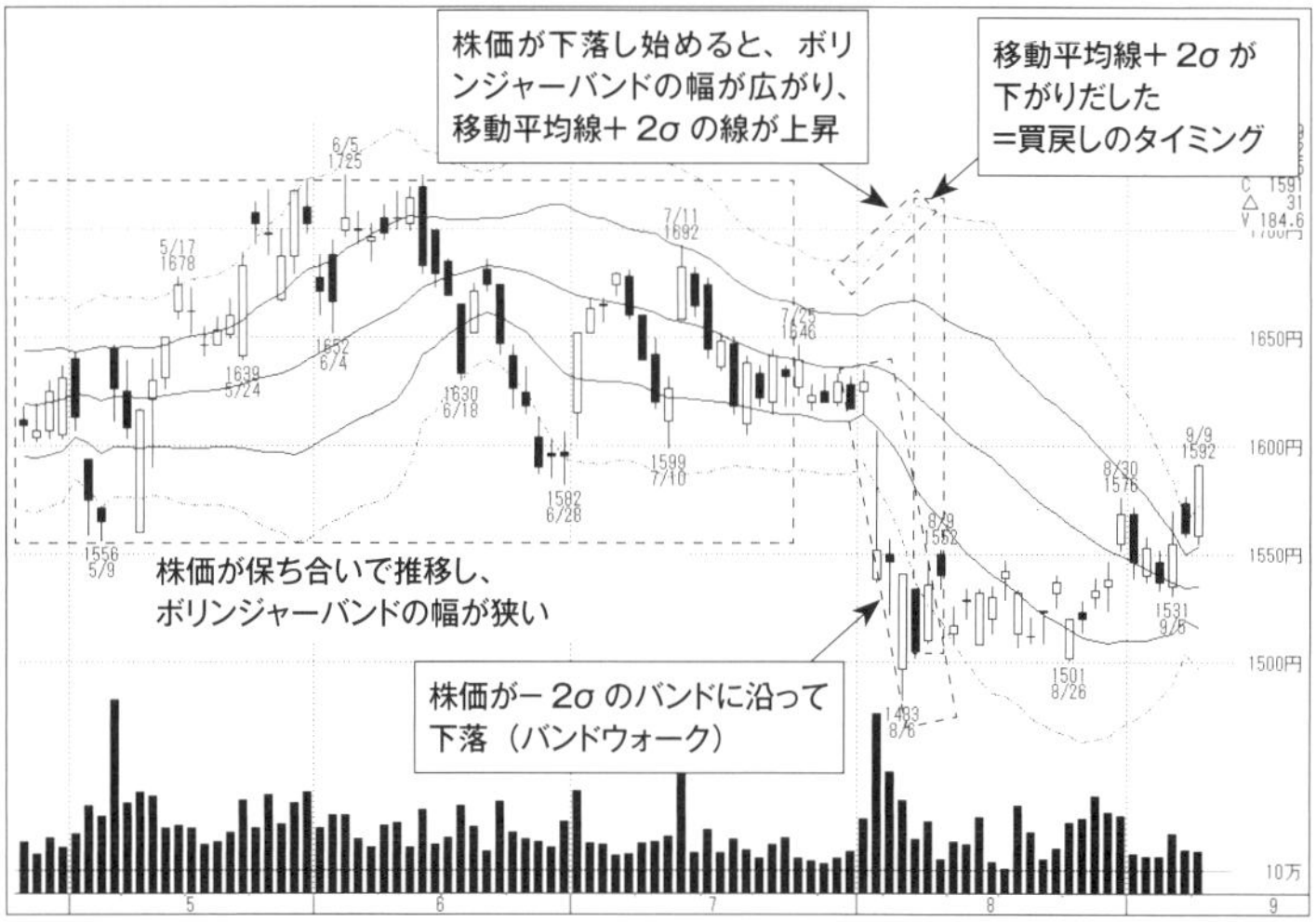

日足/2019.4～2019.9

リンジャーバンドを追加した例です。移動平均線／ボリンジャーバンドの計算期間は25日にしています。

２０１９年７月までは、株価は**狭い範囲で保ち合いで推移**しています。しかし、８月上旬に市場全体が下落する中で、ミライトＨＤの株価も下がっています。

保ち合いの間はボリンジャーバンドの幅が非常に狭いですが、下落が始まるとボリンジャーバンドの幅が広がり、移動平均線＋２σの線が上昇しています。しかし、８月中旬になって下落が一段落すると、移動平均線＋２σの線が下落に転じています。このタイミングで買い戻しておくべきでした。

保ち合いトレンドの銘柄を繰り返し売買する

＋レンジを使って買い・売り／空売り・買い戻し

空売りでは、株価が下落トレンドに入った銘柄を狙うのが基本ですが、長期的に保ち合い（レンジ）の状態になっている銘柄を繰り返し売買することも考えられます。

中 レンジの範囲の上昇と下落の両方を取る

買いにしても空売りにしても、株価がどこまで上がりどこまで下がるかはなかなか読めないのが難しいところです。逆に言うと、株価の下限／上限がある程度わかっている銘柄なら、売買しやすいと言えます。

多くの銘柄を見てみると、長期的に株価がある範囲の中で保ち合い（レンジ）に上下しているものもあります。このような銘柄であれば、以下のような手法を取ることが考えられます（図２・29）。

①レンジの下限付近で底を打って反発したら買う

図2-29●レンジの上昇時に買い、下落時に空売りする

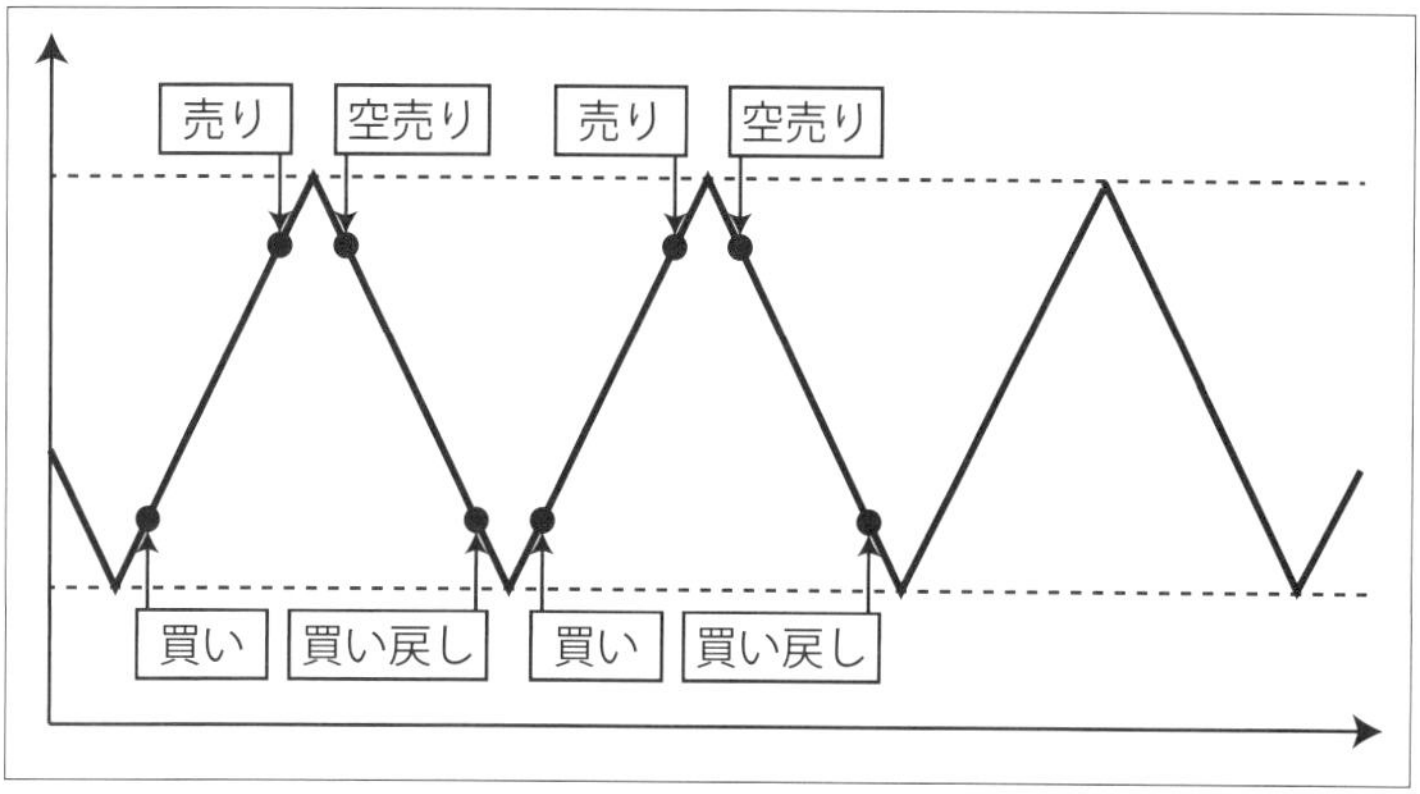

②レンジの上限に迫ったら売る
③レンジの上限付近で天井を付けて反落したら空売りする
④レンジの下限に迫ったら買い戻す

◆株価の下限／上限がわかりやすい銘柄の例（SANKYO）

過去9年程度で、株価の下限／上限がわかりやすい銘柄の例として、SANKYO（6417）を取り上げます。

SANKYOのチャートを見ると、株価が4800円を超えている期間はごく短いです。そして、4800円を超えて株価が天井を打つと、その後は4000円近くまで一気に下がる傾向が見られます。

一方、株価が下がっても3600円を割ってい

図2-30● SANKYOは株価の下限／上限が一定している

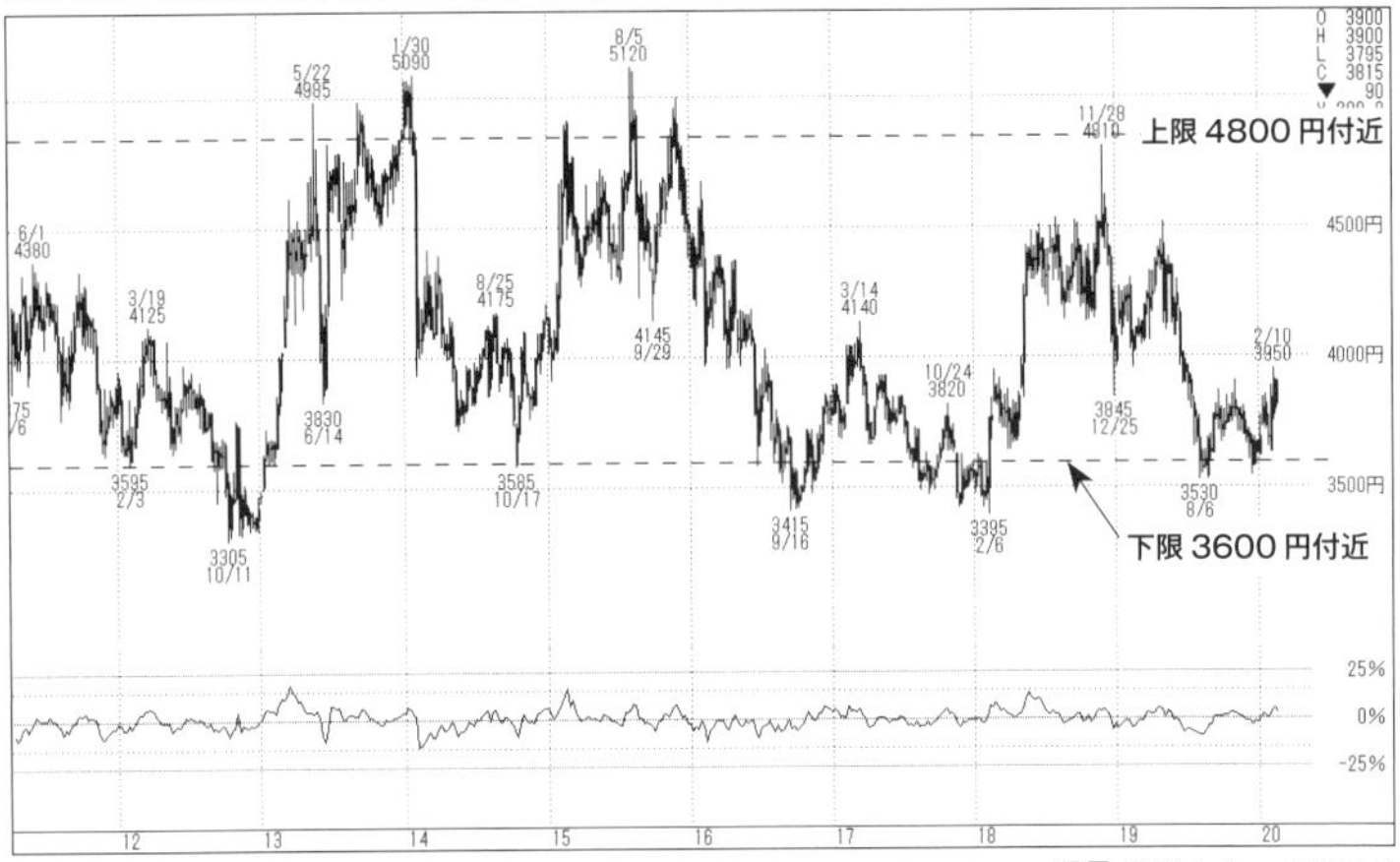

週足/2011.4～2020.2

る期間は短いです。底からすぐに上がるわけではありませんが、数か月後には４０００円を超えています（図2・30）。

そこで、以下のような売買をすることが考えられます。

①株価が底を過ぎて３６００円台まで上がったら買って、さらに上がるのを待つ

②株価が４８００円を超えて天井を過ぎたら、①で買っていた株は売り、また空売りも始める

③②の後、株価が大きく下がったら、空売りしていた株を買い戻す

中 保ち合いが崩れる時に注意

比較的長い期間にわたって保ち合いが続いているからといって、それがいつまでも続く

表2-1●保ち合いで推移している銘柄の例

銘柄	下限の目安	上限の目安
国際石油開発帝石(1605)	800円	1,500円
熊谷組(1861)	2,700円	4,000円
ALSOK(2331)	4,500円	6,000円
東洋紡(3101)	1,400円	2,000円
日清紡HD(3105)	700円	1,600円
日本製紙(3863)	1,800円	2,300円
太陽HD(4626)	3,000円	5,000円
りらいあコミュニケーションズ(4708)	900円	1,500円
住友理工(5191)	800円	1,200円
ジェイ エフ イー HD(5411)	1,500円	2,800円
三洋工業(5958)	1,600円	2,200円
エフテック(7212)	1,000円	2,000円

ことはありません。どこかで均衡が崩れ、従来と異なる値動きをするようになります。

「保ち合いの上限を過ぎた」と思って空売りしてみたものの、株価が思うように下がらずむしろ上昇してしまった場合は、**それまでの均衡が崩れ新たなトレンドが始まる兆しと**判断して、損切りして即座に撤退する必要があります。

ちなみに、前述のＳＡＮＫＹＯも、２００５〜２００６年にかけての世界的な好景気の頃には、図2・30とは全く異なり、株価が８０００円台を付けたこともあります。

◆保ち合いで推移しているその他の銘柄の例

過去5年ほどの間で、株価がほぼ保ち合いで推移している銘柄の例として、表2・1のようなものがあります。

図2-31●天井がほぼ一定している三洋工業

週足/2014.4～2020.2

なお、三洋工業は上限が２２００円前後でほぼ一定しています。一方の底は変動があるものの、１４００円台～１４００円台になっています（図２・31）。

CHAPTER

3

急騰した銘柄の下げを狙う

急騰後の下げを狙う銘柄の選び方

＋業績の裏付けが無く、雰囲気で人気化した銘柄を狙う

株価の急騰について考える前に、「株価は何によって決まるのか」ということを押さえておきましょう。

株価は1株当たり利益に比例しやすい

株価を決める要因として、**業績（特に1株当たり利益）**は外せません。株の基本的な傾向として、「株価は1株当たり利益に比例しやすい」という点があります。

株価が1株当たり利益の何倍になっているかを表す指標として、「**PER**」（「Price Earnings Ratio」の略、日本語では「株価収益率」）があります。銘柄や市場の状況によって、PERがどの位になるかはさまざまですが、極端な値を取る銘柄は少ないです。

たとえば、2020年4月10日の時点で、東証一部銘柄のPERがどの程度になっているかを調べると、図3・1のようになりました。PERが10倍前後の銘柄が非常に多く、それより低い銘柄や、それより高い銘柄は少ない状況です。

図3-1●東証一部銘柄のPERの分布（2020年4月10日時点）

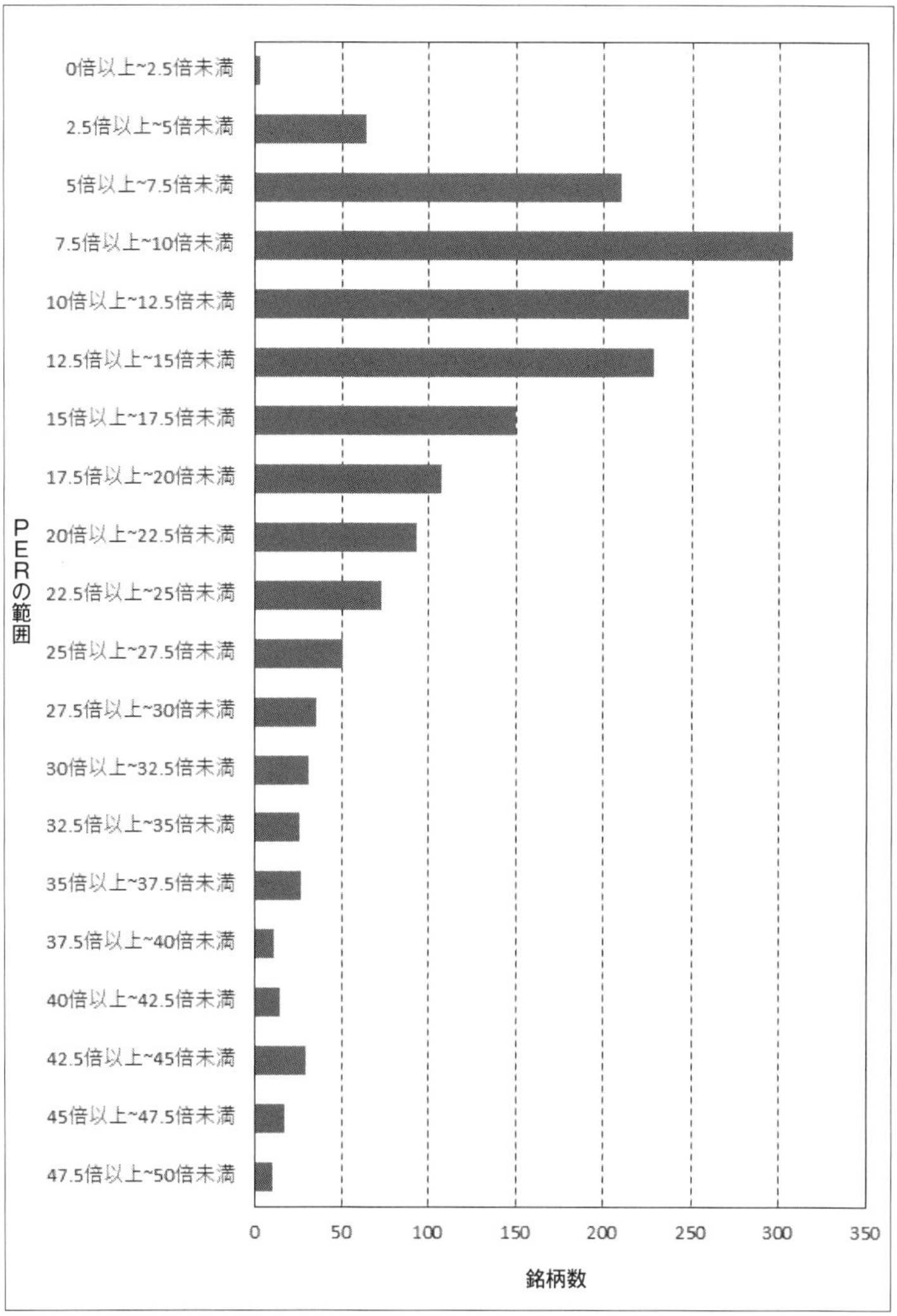

中 利益の裏付けがある株価上昇は下がりにくい

株価が上がる要因はいろいろありますが大きく分けると、利益の裏付けがある上昇と、そうではない上昇の2つになります。このうち前者は空売りにはあまり適していません。**業績の上方修正**が発表されて、利益が大きく増えそうな銘柄があるとします。前述したように株価は1株当たり利益に比例する傾向がありますので、利益が大きく増えるなら、株価もそれに反応して急騰しやすくなります。

また、企業が**自社株買い**を発表することもあります。自社株買いを行うと発行済み株式数が減りますので、相対的に1株当たり利益は上がります。このような銘柄も、株価が急騰しやすいのです。

たとえば、ある企業が発行済み株式数の半分を自社株買いするとします（実際にはそんな極端なケースはまずありませんが……）。この場合、発行済み株式数が半分に減りますので、相対的に1株当たりの利益は2倍に増えます。となると、理論的には株価も2倍程度に上がると考えられます。

このように、**1株当たり利益が大きく変化することで急騰した銘柄は、株価に利益の裏付けがあるためその後に下がりにくい**と考えられます。したがって、こういった銘柄は空

図3-2●利益の裏付けのある銘柄はあまり下がらない（キャリアリンク）

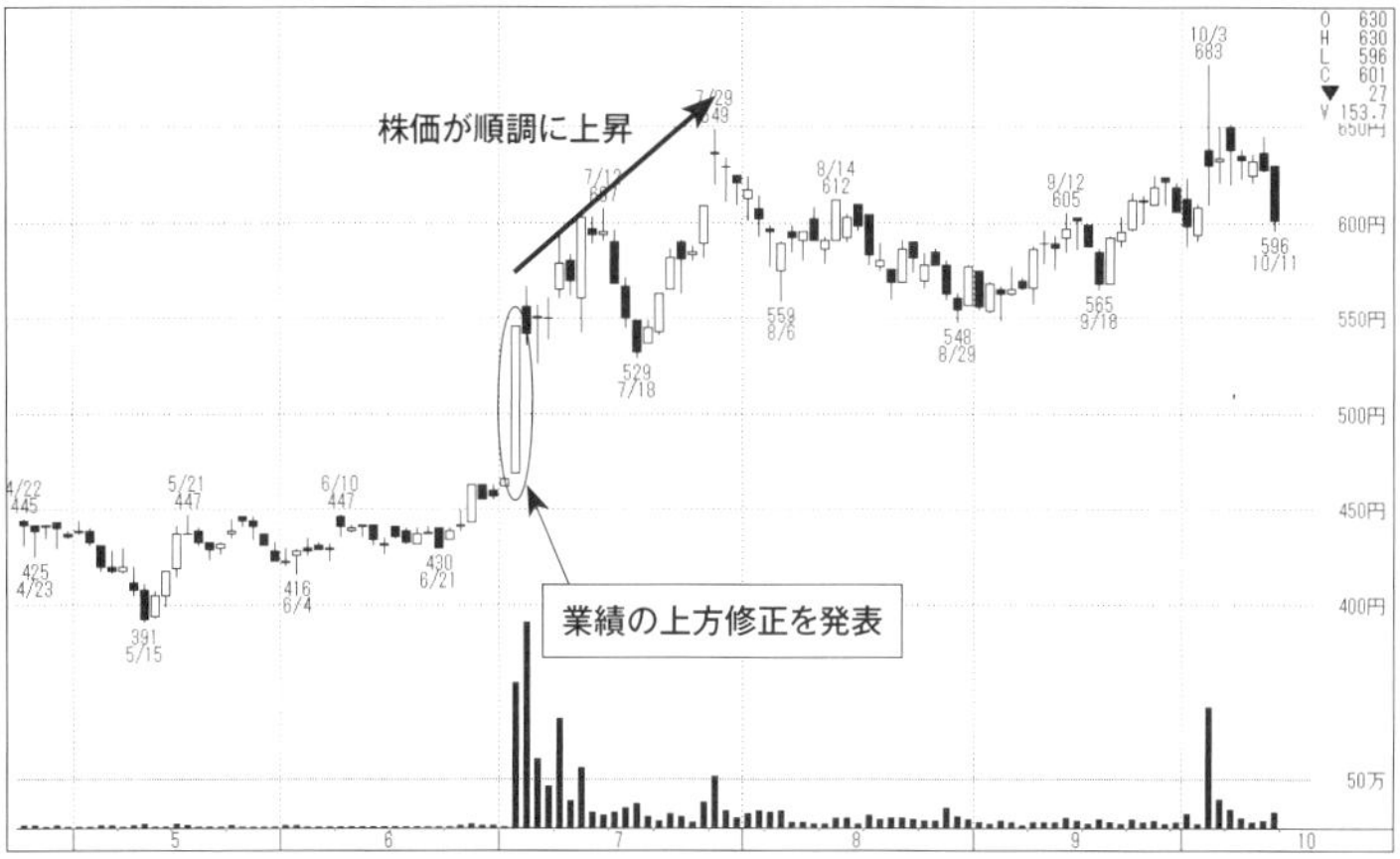

日足/2019.4〜2019.10

売りにはあまり適していません。

◆急騰後にあまり下がらなかった銘柄の例

利益の変動で株価が急騰し、その後あまり下がらなかった例として、業務請負や人材派遣を行う**キャリアリンク**（６０７０）を紹介します（図３・２）。

キャリアリンクの株価は、２０１９年春から夏にかけて、４００円台で保ち合いの動きをしていました。しかし、２０１９年７月に入ってから株価が急騰しました。10月には高値で６８３円を付け、急騰前の水準と比較して約１.５倍になりました。

この上昇の原因は、業績予想が上方修正されたことです。２０１９年７月２日に、２０１２年２月期の中間期の業績予想の上方修正がありました。売上の増加や人件費等の削減が順調にいったことなどが要因で収支が改善し、当初予想よりも1株当たり利益が約80％も伸びるとの発表がありました。その後も収益は好調に推移して、2019年10月2日および2020年1月9日にも業績予想を再度上方修正しました。

2019年7月に急騰した後は、株価が上下する展開になっています。しかし、2019年6月までと比べると、株価が高い水準を保っています。

中 業績との関連が薄い急騰では株価が元に戻りやすい

一方、実際の利益に関係なく、市場の思惑や雰囲気だけで人気化して株価が急騰した銘柄は、通常は急騰後に利食い売りに押され、元の株価水準に向かって下がっていきます。ただ、**急騰後に急落する銘柄**もあれば、**じりじりと下がっていく銘柄**もあります。これらのどちらになるかは、市場全体の状況などによって変わります。

◆市場の雰囲気で急騰した銘柄の例

実際の銘柄の例として、**テンポイノベーション**（3484）を紹介します。テンポイノベーションは飲食店向けに物件の賃貸を行うことが主力で、2017年10月に上場したばかりの比較的若い企業です。

2019年後半は株価が800円～900円付近で上下する動きを続けていましたが、

図3-3●利益の裏付けのない急騰は長続きしない（テンポイノベーション）

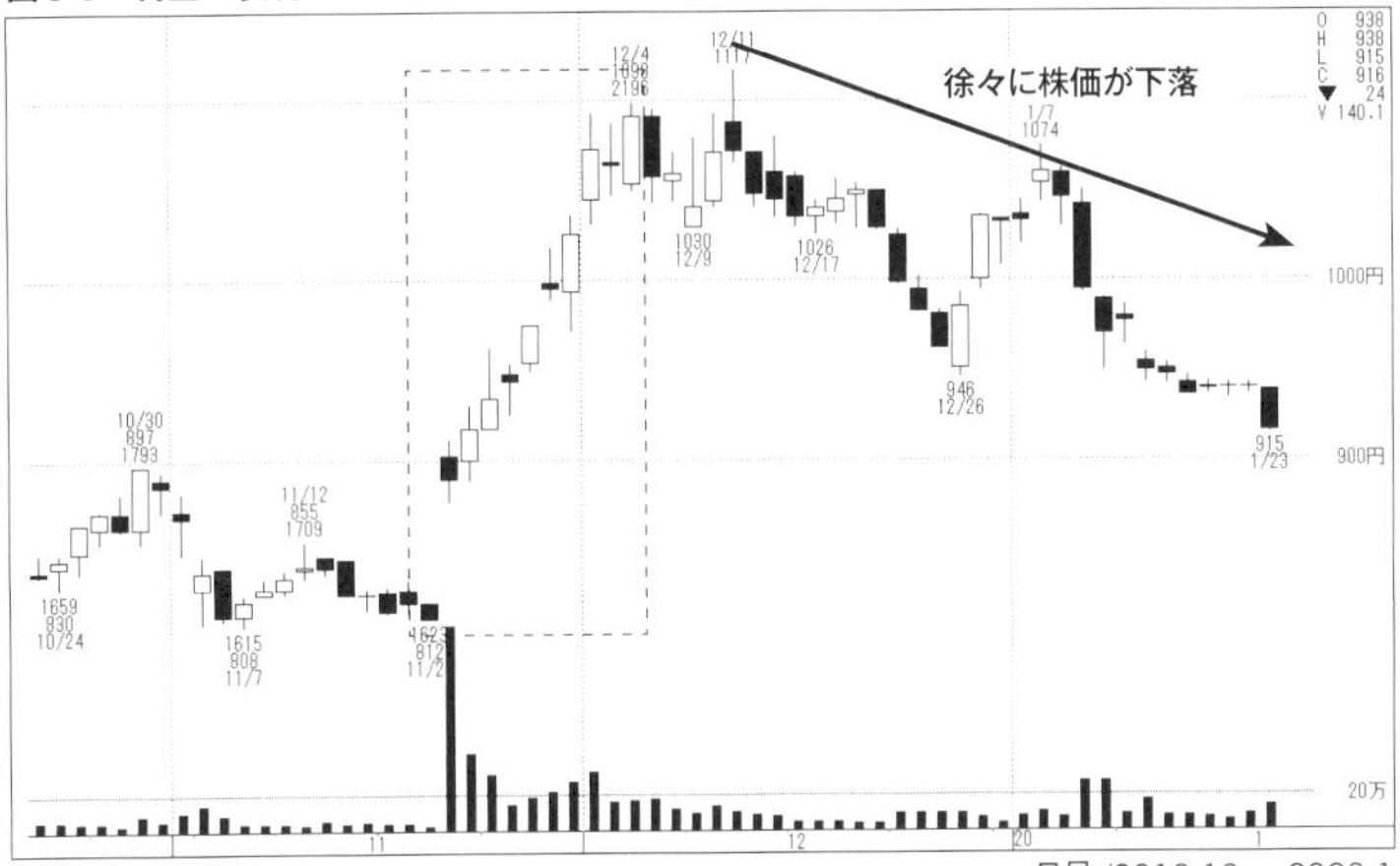

日足 /2019.10～2020.1

11月20日に1：2の**株式分割**を行うことが発表されると、株価が急騰しました。12月11日には高値で1117円を付け、急騰前の水準から40％弱の上昇になりました。

しかし、利益が伸びたわけではなく、また**株式分割は理論的には株の価値には影響しません**。そのため、その後は株価は徐々に下がっていき、2020年1月には株式分割前の水準に戻りました（図3・3）。

このように、急騰した銘柄を狙うなら、利益の裏付けがない銘柄を選ぶ方が良いです。大抵の場合、急騰は短期間で終わり、その後は急騰前の株価水準に戻るように下落していきますので、そこを狙うようにします。

急騰銘柄の空売りタイミングを見る

＋天井を付けたことを確認してから仕掛ける

急騰銘柄の下げを狙って空売りする場合、下落トレンドに入った銘柄を空売りする場合とはタイミングの判断方法が異なります。

中 天井を付けて下がるのを確認してからにする

急騰銘柄を空売りする場合、天井でうまく空売りできれば理想的です。しかし、偶然にうまくいく場合もありますが、天井を常にぴったり当てることは不可能です。

また、急騰銘柄では、**予想外の大暴騰**を演じることもあります。そのため、少し下がったからと「今が天井だ」と思って空売りしたものの、そこからさらに株価が上昇して、大きな損失を抱えてしまうこともよくあります。

基本的には、天井を狙うのではなく、**天井を過ぎて下がりだしたことをしっかりと確認してから空売りする**ようにします。ただ、急騰銘柄では天井を確認しづらいことが多いので、その点は頭に入れておく必要があります。

中 天井を付けたかどうかを判断する方法

前述のように、急騰銘柄の天井を当てることはまず不可能ですが、「今が天井ではないか」ということを予測して、**その後の下げを待つ**ことはできます。

株価が急騰すると、それを見た多くの人が「今買えば儲かる」と考えて買いが殺到するため、出来高が急増します。そして、株価が下がり始めると売買する人が減ってきて、出来高も減ります。そのため**株価が天井を付ける時には、出来高も天井になる**ことが多く見られます（図3・4）。

図3-4●株価と出来高の天井は一致することが多い

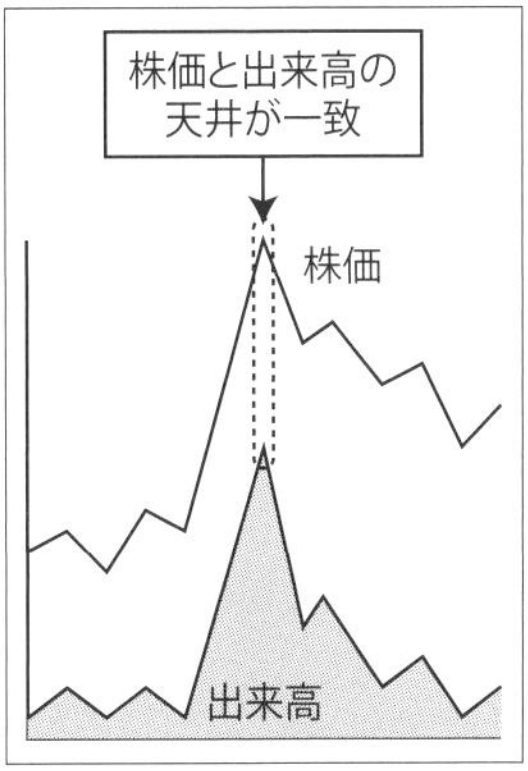

また、株価が天井を付ける時には、株価が大きく動き、最終的には利益確定の売りに押されて下がる形になることも多いです。

天井となった日のローソク足を見ると、高値から押し戻されて**長い上ヒゲ**が出ることもよくあります。高い株価で寄り付いた後、どんどん下がっていく場合もあり、その時のローソク足は**長い陰線**になります（図3・5①）。

さらに、天井が1回だけとは限りません。急騰

図3-5◆天井を付けた時の判断方法

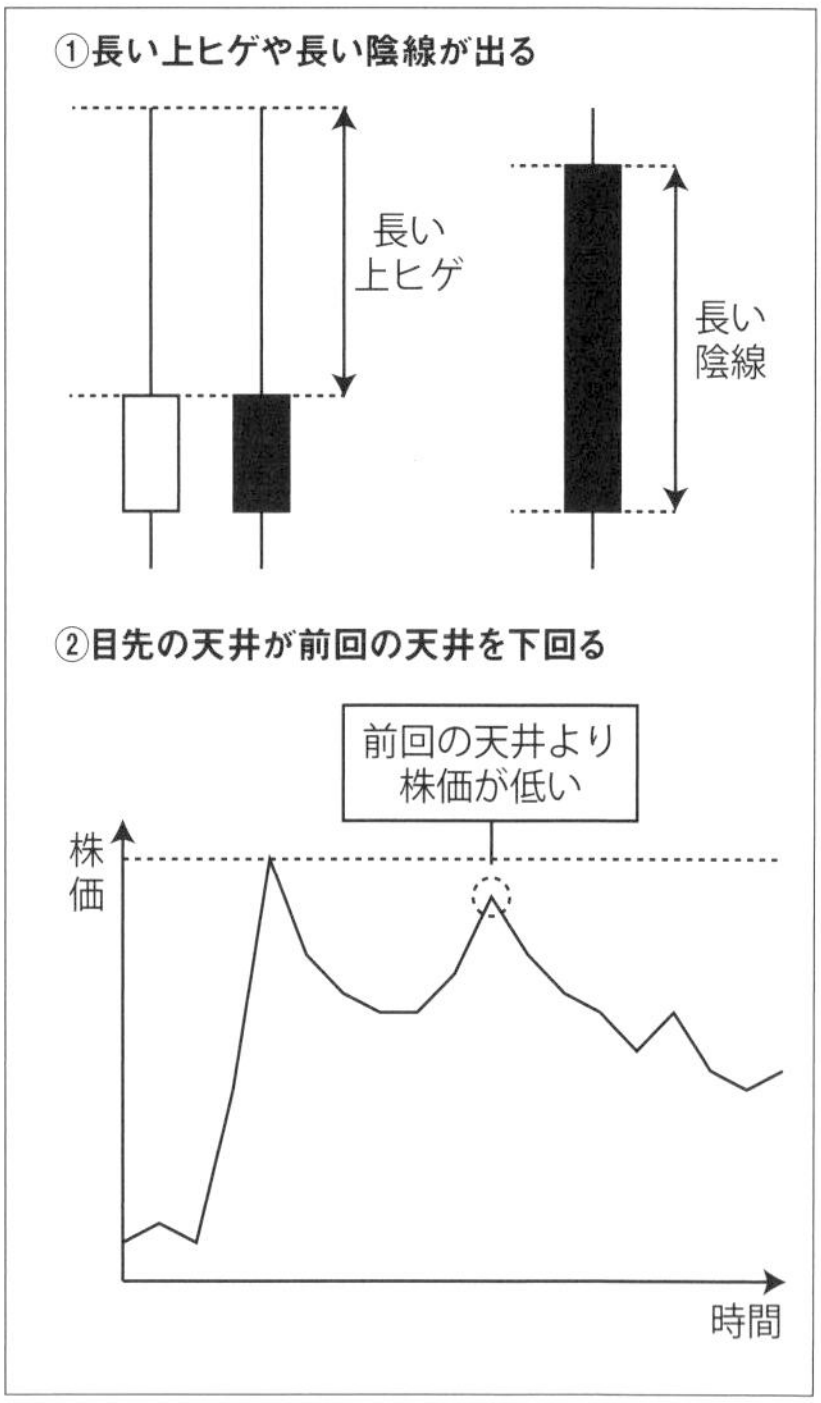

した後いったん下がり、再度急騰して・・・というような動きを繰り返すこともあります。この場合、今回の天井の株価が前回を下回れば、これ以上の上昇はなさそうだと判断できます（図3・5②）。

これらのような状況になっていたら、「今が天井かも知れない」と判断して、その後に下げが来るのを待つようにします。

◆天井を付けたことを判断する例

比較的天井がわかりやすかった例として、**アイロムグループ**（2372）を紹介します。

時々株価が急騰することがあり、最近だと、2018年2月と2018年11月に急騰がありました（図3・6）。

まず、2018年2月の急騰を見てみます。図の①の箇所で、出来高を伴って株価が急

図3-6●急騰時の天井を判断する例（アイロムグループ）

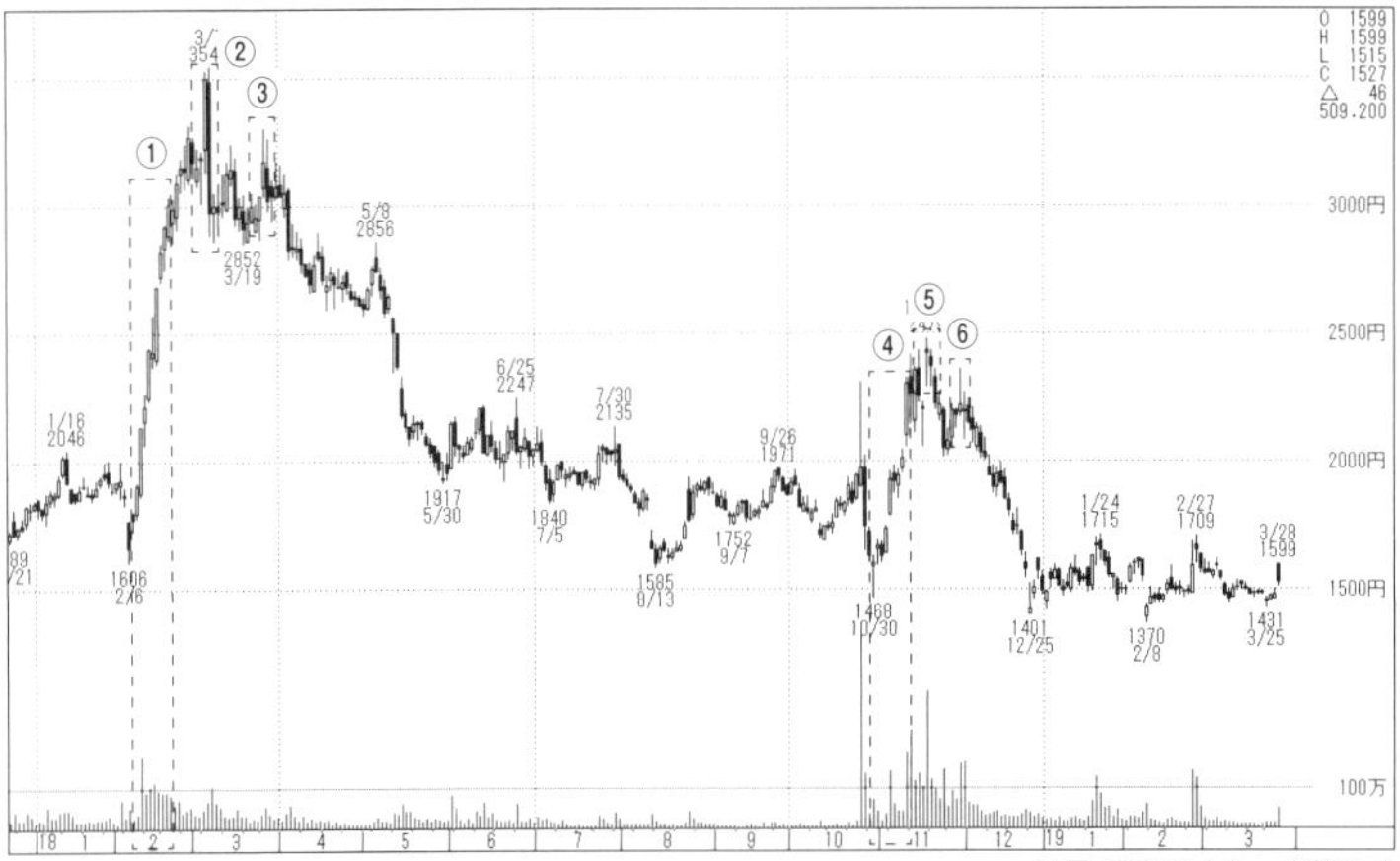

日足/2017.12〜2019.3

騰し、②の箇所で一度天井を付けています。

そして、いったん大きく下げた後、③の箇所で2回目の天井を付けています。ここでは、②の天井より株価が下がっていて、出来高も減っています。このことから、売買の勢いが衰えてきたことが推測され、これ以上の株価上昇はなさそうだと考えられます。したがって、③の後が空売りに適していると言えます。

実際、③の後の株価の動きを見ると徐々に下がっていて、空売りできたとすれば利益を上げることができました。仮に、③の後で株価が3000円を割ったところで空売りしたとしても、株価はその後1か月足らずで2600円付近まで下がっていて、比較的短期間で利益を得ることができています。

次に、2018年11月の急騰を見てみま

す。

こちらでは、まず図の④の箇所で株価が急騰して、いったん⑤で天井を付けて下がった後、⑥で再度天井を付けました。しかし、⑥では株価／出来高ともに⑤を下回りました。この動きから、⑥の箇所では買いの勢いが衰えていると見ることができ、⑥の後が空売りに適していると言えます。実際、株価はその後大きく下がり、2018年12月末には1500円を割る水準になっています。

株価急騰＋出来高急増の直後を狙う

前述したように、株価が天井を付ける日には、長い上ヒゲや長い陰線のローソク足が出現し、また出来高も急増することが多いです。そのような状況を確認したら、**その日の大引けで空売りするか、もしくは翌営業日の寄り付きで空売りして、積極的に狙っていく**ことも考えられます。

例として、**アクセル**（6730）の2019年3月～2020年2月を紹介します。株価が急騰し、かつ出来高が普段の数倍になって天井を打った箇所が3か所あります。最後を除いて、株価と出来高が急騰した直後に株価が下落しています。また、最後も出来高の急騰から株価の天井までは8日間で、比較的短期間でした（図3・7）。

図3-7●株価急騰＋出来高急増の直後を狙った例（アクセル）

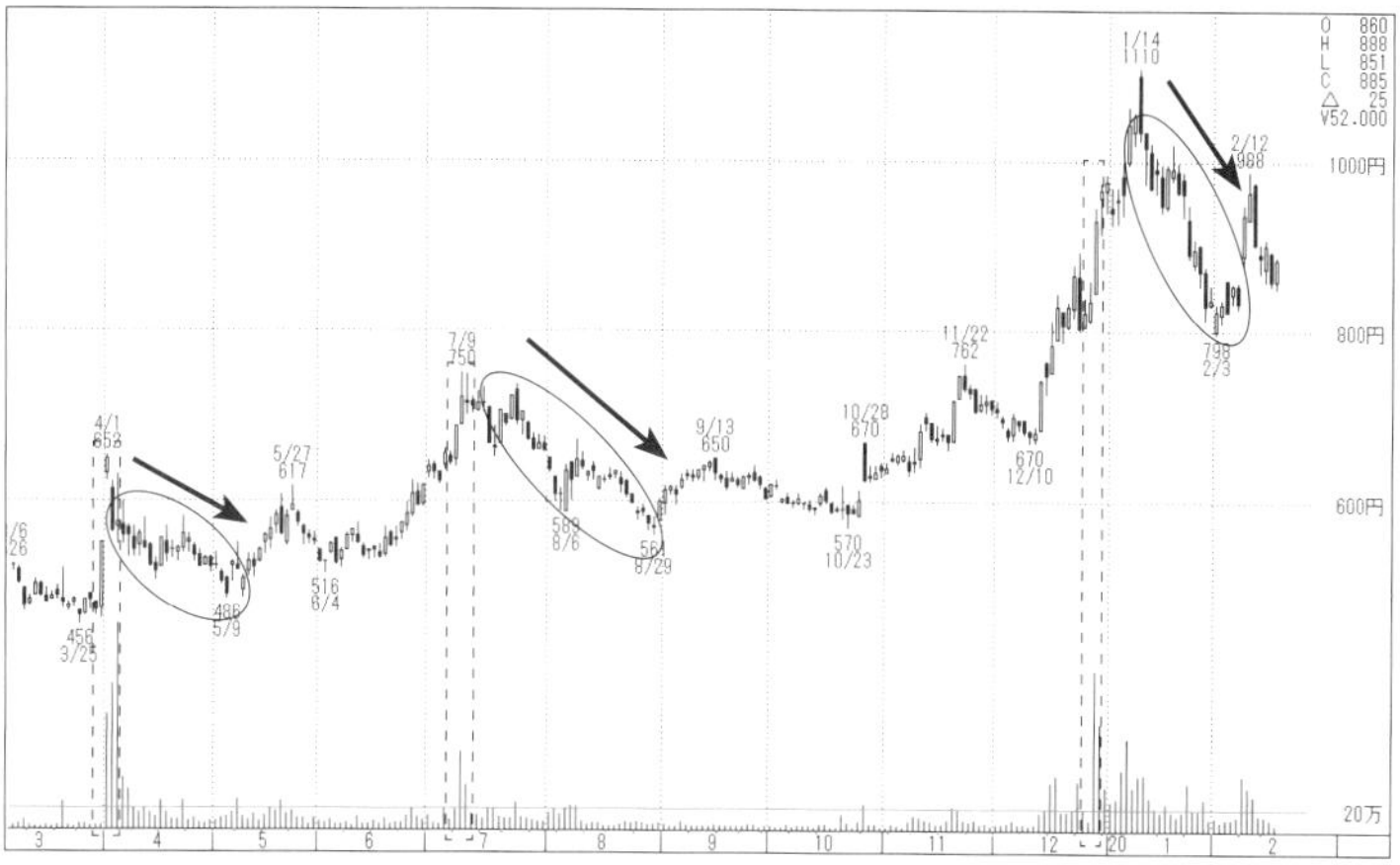

日足 /2019.3 ～ 2020.2

急騰銘柄の動きは読みにくい

急騰銘柄の株価の動きを読む方法を述べてきましたが、常にその通りにいくとは限りません。予想外の動きをすることもよくありますので、そのことは忘れないでください。

例として、**タカキュー**（８１６６）のケースを紹介します（図３・８）。タカキューはアパレルの販売会社で、業績はそこそこ上下があり、１株当たり利益や配当が毎年変動しています。

２０１７年8月16日と25日に一時的に上昇しましたが、すぐ頭打ちになりました。そして、10月31日にも上昇したものの、8月の天井と比べて株価は下がり、空売りに適していそうに見えました。

図3-8●株価が予想外の動きをした例（タカキュー）

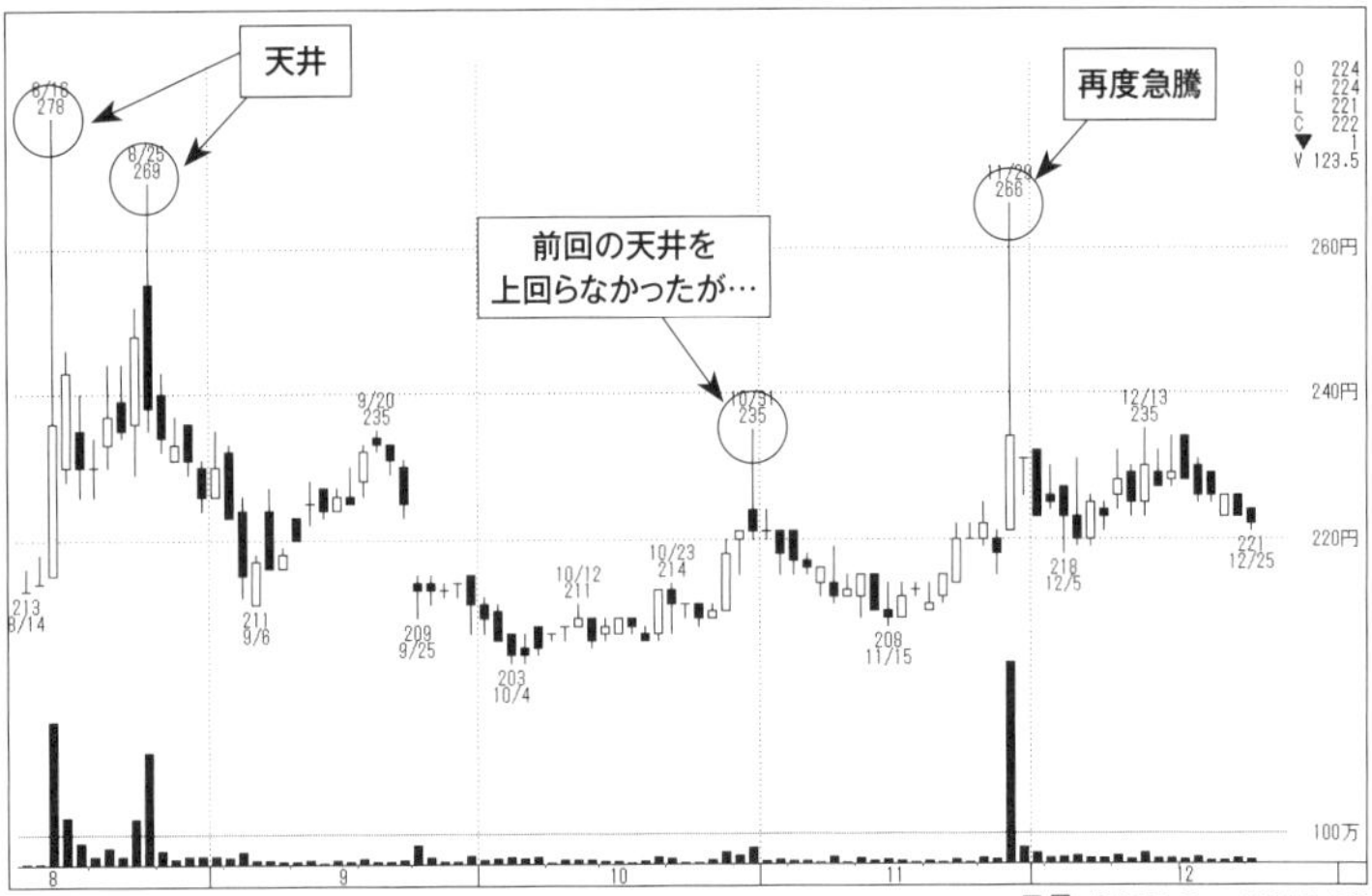

日足/2017.8～2017.12

しかし、その後株価はあまり下がらず、保ち合い気味の動きになりました。そして、11月29日に再度急騰し、高値では8月25日の天井に迫るところまで上がりました。

仮に、10月31日の動きを見て、11月初め頃に２２０円弱で空売りしていた場合、株価があまり下がらないうちに11月29日の急騰に見舞われたことになります。一時は約20％の値上がりになりましたので、損切りで大きな損失になったおそれがあります。

このように、株価が予想とは違う動きをした時には、すばやく損切りし、次の機会に備えることが必要です。

なお、損切りについては、後の第6章で解説します。

急騰銘柄を空売りした時の買い戻し

売り仕掛けは慎重に、買い戻しも深追いせずに腹八分目で

急騰銘柄は株価の動きが読みにくいので、買い戻すタイミングの判断は難しいものです。基本的な考え方をまとめておきます。

急騰後しばらくは荒い値動きが続く

一般に急騰した銘柄は、その後しばらくの間は値動きが激しくなります。急騰の反動で下がる時も、一本調子で一気に下がるのではなく、時には大きく反発することもあります。急騰時の天井で空売りすることができたなら、株価が少々乱高下しても、そのまま持ち続けることもできるでしょう。しかし、そういうことはめったになく、通常は天井からある程度下がってから仕掛けることになります。そのため、空売り後に株価が上がってしまうことも、十分にあり得ます。

このように、急騰銘柄に空売りを仕掛けると激しい値動きに翻弄されてしまい、損失になるリスクも高くなります。このことはよく頭に入れておく必要があります。

図3-9●ボリンジャーバンドで買い戻しを判断した例（ハブ）

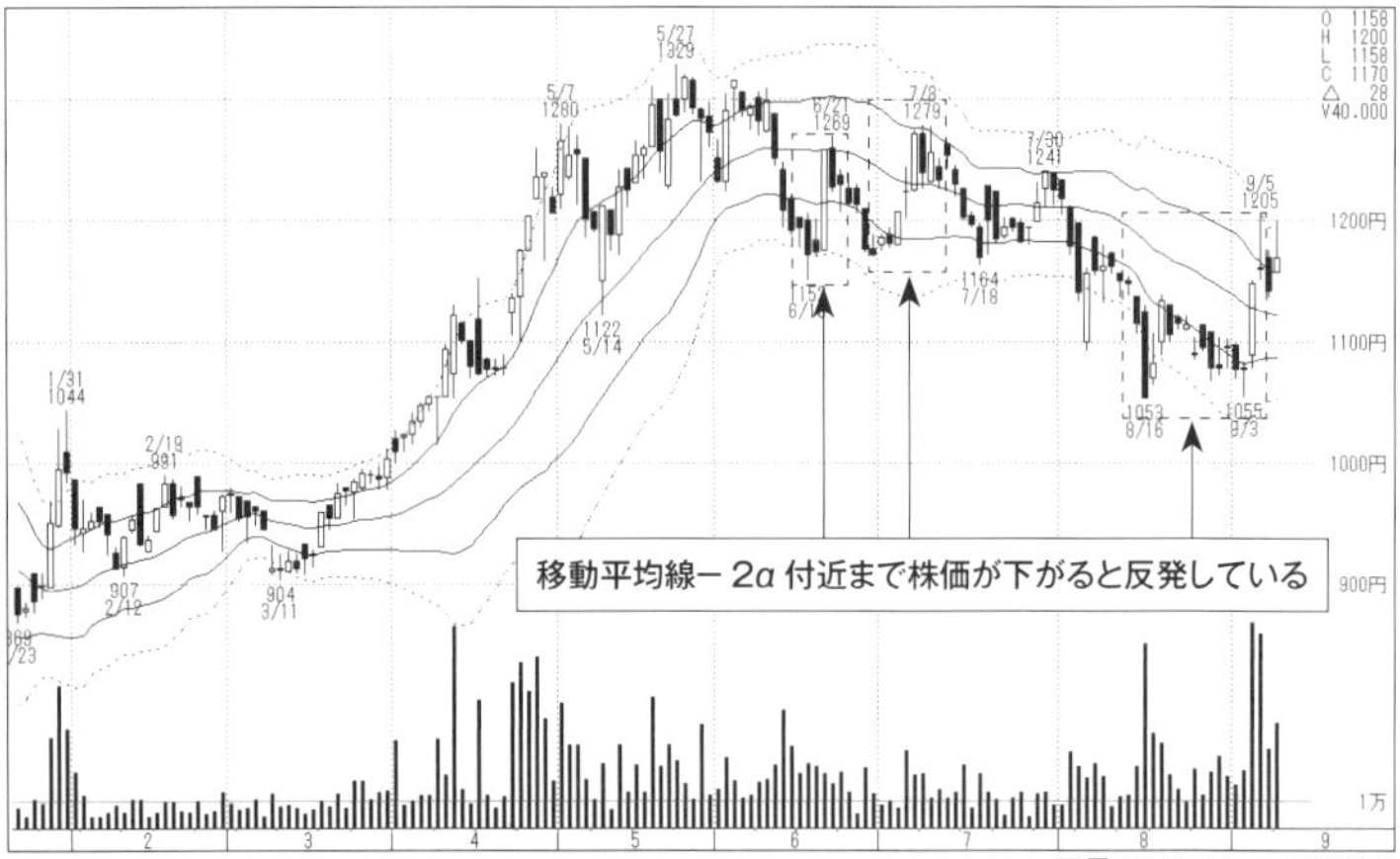

日足/2019.1～2019.9

中 深追いし過ぎないこと

前述したように、株価がいったん急騰すると、その後の値動きは読みづらくなります。

したがって、株価が下がっている時に、「まだもっと下がるだろう」と思って深追いするのは失敗の元です。欲張らずに、着実に利益を取るようにします。

また、株価チャートが全く参考にならないかというと、そうではありません。チャートを見て、下がり過ぎを示すような指標が出ている時には、安全のために買い戻して利益を確定しておくことをお勧めします。

◆急騰銘柄買い戻しの例

チャートが比較的使えた例として、**ハブ**（3030）の日足チャートに、ボリンジャーバンドを追加した例を見てみましょう（図3・9）。2019年3月中旬から急騰が始まり、5月27日に天井を打った後、徐々に値下がりしています。

この間に、株価が下がっては一時反発するという動きを何度か繰り返しています。反発直前の株価を見ると、移動平均線マイナス2σに近い位置にあることがわかります。ボリンジャーバンドでは、マイナス2σのラインは下がり過ぎを表します（93ページ参照）。

図3・9のチャートでは、マイナス2σのラインが機能した形になっていることがわかります。

複数単元を空売りして少しずつ買い戻す

1単元だけ空売りすると、「買い戻すかこのまま持続するか」という単純な二者択一しかできないので戦略の幅が狭くなり、いざという時に無理な判断を迫られてしまいます。

資金に余裕があるなら、2単元以上で空売りして、1単元を買い戻した後、残りでさらに様子を見るという戦略を取ることもできます。

たとえば、株価が500円の時に2000株空売りするとします。そして、450円になった時点で1000株だけ買い戻すとします。すると、1株当たり50円×1000株＝5万円の利益が出ます。

この後、残りの1000株で様子を見ます。さらに株価が下がれば利益が増えます。また、仮に株価が上がって、空売りした時点の500円を上回ると、その1000株の空売りは含み損の状態になります。しかし、株価上昇が550円までで収まれば、1回目の買い戻しの利益で相殺することができ、トータルで損失になるのを防ぐことができます。

信用期日が近い銘柄かどうかも考慮する

空売りはいつまでも続けることはできません。特に、制度信用取引では、ポジションを取ってから決済するまでの期間は、最長で6か月と決められています。この「決済の期限」のことを、「**信用期日**」と呼びます。

ある時期に空売りが増えた銘柄では、それから**6か月後の信用期日が近づくと、買い戻しによって株価が上がる**可能性があります。このことも考慮に入れておくと良いでしょう。

ただ、空売りが増えた後で、株価が大きく下がる局面があれば、空売りしていた投資家はその時点で買い戻して利益を確定することが多いと思われます。そのため、信用期日が来る前に空売りがかなり減少していて、信用期日には特に影響が出ないこともあります。

また、多くの銘柄では、信用取引は現物取引よりも規模がずっと小さく、特に空売りの規模は小さいです。そのため、信用期日で空売りの買い戻しが多少あったとしても、株価に影響が出るほどにはならないことも多いです。

空売りの残高が極端に多くて、なおかつ信用期日が近づいても空売りの残高が減っていない銘柄では、信用期日間近に一気に買い戻しが入る可能性があります。しかし、そうではない銘柄では、信用期日をあまり過剰に気にする必要はないでしょう。

なお、空売りの残高の大小を調べる指標として、「**売り残**」があります。売り残については、後の第6章で再度解説します。

急騰銘柄の上昇／下落の両方で利益を取る

＋急騰の前触れがある銘柄を買い、天井付近でドテン売り

急騰銘柄では、急騰後の下げ局面での空売りはもちろんのこと、急騰時にも買いで利益を得たいところです。そこで、急騰銘柄の買いについても取り上げます。

中 急騰銘柄は市場全体の動きと連動しやすい

急騰銘柄は、何の前触れもなくいきなり株価が急騰することもあり、買いで利益を得るのはなかなか難しいです。ただ、常に突然急騰するわけではなく、前触れがあることもあります。その前触れをつかんで買っておけば、急騰にうまく乗ることができます。

株価が急騰するタイミングとして多いのは、**市場全体が底から上がり始める時**です。このような時には多くの銘柄の株価が上がりますが、普段から急騰することがよくある銘柄は、特に上昇しやすいのです。

市場全体が底から上がり始める段階で、いきなり急騰することもありますが、いったんゆっくり上昇し、出来高が徐々に増えた後で急騰が起きることもあります。このような状

図3-10●住石HDは日経平均の動きに連動して急騰

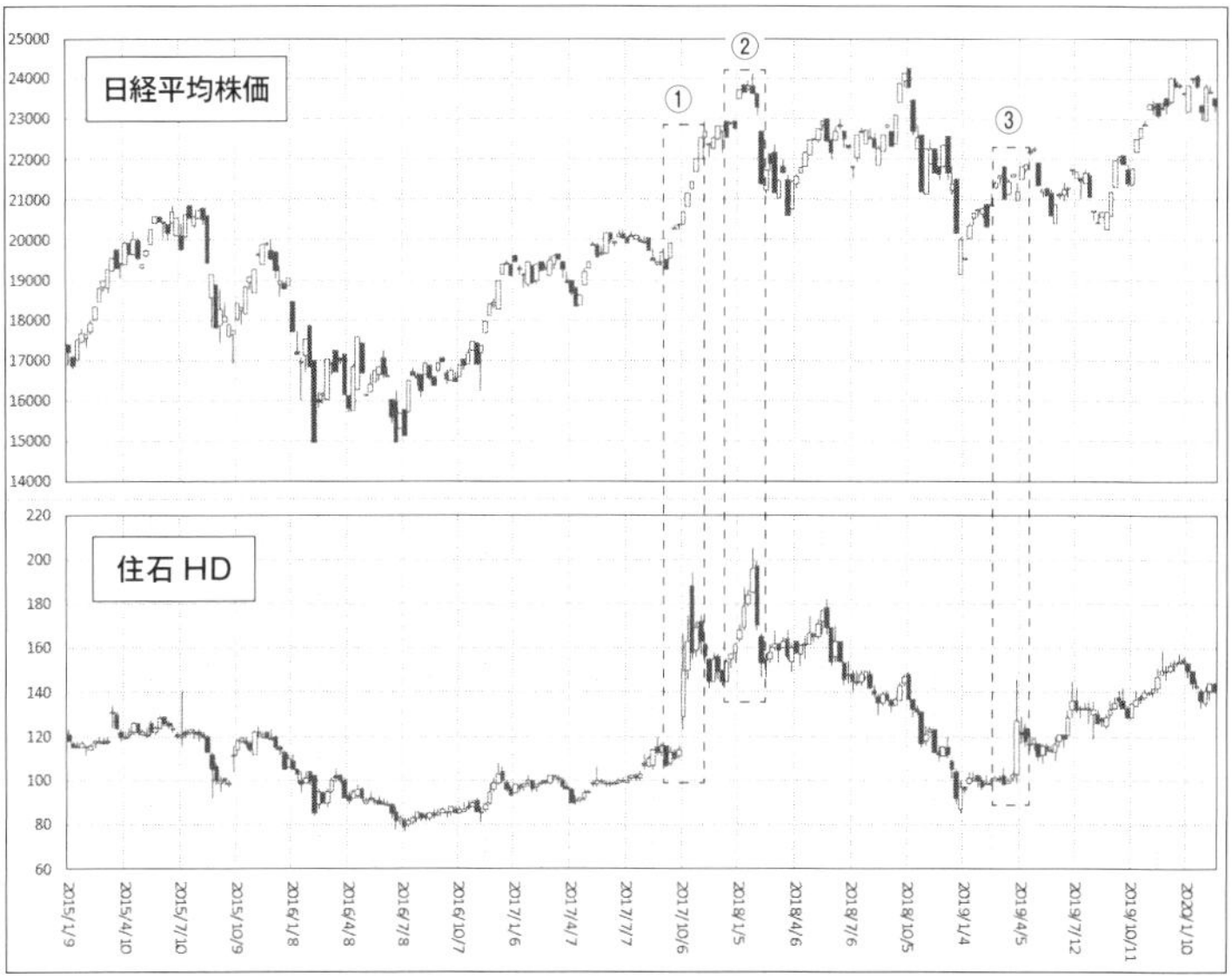

週足/2015.1～2020.2

態の銘柄を見つけたら、すかさず買っておくのも1つの方法です。

　また、いったん上昇して市場全体に膠着感が出た後、それを抜け出して再度上昇する時に、急騰する銘柄が多く出ることもあります。

　図3・10は、**日経平均株価と住石HD**（1514）の2015年1月～2020年2月の週足チャートを見比べた例です。図中の①では、市場全体が目先の底から上がったときに住石HDの株価も大きく上がったことがわかります。

　また、②と③では日経平均株価が膠着状態から少し上昇する中で、

図3-11●急騰の前触れがあった銘柄の例（新日本科学）

日足 /2018.6 ～ 2019.5

住石ＨＤの株価が大きく上がっていることがわかります。

◆急騰の前触れがあった銘柄の例

急騰の前触れがあった銘柄の例として、**新日本科学**（２３９５）を紹介します（図３・11）。新日本科学は非臨床試験（臨床試験の前段階で行われる各種の試験）を行っている企業です。ここ数年は赤字がちで、材料によって株価が急変しやすい傾向があります。

２０１３年４月に高値で２５４０円を付けて以来、新日本科学の株価は長期的には下落トレンドでした。しかし、時折材料で一時的な急騰が起こったことがありました。２０１８年11月から２０１９年４月にかけて大きな動きがありました。

２０１８年７月５日に一時的な底を打った

後、9月上旬にかけていったん上昇し、またそれに伴って出来高も徐々に増えました。ただ、新日本科学は急騰して天井を付けるときには出来高が普段の数倍〜数十倍に上る傾向があり、9月下旬の上昇はまだ天井とは言えない状況でした。

その後、10月下旬にかけていったん下落したものの、11月に入って株価が急騰し、その後は大きく上下しつつも2019年4月中旬まで上昇が続きました。そして、2019年4月16日に約350万株の出来高を伴いつつ長い上ヒゲを付けました。これまでの急騰のパターンと同じような動きになっていて、4月16日の高値の980円は天井と思える状況になりました。

4月16日の天井以降、トレンド的には下落になっていて、2019年11月始めには株価は600円台まで下がりました。しかし、その後はまた動きが激しくなっていて、2019年11月20日には高値で849円を付けるなど、大きな戻りも何度か起こっていて、一般調子では下がっていきません。このあたりが、急騰銘柄を手掛ける際の難しさです。

中 市場全体の底に注目する

前述したように、急騰銘柄が大きく動くのは、市場全体が底から上がる時が多いです。したがって、このようなタイミングを見逃さないようにする必要があります。

市場全体の底を見抜くのは簡単ではありませんが、「**騰落レシオ**」などのテクニカル指標を組み合わせることで、ある程度は判断することができます。これらの指標については、後の179ページで解説します。

ドテン売りとドテン買い

買っていた株を売ると同時に、空売りを始めることを、「**ドテン売り**」と呼び、逆に空売りしていた株を買い戻すと同時に、買いを始めることを、「**ドテン買い**」と呼びます。

急騰銘柄を売買する場合、**安く買って天井でドテン売りし、安くなったらドテン買いする……**というのが理想の流れです。ただ、そううまくはいきません。実際には、ドテン売りした後で株価がさらに上がることがよくあります。前述の新日本科学の例でも、いったん天井を付けたかと思いきや、その後に大きな戻りが起こっています。

無理にドテンを狙うのではなく、持ち株を売った後はしばらく様子を見て、天井を過ぎたと思える状況になってから空売りに切り替える方が良いでしょう。

株式投資の格言の1つに、「頭としっぽはくれてやれ」というものがあります。まさにその通りで、無理をして天井や底を狙うと、失敗して大きな損失になりがちです。天井や底を少々外したとしても、着実に利益を取る方が長い目で見れば資産が増えていきます。

急騰後に空売りしやすい銘柄の例

年に1～2回定期的に急騰／下落する元低位材料株

本章の最後として、急騰後に空売りしやすい銘柄の例をあげておきます。

元低位材料株が急騰した後の下げを狙う

株価が一時的に急騰するものの長続きしないのは、106ページのように、利益の裏付けがないのに株価が上がる銘柄です。そのような銘柄の多くは「**元低位材料株**」に該当します。

元低位材料株は、1単元が1000株だった頃に株価が低位水準（500円以下ぐらい）に位置していて、なおかつ業績面や財務面を見てもあまり良くない銘柄です。業績がふるわない分、決算が赤字と黒字を行き来して、黒字転換が材料になることがよくあります。また、もともとの利益水準が低いために、利益が金額的に大きく増えなくても倍率的には大きくなることもあり、それも材料になりやすいのです。

たとえば、利益が1億円から2億円になれば、率的には「利益倍増（100％増）」となりますので、大きく利益が伸びたように見えます。

急騰後の空売りに適した元低位材料株の例

株価が時々急騰して下落し、空売りに適した定位材料株を探してみました。東証一部の銘柄では、以下のような銘柄がありました。

住石ホールディングス（1514）　三井住友建設（1821）
ユニチカ（3103）　シキボウ（3109）
虹技（5603）　昭和電線HD（5805）
GSIクレオス（8101）

GSIクレオスは、本書執筆時点では株価が底値圏に位置しています。年に1～2回程度急騰することがあり、急騰時に空売りする一方、安い時に買って値上がりを待つのに適しています（図3・12）。ユニチカは株価が安いので、複数単元を売買するのに適しています（図3・13）。

一方、新興市場の銘柄として、以下のようなものがありました（証券コードの後の

図3-12●年に1～2回急騰するGSIクレオスの動き

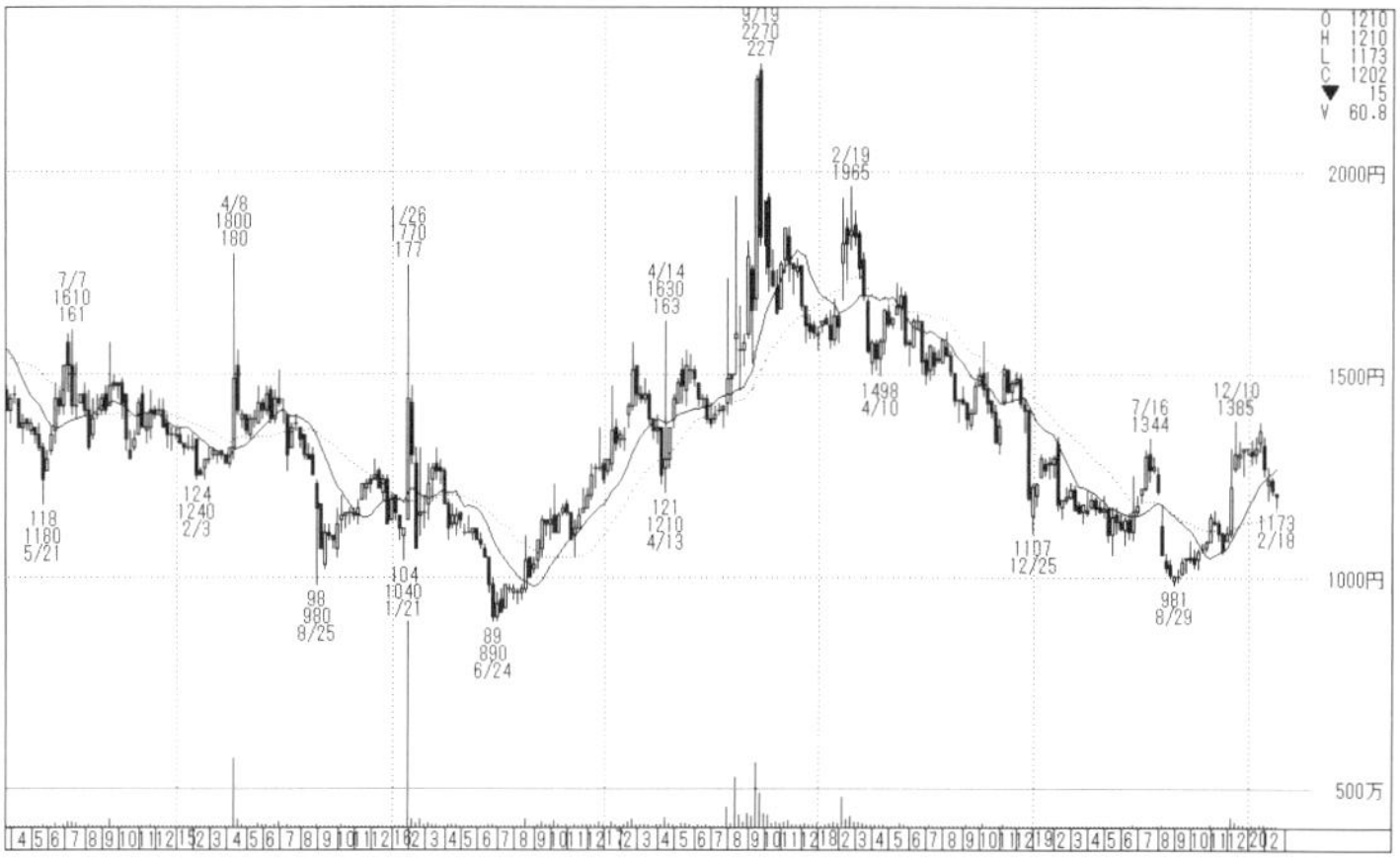

週足 /2014.4 ～ 2020.2

図3 -13●株価が安くて売買しやすいユニチカの株価の動き

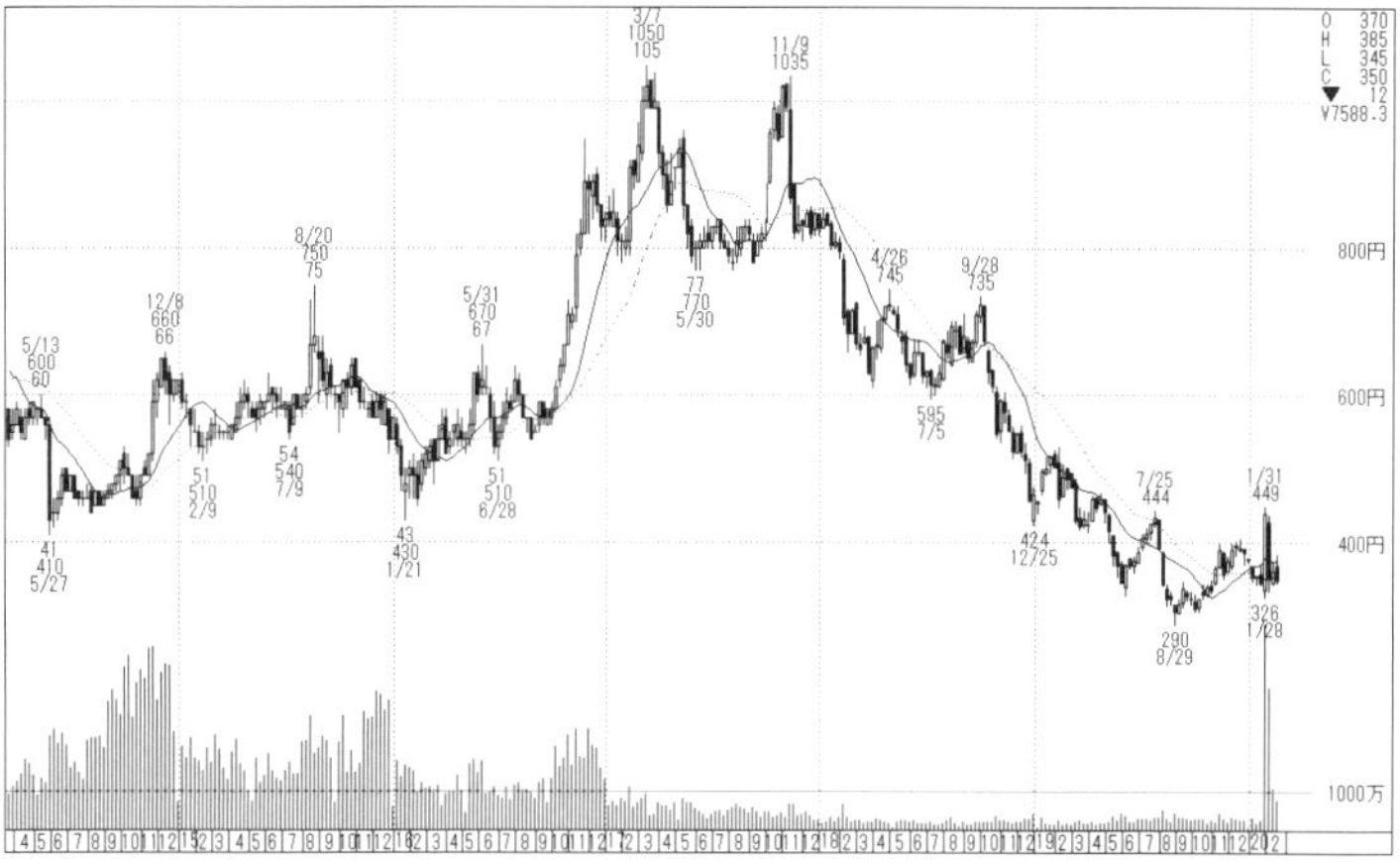

週足 /2014.4 ～ 2020.2

図3-14●急騰してじわじわ下がる動きを繰り返しているネクストウェアの動き

週足/2014.4～2020.2

「二」「JQS」は、それぞれ東証二部／東証JASDAQスタンダードの略）。

スガイ化学工業（4120・二）
アサヒ衛陶（5341・二）
日本パワーファスニング（5950・二）
野崎印刷紙業（7919・二）
ネクストウェア（4814・JQS）
タウンニュース社（2481・JQS）
岡本硝子（7746・JQS）

中でも、ネクストウェアは急騰してはじわじわ下がるという動きを頻繁に繰り返して、空売りに適したタイミングが多いのがメリットです（図3・14）。

CHAPTER 4

悪材料が出た銘柄の下げを狙う

悪材料が出ると株価は下落する

本業の業績に直接影響する悪材料ほど、株価は下落しやすい

悪材料が出た銘柄は株価が下落することが多いですが、材料の強弱によって、また市場全体の状況によって、下がり具合は違ってきます。まず、悪材料と株価下落、そして空売りとの関係を押さえておきましょう。

中 業績に直接影響する悪材料ほど株価は下がる

まず、当たり前と言えばそうですが、**株価に直接影響する大きな悪材料、深刻で長期にわたり業績に影響する悪材料**になるほど株価は下落しやすくなります。

たとえば、業界全体が不振で大幅赤字決算となり、回復にはかなり時間がかかるとの見込みが発表されたとします。基本的に、株価は1株当たり利益に比例する性質がありますので、利益が減れば株価も当然下がります。

逆に言えば、経営陣の不祥事など、影響が一時的なものと思われる悪材料だと株価はあまり下がりません。また、後で述べますが、市場の状況によっては悪材料が材料視されな

いこともあります。

株価に直接影響する悪材料は下げの限度が読みやすい

悪材料にもさまざまあり、株価への影響がある程度読みやすいものもあれば、そうでないものもあります。

たとえば、読みやすい例として、**業績予想の下方修正**が発表されたとします。前述したように、株価は1株当たり利益に比例する傾向がありますので、業績予想が下がればそれに比例して株価も下がることが予想されます。

また、**公募増資**が発表されたとします。この場合、発行済み株式数が増える分、1株当たりの利益が減るため株価は下がります。たとえば、仮に発行済み株式数の50％にあたる株数を公募増資するとします。この場合、発行済み株式数が1・5倍になるので、1株当たりの利益は相対的に1・5分の1（＝3分の2）になります。したがって、理論的には株価も3分の2程度に下がると考えられます。

しかし、株価に直接影響するものの中にも、たとえば新型コロナウイルスによる旅行業界や飲食業界などへの影響が最たるものですが、株価がどこまで下がるかわからない、影響がいつまで続くのかわからないといった、きわめて深刻な悪材料もあります。

中 悪材料でも株価が下がらないこともある

悪材料が出ると常に株価が下がるのかというと、必ずしもそうではありません。

まず、悪材料が出たとしても、事前にある程度予想されていたことであれば、それまでの間に株価はすでに下落していることも少なくありません。

一般に「**織り込み済み**」と言われる状態です。この場合は実際に悪材料が出ても、特に反応しないことがよくあります。

逆に言うと、**予想外の悪材料や突発的な悪材料が出た時の方が株価は下がりやすい**と考えられます。

また、現時点では悪材料であっても、将来的には好材料となるような話の場合、株価が下がるかどうかの判断は難しくなります。たとえば、「リストラのために大きな特別損失が発生し、赤字転落」という材料は、現時点では悪材料です。しかし、リストラをすること自体は財務が改善し収益力が上がるとも考えられますので、将来的には好材料と見ることもできます。

このような好悪が入り混じるような材料の時は、空売りは見送った方が良いでしょう。

さらに、**市場の状況によっては、悪材料があまり材料視されない**こともあります。たとえば、2013年前半のような市場が絶好調な時だと悪材料が出てもあまり影響が出ず、株価が若干下がったとしても、またすぐに上昇に転じることもあります。

したがって、**悪材料を元にして空売りを仕掛けるなら、市場の状況が悪い時**にすべきだと言えます。

中 空売りしづらい／できないこともある

ここまでで述べたように、大きな悪材料や株価に直接影響する悪材料が出た場合、すばやくその銘柄を空売りしたいところです。

ただ、発行済み株式数が少ないなど、市場に流通している株数が少ない銘柄だと、空売りしづらくなる場合があります。

誰にでもわかるような悪材料であれば、多くの人が空売りしようとします。しかし、空売りは株を借りてきて行う取引ですから、空売りが殺到すると借りる株が不足することがあります。そうなると、逆日歩（36ページ参照）が発生して空売りしづらくなったり、空売り自体が停止されたりすることもあります。

空売り全般について、右で述べたようなことが言えますが、悪材料を元に空売りする場合は、特にこのことを頭に入れておく必要があります。

なお、もっともわかりやすい悪材料は、「**債務超過**」「**民事再生手続き開始**」といった、ほぼ「倒産」と言える状態です。ただ、倒産する時はその銘柄は「整理ポスト」に割り当てられ、空売りが停止されます。そのような銘柄を空売りして儲けることはできません。

倒産が決まった銘柄のほか粉飾決算が発覚したりなど、**上場廃止基準に該当する恐れがあって監理ポスト入りが決まった銘柄**も、空売りが停止されます。

「悪材料出尽くし」後の反転に注意

「悪材料出尽くし」というのも、よくあるパターンです。これは、それまでに次々と悪材料が出ていて、すでに株価が大きく下がっている銘柄で、悪材料が出尽くして「もうこれ以上売れない」というような雰囲気になり、株価が下がらないような状況を指します。

このような銘柄では、何か好材料が出ると、それに大きく反応して株が買い戻され株価が急騰する、といったこともあります。もし、そのような銘柄を空売りしていたとすると、大きな損失を被ることになりますので、注意が必要です。

悪材料が出た銘柄の空売りと買い戻し

あわてずすばやく判断するには、シナリオを立てておくと良い

悪材料による下げを狙って空売りを仕掛ける場合、チャートを見て判断するのとは異なった判断を取ることが必要です。

中 すばやく空売り注文を出す

悪材料が出ると、それからの数日間で株価が一気に下がることがよくあります。したがって、悪材料に対して空売りするなら、すぐに空売り注文を出すことが必要です。

通常は、株価に影響があるような大きなニュースは、株式市場の終了後の時間帯、週末金曜の夕方や土曜日などに発表されます。そのため、最速で空売り注文が約定するのは**翌営業日の寄り付き**ということになります。

しかし、決算発表や業績予想修正など、企業の発表はザラ場中もあるので、株式市場の取引時間帯に悪材料が発表されることもあります。その場合も間髪入れず、空売り注文を出すことが必要です。

図4-1●悪材料で株価が大きく下がった例（レオパレス21）

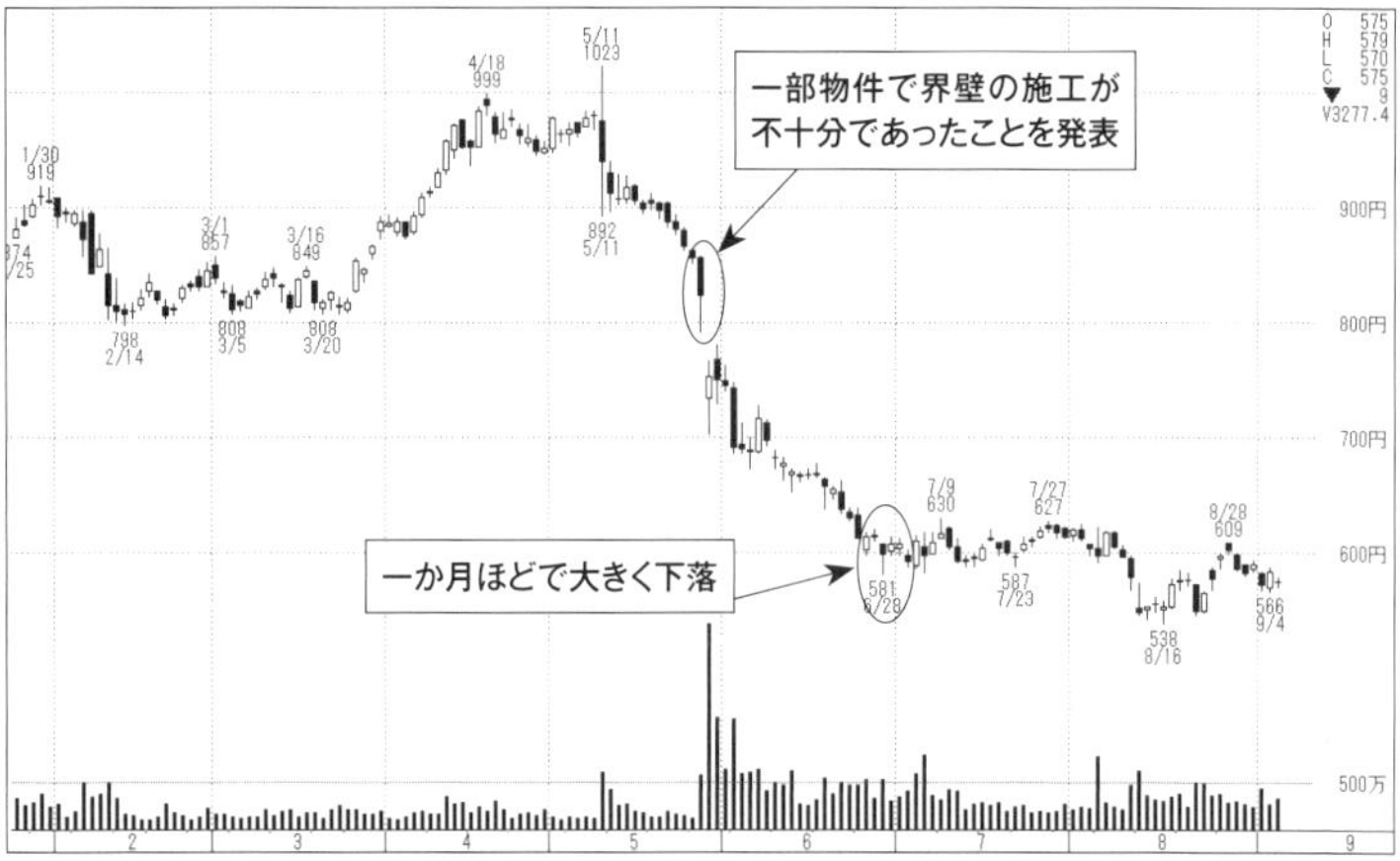

日足/2018.1～2018.9

◆悪材料で空売りする例①

悪材料で空売りする例として、２０１８年の**レオパレス21**（８８４８）を紹介します。レオパレス21は賃貸アパート／マンションを全国で展開している企業です。２０１１年以降は比較的堅調に株価が推移して、２０１８年5月11日にはおよそ10年ぶりに株価が１０００円を超えました。

しかし、２０１８年5月29日に一部の物件で「界壁」（各住戸の間を区切る壁）の施工に不備があり、**建築基準法に違反していることを発表**しました。調査した物件がごく一部であり、調査によって多くの不備があるとなれば、明らかに業績に悪影響があります。そのため、発表後に株価が急落しました。

その後、８月３日には界壁施工不良に関し

て**特別損失を50億円計上し、業績予想を下方修正**しました。その後も調査が進むごとに問題が拡大し、業績予想の下方修正が繰り返されました。

2018年5月29日の発表前の株価は800円台でしたが、発表を受けて6月28日に安値で581円を付け、わずか1か月ほどで約30%もの下落になりました。発表の翌営業日の5月30日では、寄り付きの時点で株価は734円でしたので、仮にその時点で空売りできていたとすれば、短期間で大きな利益を得ることができたことになります（図4・1）。

その後も2019年4月ごろまで株価下落が続き、最安値では185円まで下がりました（2019年4月26日）。

◆悪材料で空売りする例②

もう1つの例として、2019年から2020年にかけての**アサヒグループHD**（2502）を紹介します。

2019年11月6日に業績予想の下方修正があり、1株当たり利益がそれまでの予想から7%ほど減るとの発表がありました。株価は1株当たり利益に比例する傾向がありますので、この下方修正によって、株価も7%程度下落しました。

その後しばらくは保ち合いで推移したものの、2019年末から2020年2月にかけて市場全体が停滞したために、アサヒグループHDの株価も下落していきました。

図4-2●業績／配当予想の下方修正と市場全体の下落が重なり株価が下落した例
（アサヒグループHD）

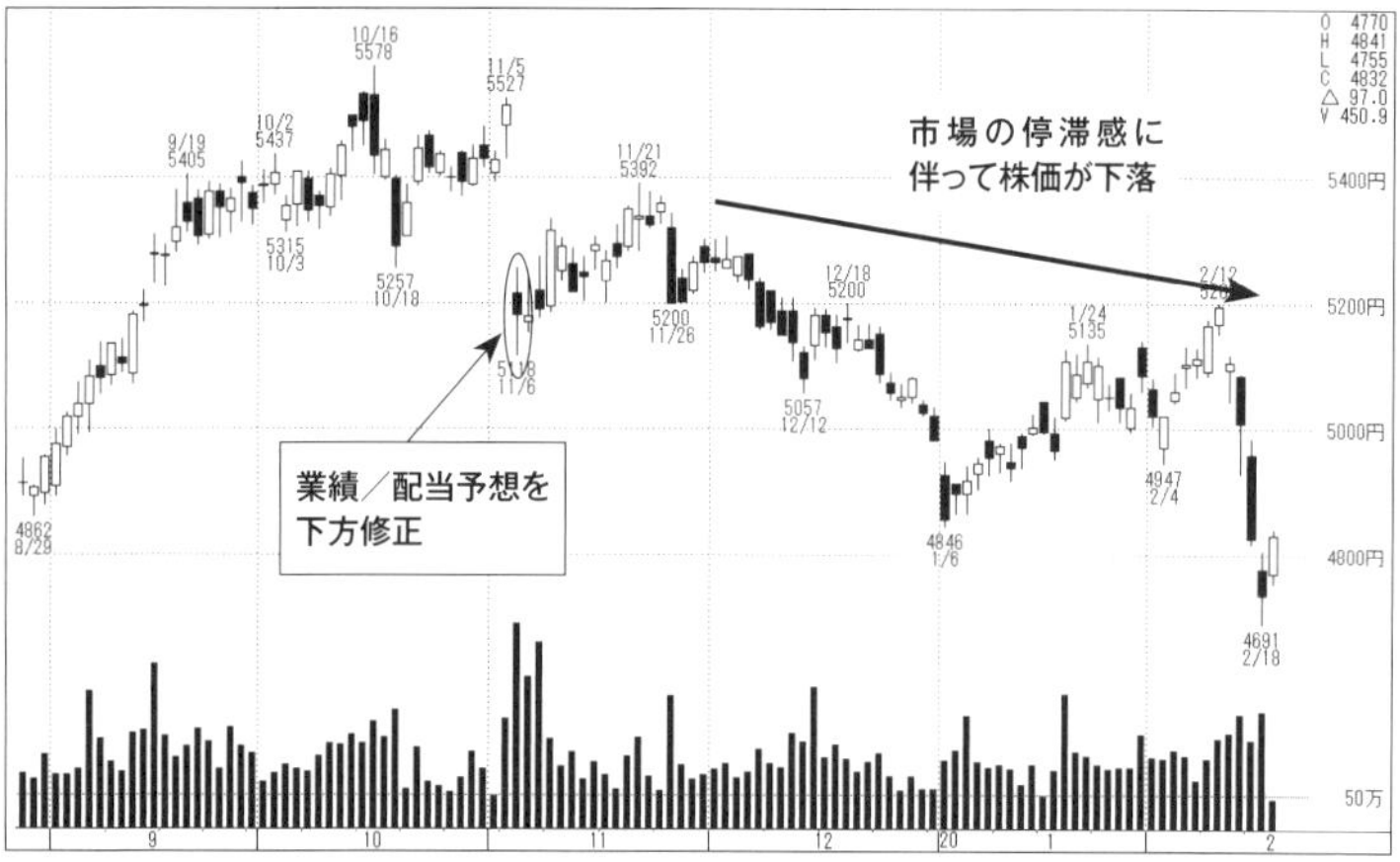

日足 /2019.8 ～ 2020.2

また、２０２０年２月12日から18日にかけて、株価が一気に10％ほど下落しました。その時はアサヒグループＨＤには特に悪材料はありませんでしたが、新型コロナウイルスの影響が広がりつつあって、その影響を受けました（図４・２）。

２０１９年11月５日の下方修正の時点で、利益の減少分と同程度の株価下落がありましたので、その時点ではそれ以上の下げは予想しづらく、そこで空売りすることは難しかったと思います。ただ、２０２０年２月に入って**新型コロナウイルス問題が徐々に拡大**していきましたので、そのタイミングで空売りを狙うことを考えられたのではないかと言えます。

この例のように、**個別銘柄の悪材料と市**

図4-3●ボリンジャーバンドと乖離率で買い戻しを判断した例（レオパレス21）

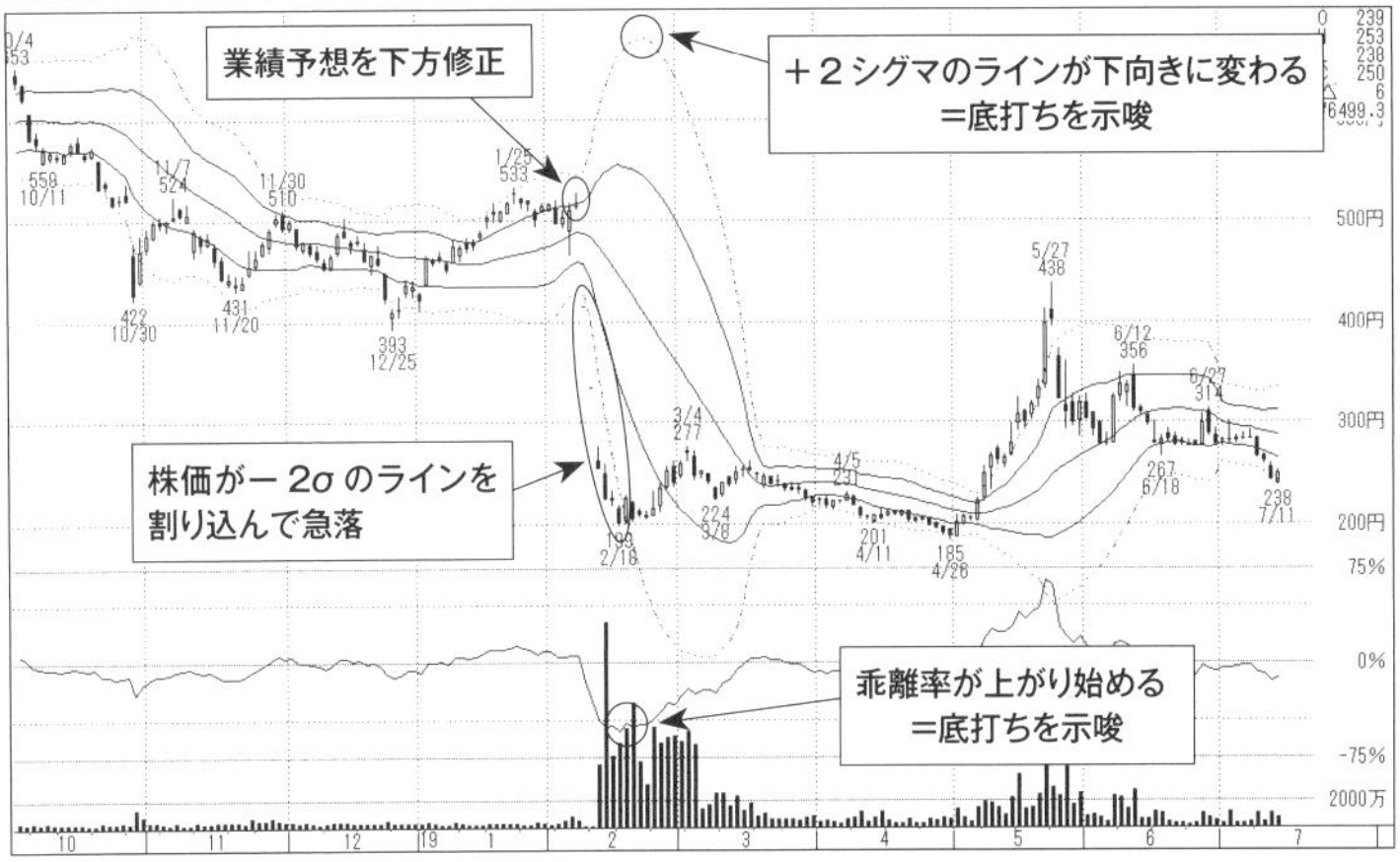

日足/2018.10～2019.7

場全体の下落が重なったときは、下げが大きくなりやすいので、空売りしやすいと言えます。

買い戻しのタイミングの取り方

前述したように悪材料が出ると、比較的短期間で株価が一気に下がることがあります。ただ、短期間で急落すると、その後にリバウンドが起こることも少なくありません。乖離率等の指標も見ながら、あまり深追いしないで買い戻すことをお勧めします。

◆買い戻しのタイミングを判断する例

図4・3は、**レオパレス21**（8848）の2018年10月～2019年7月の日足に、ボリンジャーバンドと乖離率を追加したものです。

このチャートを見ると、2019年2月7日の**業績予想の下方修正**直後に株価が急落し、ボリンジャーバンドの幅が急激に広がって、株価がマイナス2σのラインを下回るところまで落ちています。しかし、2月18日に株価が目先の底を打った後、まず乖離率が上がり始め、その後にボリンジャーバンドのプラス2σのラインが下向きに変わりました。

乖離率が上がったり、プラス2σのラインが下向きに変わることは、いずれも株価が底打ちして反発し始めたことを示唆するものですので、この時点で買い戻しておくべきでした。実際、株価は2019年3月初めまで上昇し、その後ゆるやかに下落したものの5月には大きくリバウンドする動きになっています。

中 悪材料が大き過ぎて空売りできない時は避ける

影響がきわめて大きい悪材料が出た場合だと、その後にストップ安が数日続くなどして、売りが買いより圧倒的に多くなることがあります。そうなると、空売りの注文を出しても約定する可能性はきわめて低くなります。

そして、ようやく注文が約定する頃には、株価はもう十分に下落していることもあります。この時点で空売りできたとしても、さらに株価が下がるかどうかは微妙です。下がる場合もありますが、**大きくリバウンドする**こともあります。

時には、ストップ高でリバウンドすることもあります。この場合、買いが売りより圧倒的に多い状態ですので、空売りした株を買い戻そうとしても、注文が約定しない可能性が高くなります。となると、買い戻せないまま株価がどんどん上がってしまい、かなり大きな損失を負ってしまうという最悪の結果になります。

したがって、大き過ぎる悪材料が出てすでに売りが殺到し、空売りしづらい事態になった時には、その銘柄は避けた方が良いでしょう。

◆大幅なリバウンドが起こった例

悪材料で急落した後で大きなリバウンドが起こった例として、**プレサンスコーポレーション**（３２５４）を紹介します（図４・４）。

２０１９年12月16日に、学校法人の土地売買代金に関する**業務上横領事件**について、社長が学校法人の理事長と共謀していたことが発覚し、社長が逮捕されるという事態になりました（図の「社長が逮捕される」）。この発表を受けて、12月16日の終値は１７６９円だったのに対し、12月18日には寄り付きで１０６９円を付け、わずか2日間で株価が約40％も下落する事態になりました。もし、事件の発表の前に空売りしていたとすれば、大成功していたところです。

しかし、12月18日は**リバウンドの動き**になりました。特に、12月25日には高値で

図4-4●悪材料で急落した後で大きなリバウンドが起こった例（プレサンスコーポレーション）

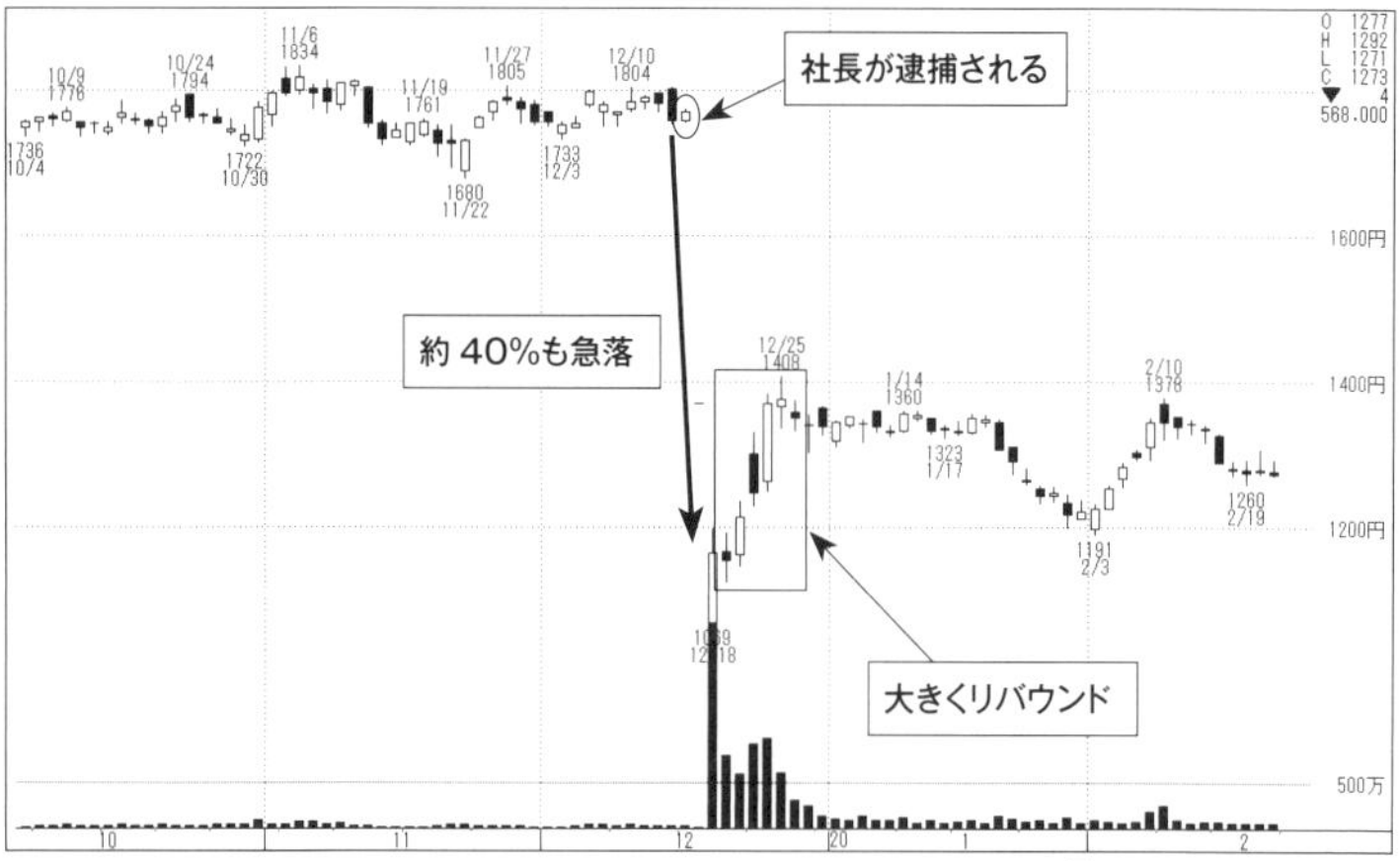

日足 /2019.10 ～ 2020.2

１４０８円を付け、12月18日の寄り付きと比べると約30％値上がりしています（図の「大きくリバウンド」の部分）。株価が短期間で約40％下落しただけに、リバウンドも大きくなったと考えられます。その後は株価は上下しているものの、２０２０年2月中旬まで、ほぼ１２００円～１４００円近辺に位置していて、２０１９年12月18日の寄り付きより高い状態が続いています。

逮捕発表翌日の２０１９年12月17日はストップ安になっていたので、この日に空売りすることはまずできなかったはずで、空売りできたとしても12月18日でした。しかし、その後は12月18日よりも株価が高い状態が続いていて、空売りでは利益になりませんでした。

中 悪材料が出ても下げ渋ることもある

悪材料が出ても、インパクトが小さかったり、市場全体が好調だったりすると、あまり材料視されないこともあります。このような場合、株価が下がるとしても下げ幅がわずかに終わったり、そもそも下がらなかったりします。

このような時に空売りして失敗したと判断した時には、すばやく損切りして手仕舞いする必要があります。また、市場全体が好調な時には、よほど大きな悪材料でない限り空売りを仕掛けること自体を避けた方が良いでしょう。

◆悪材料が出ても下げ渋った銘柄の例

悪材料が出たものの株価が下がらなかった例として、美容情報サイトの「アットコスメ」を運営している**アイスタイル**（3660）を紹介します（図4・5）。

アイスタイルは若い企業で、ここ数年は売上は伸びていますが、利益が伸び悩んでいます。そのため、2018年3月に高値で1807円を付けて以来、株価が下落トレンドになっていました。2019年8月7日に2019年6月期決算を発表しましたが、**利益が赤字に転落**しました。さらに、2020年6月期は赤字幅がさらに拡大するという業績予想を出しました。そのため、発表翌日の8月8日には株価が大幅に下落しました。8月7

図4-5●悪材料が出ても下がらなかった銘柄の例（アイスタイル）

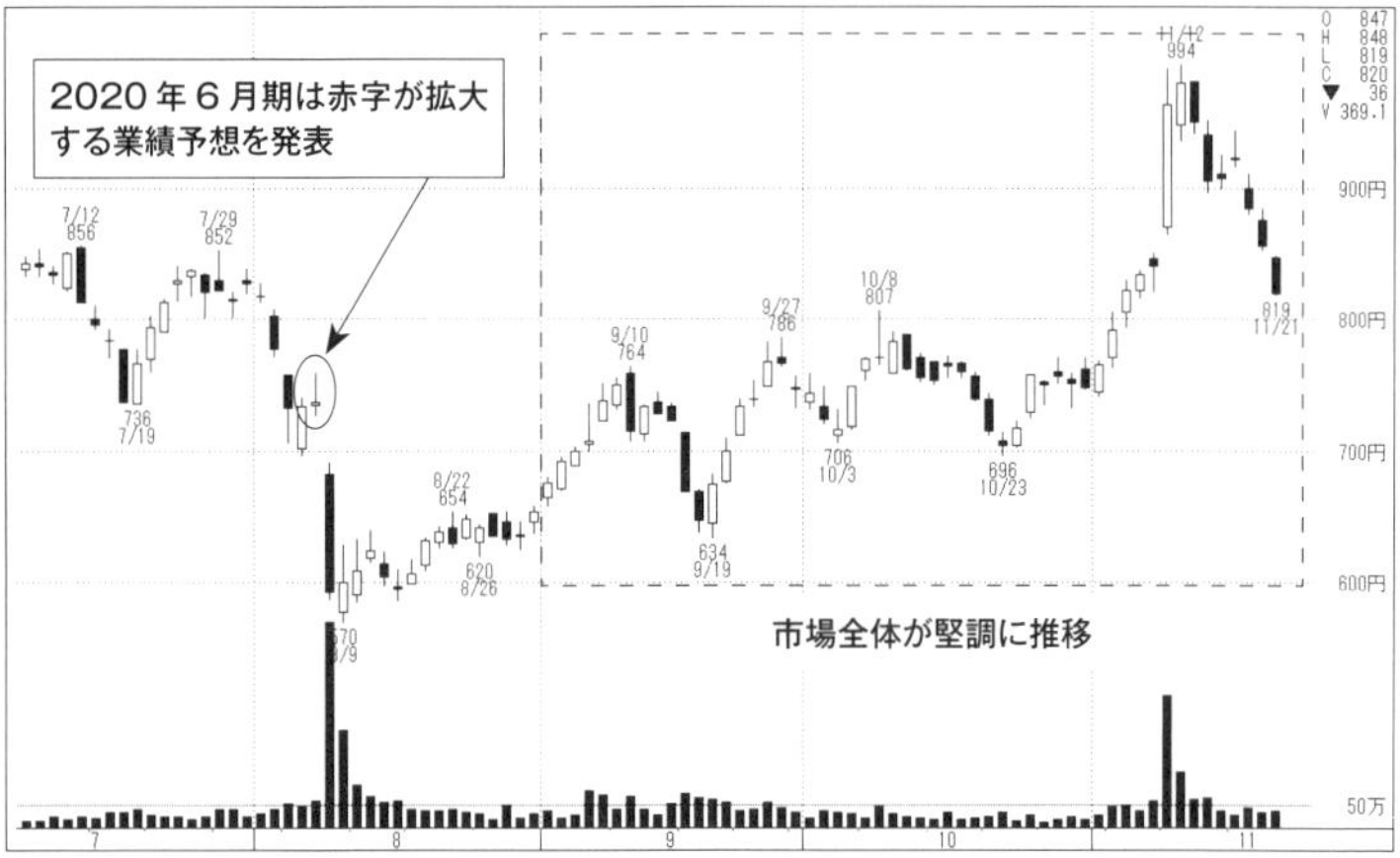

日足/2019.7～2019.11

日の終値が７３７円だったのに対し、８月８日の終値は５９２円で、下落幅は20％近くになりました。

しかし、２０１９年９月から11月にかけて、日本の株式市場は堅調に推移し、日経平均株価は２１０００円台から２３０００円台に上昇しました。その影響でアイスタイルの株価も回復し、９月下旬以降は、２０１９年６月期決算発表時（２０１９年８月７日）の株価をほぼ上回る状態が続きました。

このように、悪材料が出たからといって、**すでに株価が十分に下がっていたり、市場全体が上昇していれば、材料に反応しないこともあります。**空売りしたものの、株価が下がらないという状況になったら、潔く失敗を認めて損切りすることが必要です。

好材料が出た銘柄の下げを狙う

好材料でも長続きせず、逆に売られることもある

悪材料で空売りを狙うのはもちろんですが、その逆の好材料でも空売りに使える場合があります。

中 好材料でも株価が上がらないことがある

基本的には、好材料はもちろん株価上昇要因となります。しかし、好材料が出たからといって、常に株価が上昇するわけではありません。材料の内容や、その時の市場の状況などによっては、わずかに上がるだけに終わったり、全く上がらなかったりすることもあります。

たとえば、悪材料のところでも説明しましたが、事前にある程度予想されていた好材料であれば、正式発表の前に株価がすでに上がっていて、織り込み済みの状態になっていることがあります。このような時には、材料が出てもあまり反応せず、株価はそれ以上には上がりづらいのです。

また、好材料であっても、事前の市場予想（期待）を下回る内容だと、**織り込み済みですでに十分に買われていた状態であれば逆に失望売り**が出て、株価が下がることもあります。たとえば、業績の上方修正を発表したとしても、それが市場の予想値より低かったり、予想値通りでサプライズがなければ、失望売りにつながりがちです。

好材料が出ても株価が上がらない銘柄は、すでに株価が高く、それ以上上がりづらいと考えることができます。したがって、空売りの候補に入れておくと良いでしょう。

中 好材料で上昇した後で下がることもある

ここまでの話とは逆に、好材料が出た時に、予想外に株価が上昇することがあります。市場全体が好調で買いが集まりやすいと、株価が大きく上がります。一方、市場全体が悪く弱気の時でも、他にめぼしい投資先がない時には、その銘柄に買いが集中して上がることもあります。

ただ、そのような時には、上がり過ぎの反動が起こって反落し、元のトレンドに戻ることも少なくありません。特に、その銘柄自体が長期的な下落トレンド途上の時には、好材料が出てもその影響が短期間で終わってしまい、また下落に戻ることがよくあります。

このような時に、空売りを仕掛けることが考えられます。

図4-6●好材料への反応が薄く、市場の下落とともに下がった例（富士石油）

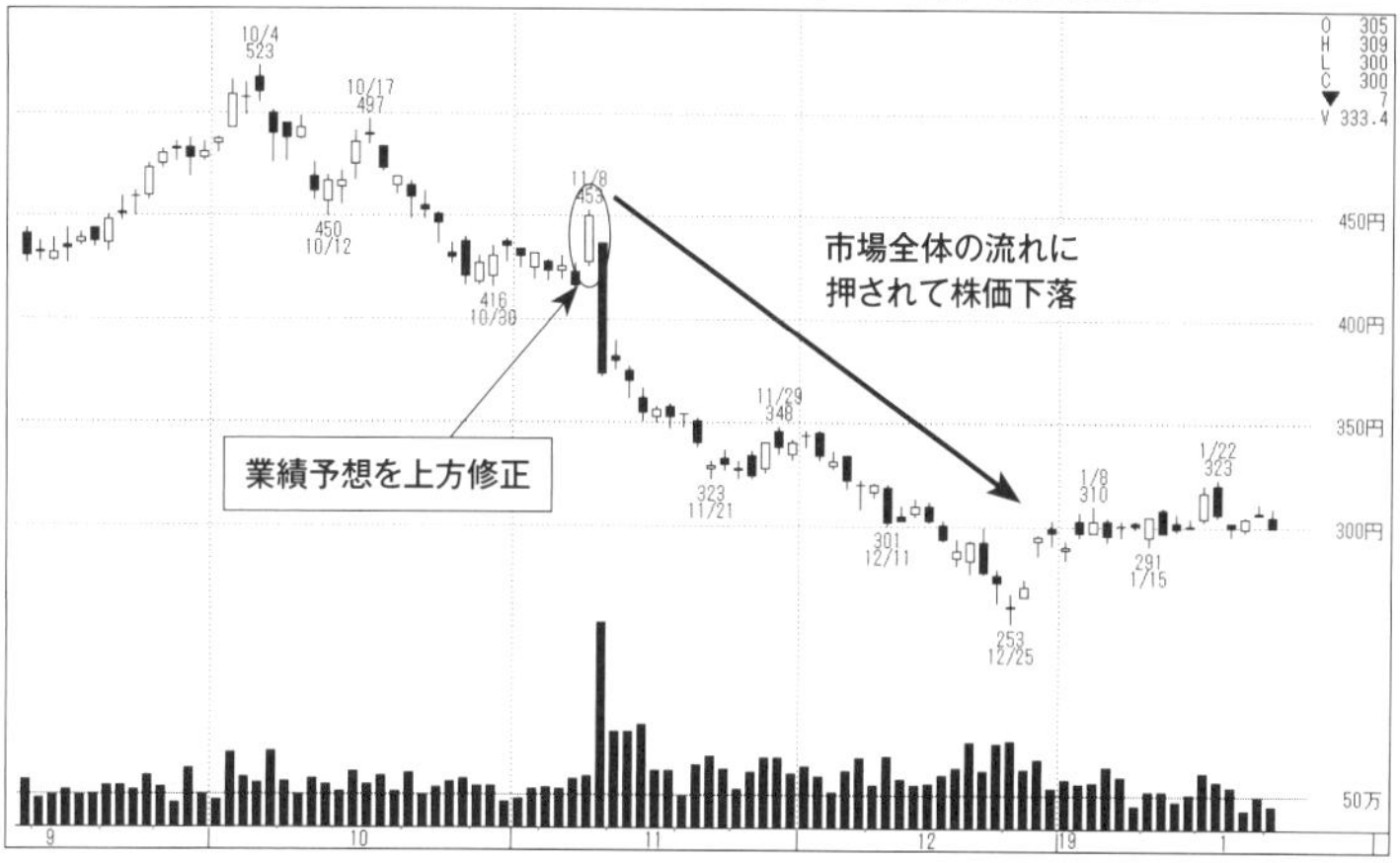

日足 /2018.9～2019.1

好材料でも市場全体が悪い時ならチャンス

株価が上がるかどうかは、その銘柄固有の材料はもちろんのこと、市場全体の影響も受けます。むしろ、市場の影響の方が大きいと言っても良いくらいです。

そのため、**市場全体が下落トレンドの時には、好材料で一時的に株価が上がったとしても上昇が長続きしないことが多く**、このような時を狙って空売りするのも良いでしょう。

◆好材料への反応が薄かった例

好材料が出たにもかかわらず反応が薄く、その後の市場の雰囲気に押されて株価が下落した例として、**富士石油**（５０１７）を紹介します（図４・６）。

富士石油は2018年11月8日に**業績予想を上方修正**し、2019年3月期の1株当たり利益がおよそ10%増える予想であることを発表しました。しかし、その頃は**世界同時株安が進行していて市場全体が大きく下がっていた**時期なので、上方修正の当日には株価が約5%上昇したものの、翌日にはすぐに下落に転じ、終値では374円まで下がりました。

その後の下落も激しく、12月25日には安値で253円まで下がりました。11月8日の上方修正のタイミングで空売りしていれば、短期間大きくで利益を得ることができました。

◆好材料で急騰したものの長続きしなかった例

好材料が出て急騰したものの、それが長続きしなかった例として、**ミヨシ油脂**（4404）の2019年5月～9月の日足チャートを見てみましょう（図4・7）。

ミヨシ油脂の株価は、2019年7月は1000円～1100円付近を上下していて、2019年8月1日の終値は1096円でした。しかし、2019年8月2日に2019年12月期第2四半期決算を発表し、**第2四半期の1株当たり利益が当初予想より30%近く増加**しました。この発表によって、8月2日は株価が急騰して高値では1166円を付け、終値でも1146円でした。

しかし、2019年7月下旬から8月にかけて、**アメリカと中国の貿易摩擦問題がくすぶり、市場全体的に株価が下落**しました。日経平均株価は、7月25日に高値で21823・07

図4-7●好材料で急騰したものの長続きしなかった例（ミヨシ油脂）

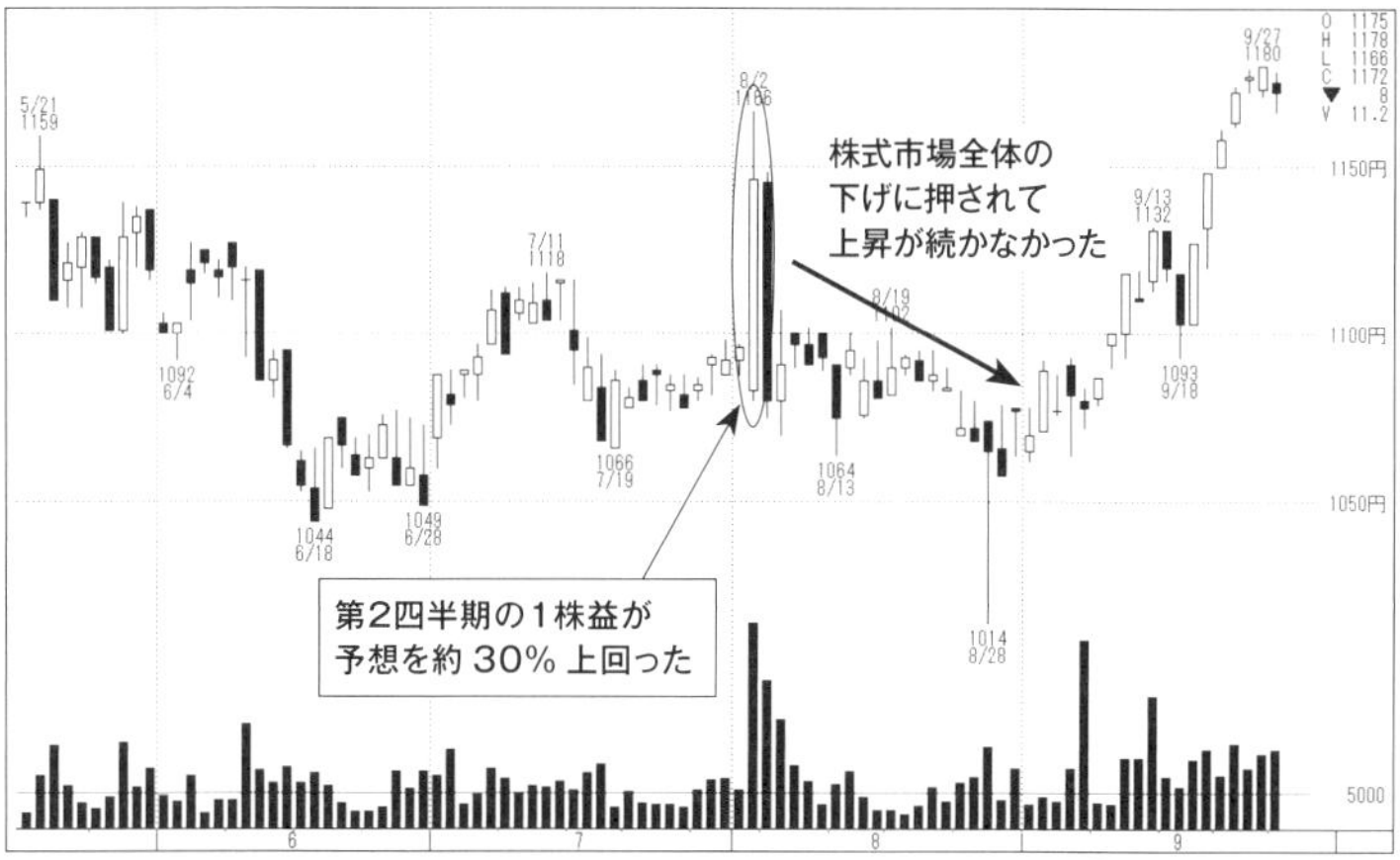

日足/2019.5～2019.9

円を付けましたが、８月６日には２０１１０・７６円まで下がって、２万円割れも意識されました。その流れに押されて、ミヨシ油脂も株価が下落し、８月28日には安値で１０１４円を付けました。

株価が上がった直後に空売りするのは、怖くて無理があります。しかし、その後に再度下落するのを見れば、「好材料が出ても上昇が続かないなら、空売りしても大丈夫そうだ」という判断をすることができます。

ちなみに、２０１９年には４月下旬から６月上旬にかけても、株式市場全体が下落しました。その時も、ミヨシ油脂の株価は10%以上下落していました。そのことを覚えていれば、空売りに踏み切ることができたのではないかと思います。

材料が出た銘柄の探し方

ネット証券のランキングやニュースを上手に利用する

材料を見て空売りするには、材料が出た銘柄をすばやく探したり、空売り候補の銘柄を監視して材料が出るのを待ち構えることが必要です。その方法も紹介しておきます。

値動きが大きい銘柄を探す

まず、値動きが大きい銘柄を探します。一般に、大きな値動きがある銘柄では、何らかの材料が出ていることが多いでしょう。

証券会社の投資情報サービスなどで、値上がり／値下がりのランキングを見ることができます。たとえば、ＳＢＩ証券なら、以下の手順でランキングを見られます（図４・８）。

①口座にログインする。
②画面上端の方のメニューで「マーケット」をクリックする。
③その下のメニューで「ランキング」をクリックする。

図4-8●値上がり率／値下がり率のランキングが見られる（SBI証券）

個別銘柄の材料を探す

次に、大きく動いている銘柄に関する材料を探します。ネット証券であれば、注文画面に「ニュース」等のリンクがあって、そこからニュースを辿ることができます。

たとえば、SBI証券なら以下の手順でニュースを見ることができます（図4・9）。

①ランキングのページで、銘柄の名前をクリックする。

②その銘柄のページに移動するので、「ニュース」のリンクをクリックする。

また、ニュースだけを集めたページから材料を調べてみるのも良いでしょう。

図4-9●銘柄に関するニュースの一覧が見られる（SBI証券）

たとえば、ＳＢＩ証券なら、以下の手順でニュースのページに移動できます。

①画面上端の方の「マーケット」をクリックする。

②その下の段で、右端の「ニュース」をクリックする。

③市場全体のニュースの一覧が表示されるので、「株式」をクリックする。

④株式関係のニュースの一覧が表示される。

中 決算短信などの発表予定をチェックしておく

空売りの候補銘柄を選び出しておき、その銘柄の決算短信などＩＲ情報の発表

図4-10●企業のIRカレンダーの例（ソフトバンクグループ）

図4-11●日付別に決算発表スケジュールが見られる（SBI証券）

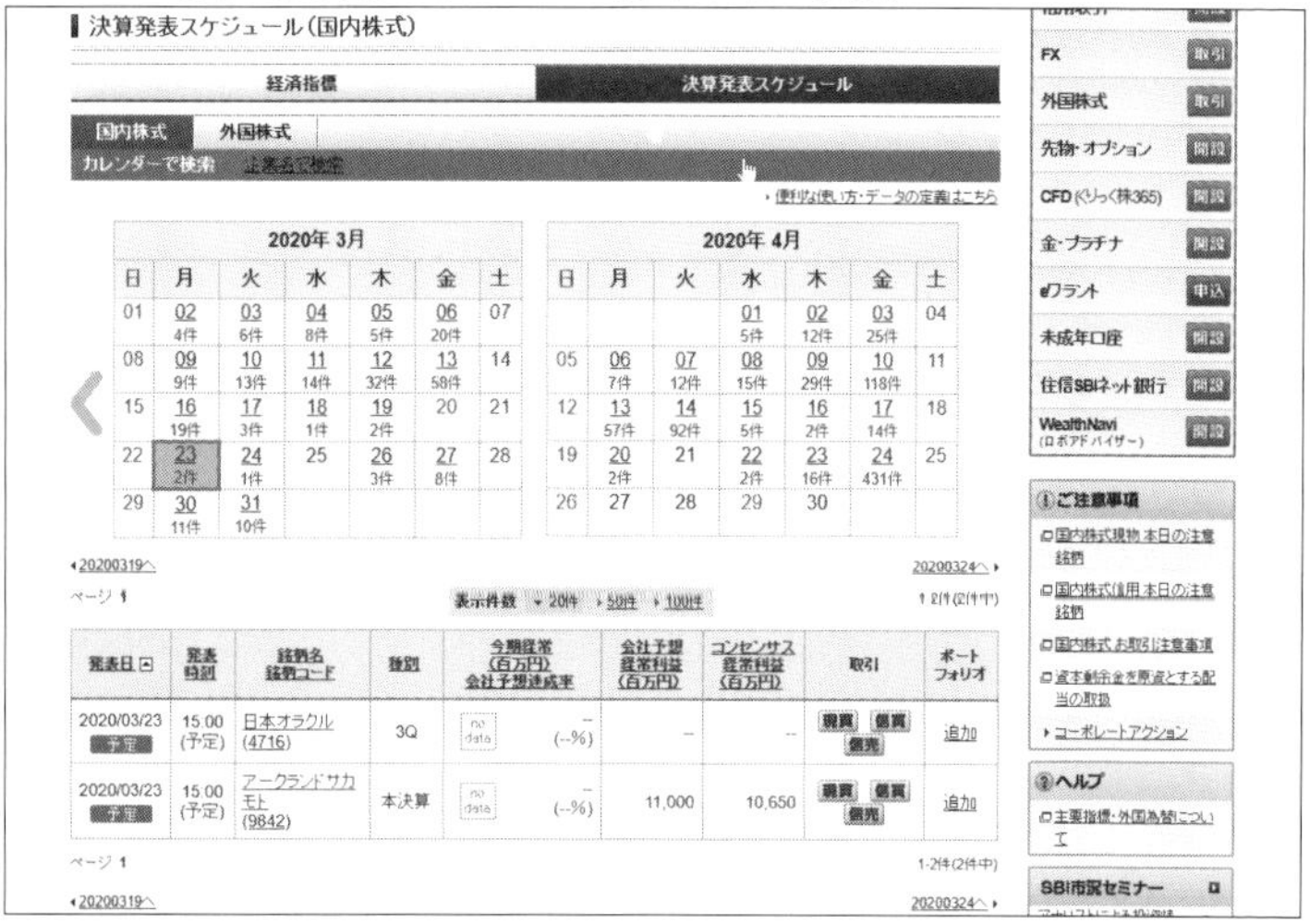

予定をチェックしておきます。ネット証券の情報サービスやその企業のホームページにあるIRカレンダー（図4・10）などを見れば、事前にわかります。たとえば、SBI証券なら日付別に決算発表予定のある企業の一覧などが見られます（図4・11）。

　そして、前回の会社予想のほか、市場予想なども事前に把握しておき、結果を想定してシナリオを立てておきます。当日発表があったら結果をすぐにチェックして、間髪入れずに判断を下します。

CHAPTER 5

市場全体が急落する時を狙う

年に数回は市場全体が急落することがある

世界的にリスクが高まると、各国市場が連動して下落しやすい

日本の株式市場全体の動きを見ていると、普段の動きはそれほど大きくはないものの、年に数回程度は大きく下がる時があります。まずこのことを頭に入れておきましょう。

年数回の大きな下げは必ずやってくる

多くの人は、株価が順調に上がってくれることを望んでいるでしょう。しかし、その通りにはいかない場面も少なくありません。

たとえば、2020年1月中旬から3月下旬にかけて、**世界的な新型コロナウイルスの感染爆発**や、それによる**景気後退懸念**から、日経平均株価は24000円弱から16000円台まで急落しました（図5・1）。また、2018年10月から12月にかけては、アメリカの金利上昇やそれによる景気後退懸念から、日経平均株価は24000円台から19000円割れまで急落しました。

これらは特に下げがきつかったのですが、世界景気の減速や紛争拡大などの不安要因で、

図5-1●2020年2月から3月にかけて市場全体が大きく下落した

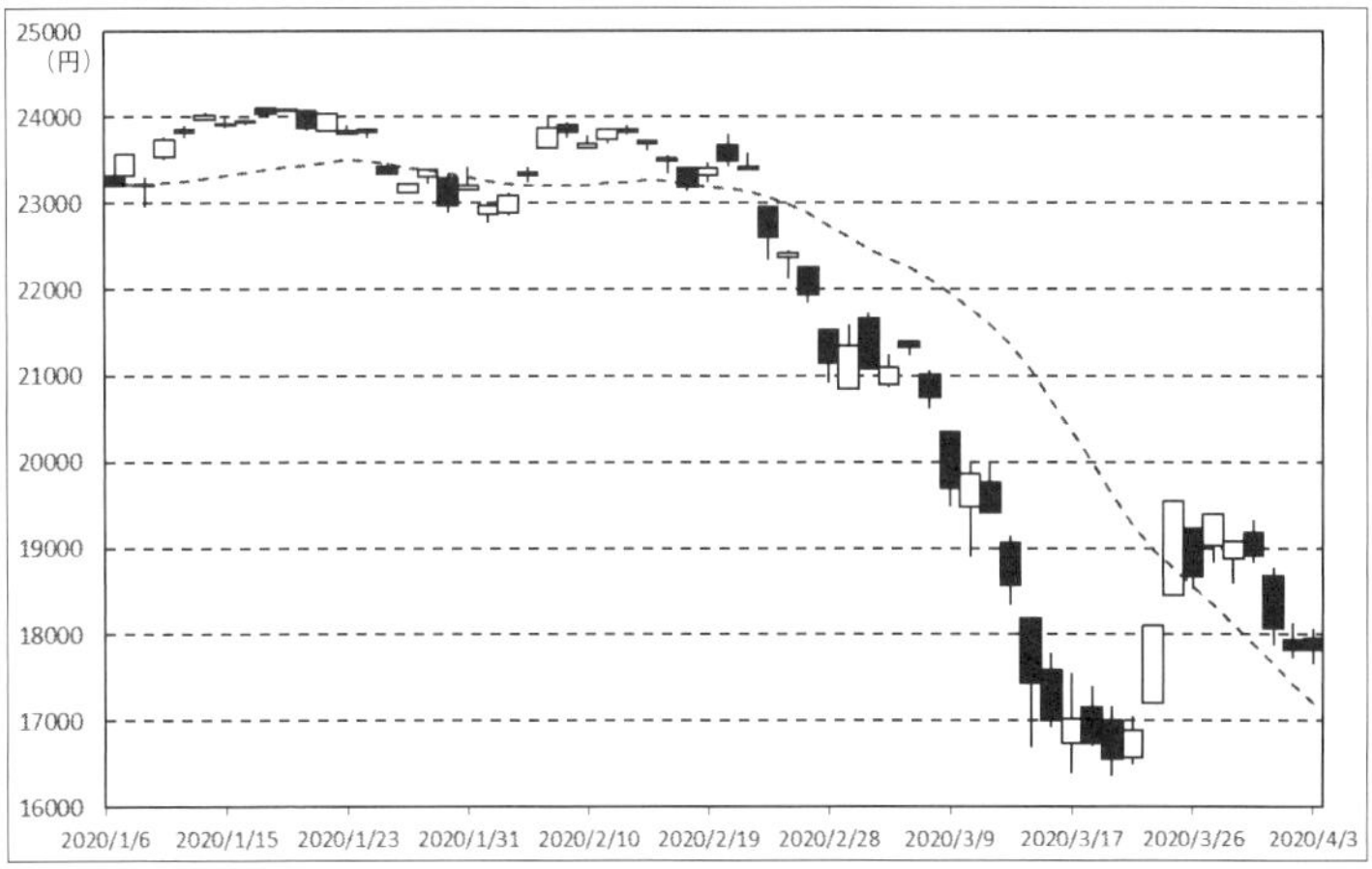

日足 /2020.1 ～ 2020.3

表5-1●ここ数年の大きな出来事による日経平均株価の急落局面

急落と底の時期	急落した背景	急落直前の日経平均株価の高値（円）	底の日経平均株価の安値（円）	下落率
2020年1月17日～3月19日	新型コロナウイルスの感染爆発	24,115.95	16,358.19	32.2%
2019年7月25日～8月6日	米中貿易摩擦	21,823.07	20,110.76	7.8%
2019年4月24日～6月4日	米中貿易摩擦	22,362.92	20,289.64	9.3%
2018年10月2日～12月26日	アメリカの金利上昇など	24,448.07	18,948.58	22.5%
2018年1月23日～2月14日	アメリカの利上げ	24,129.34	20,950.15	13.2%
2017年3月13日～4月17日	北朝鮮情勢の緊迫化	19,656.48	18,224.68	7.3%
2015年12月1日～2016年2月12日	世界的な景気減速懸念	20,012.40	14,865.77	25.7%
2015年8月11日～9月29日	中国市場の急落	20,946.93	16,901.49	19.3%
2014年12月30日～2015年2月5日	原油安やギリシャ不安	16,320.22	13,995.86	14.2%

市場全体が大きく下落することは、年に1～2回程度あります。

また、株価は**上昇する時と比べて下落する時の方が動きが速く**、**値幅も短期間で大きく動く**傾向が見られます。したがって、市場全体の大きな下げにうまく乗ることができれば、短期間で大きく稼げる可能性があります。

大きな下げは1か月~2か月程度は続く

表5・1は、主に世界的なリスク懸念などによる、日経平均株価の最近の主な急落局面の期間や下落率を表したものです。株価が大きく下落する場合、下げが1日や2日で収まることもありますが、多くの場合1か月～2か月程度は続きます。前述した2020年1月～3月の急落でも、下がり始めから底までに約2か月かかっています。

投資マネーは、リターンを求めて世界中を飛び回りますが、本来はリスクに対して臆病なものです。市場にネガティブなリスク不安がある時には、株のようなリスク資産は売られて、安全な資産が買われます。このような状態は**リスクオフの相場**と呼ばれますが、そのリスク要因が一段落して不安が後退し、再びリスクオンの相場に戻るまでには、ある程度の時間がかかるということです。

そこで、市場が注目するリスク要因の動向を注視しながら、**大きく急落する兆候が見ら**

れたらすばやく空売りし、1か月程度待って買い戻すというのが1つの手法になります。

また、下がるといっても一本調子に下がり続けるのでなく、大きく下がって少し戻し、再度大きく下がる、といったパターンになることも多いです。そこで、少し戻したところで再度空売りすることも考えられます。

日本株市場はNYダウとドル／円に連動しやすい

ここ数年の日本株式市場全体の動きを見てみると、ニューヨークダウ（ダウ工業株30種平均）と、ドル／円の為替レートに連動しやすい傾向が見られます。NYダウが上昇し、為替が円安に振れると、日本の株式市場も上がりやすくなります。

図5・2は、2018年4月以降の日経平均株価、NYダウ、ドル／円レートのチャートを比較したものです。それぞれの天井と底の位置が比較的一致していて、3つの動きに連動性があることがおわかりいただけると思います。

◆円安に振れると株価上昇

アメリカは現在でも世界の中心と言える国です。また、近年は経済がグローバル化しており、世界中の経済がリンクする傾向にあります。そのため、アメリカ経済の動向が世界の経済に大きく影響を及ぼします。

図5-2●日経平均株価／NYダウ／ドル円レートの比較（週足）

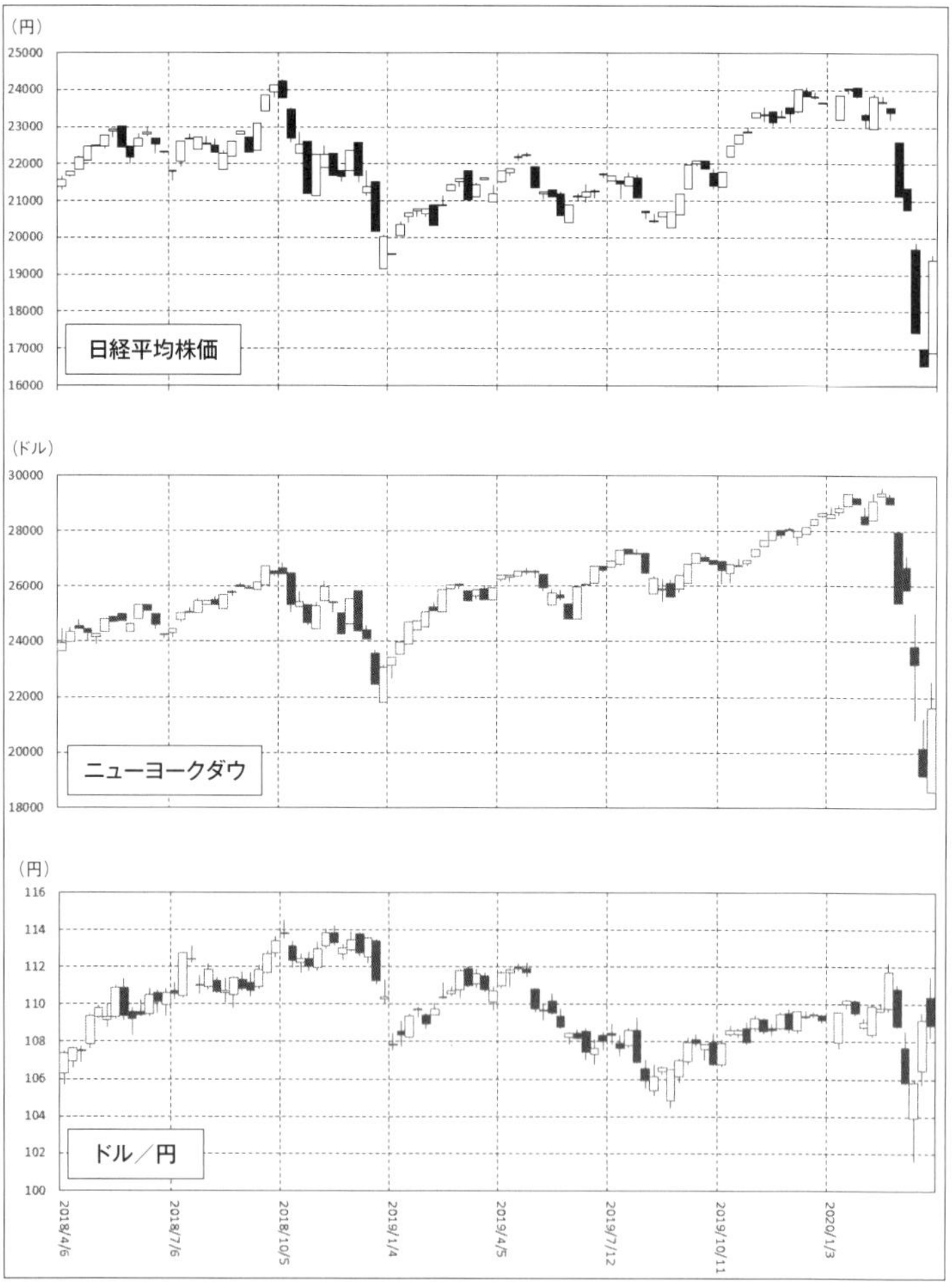

週足 /2018.4 ～ 2020.3

また、日本の大企業の多くは海外に進出しています。そのため、米ドルを始めとして各国の通貨に対して円安になると為替差益が拡大し、輸出企業を中心に業績に大きく寄与するため、株価も上がりやすくなります。

2012年12月16日の解散総選挙で自民党が圧勝し、再び政権交代が起こりました。選挙前のドル／円レートは83円台前半でしたが、これを契機として大きく円安に振れ、翌年5月上旬には4年振りに100円台を付けました。トヨタ自動車を始めとする輸出関連企業の業績が大きく改善し、平均株価も大幅に上昇したのは記憶に新しいところです。

◆円高に振れると株価下落

本書執筆時点では、円は世界的には「安全資産」と見なされています。そのため、世界的に市場のリスクが高まると円が買われて円高になりやすく、**日本の株式市場が特に大きく下がる**傾向があります。

これらのことから、日本の株式市場全体の急落を狙う上で、アメリカの株価とドル／円レートにも注目する必要があります。

中 中国の影響も大きくなった

ここ数年はアメリカの影響だけでなく、中国の影響も大きくなってきました。中国は

２０１０年に**ＧＤＰ（国内総生産）で日本を抜いて世界第2位になった経済大国**です。そのため、中国の景気動向が世界経済に大きな影響を与えるようになってきました。

２０１５年には、中国の株式市場でバブルとその崩壊と言えるような現象が起こりました。中国の株式市場は個人投資家の割合が高く、**投機的な売買が起こりやすい傾向**があります。２０１４年後半から２０１５年前半にかけては株価が急上昇し、上海総合指数が１年で２０００強から５０００超えまで2倍以上に上昇する動きになりました。しかし、２０１５年6月中旬頃から株価が下がりはじめ、２０１５年8月29日には３０００割れまで急落する事態になりました。

この動きに連動して、世界同時株安が起こりました。日本も例外ではなく、２０１５年8月から9月にかけて、日経平均株価が2万円超から1万７０００円割れまで急落する事態になり、「**チャイナショック**」と呼ばれる事態になりました（図５・３）。

本書執筆時点では、中国の株式市場はバブル的な動きにはなっていませんが、**米中貿易摩擦問題や新型コロナウイルスの世界的な流行問題**で、世界景気が大きく減速する可能性があります。そうなると、世界の株式市場も動揺し日本も大きな影響を受けると思われます。２０２０年2月下旬からの株価急落もその１つと言えます。そのようなタイミングは、空売りタイミングとして良いと思われます。

図5-3●チャイナショックで日本の株価も急落

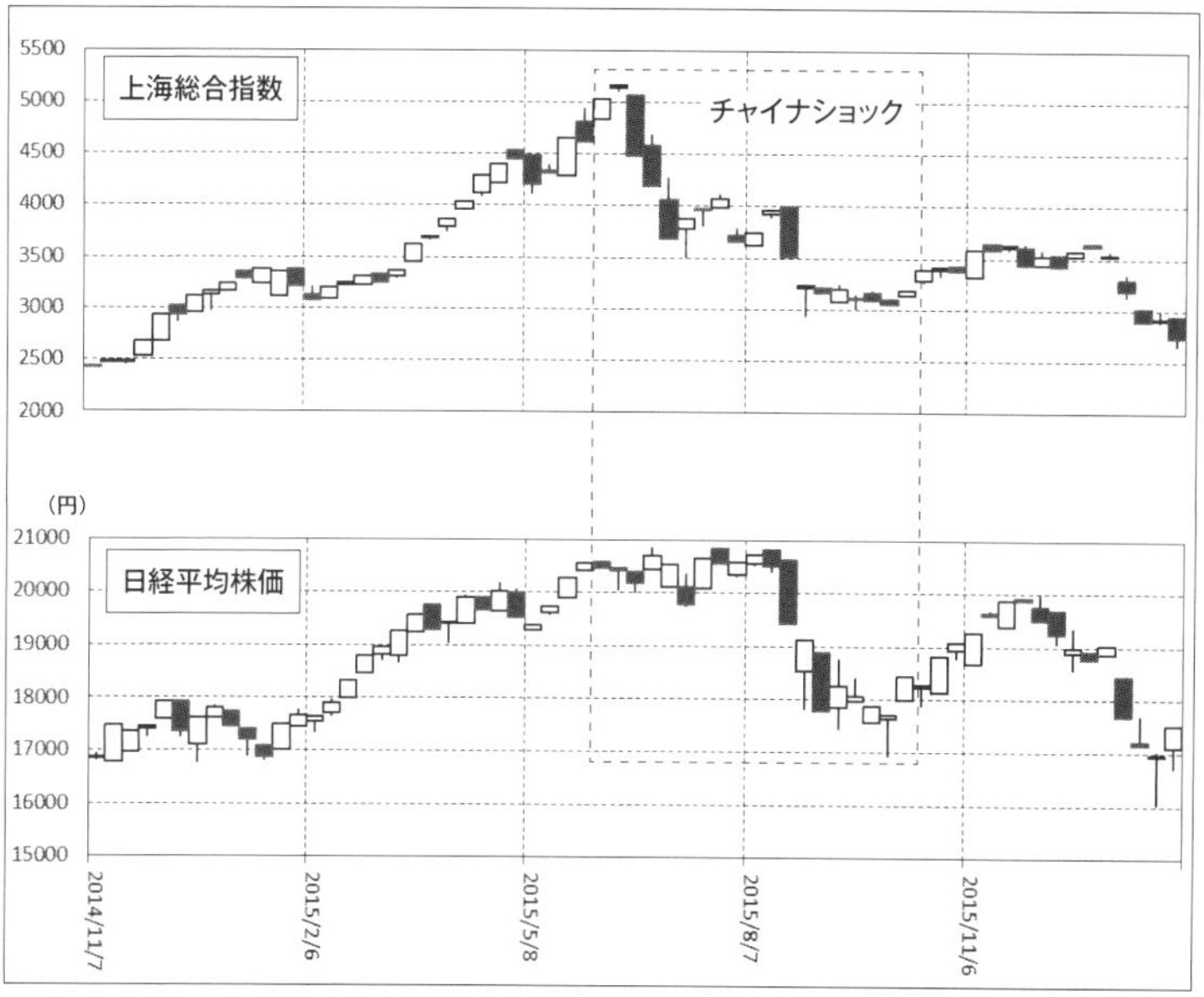

週足/2014.11～2016.1

リバウンドに注意する

株価が短期間で大きく下がると、その後に大きなリバウンドがあることも多いです。そのため、株価急落時に空売りして含み益が出たと思っていたら、あっという間に利益がなくなる（または損失になる）こともあります。

したがって、株価急落を狙って空売りするなら、深追いせずに頃合いを見て早めに買い戻しておくことをお勧めします。

騰落レシオで空売りするタイミングを探る

相場の過熱感を見て天井を打つタイミングを計る

株式市場全体の急落を狙うには、市場全体の天井がいつ訪れて、いつ下落に変わるのかを探る必要があります。このために使える指標として、「騰落レシオ」があります。

騰落レシオとは?

騰落レシオは、**株式市場全体の上がり過ぎ／下がり過ぎを判断する指標**の1つです。ある期間での、値上がり銘柄数の合計を値下がり銘柄数の合計で割って、パーセントで表します。一般には、東証一部の全銘柄を対象に計算し、また期間を25日にします。

たとえば、直近25日間で、東証一部の値上がり／値下がり銘柄数を合計すると、それぞれ2万／1万6000だったとします。この場合の騰落レシオは、2万÷1万6000＝1・25＝125％になります。

市場全体が上昇トレンドの時は、値上がり銘柄数が値下がり銘柄数より多いので、騰落レシオは100％を超えます。逆に、市場全体が下落トレンドになると、騰落レシオは

図5-4●2018年9月～2019年1月の日経平均株価と騰落レシオの動き

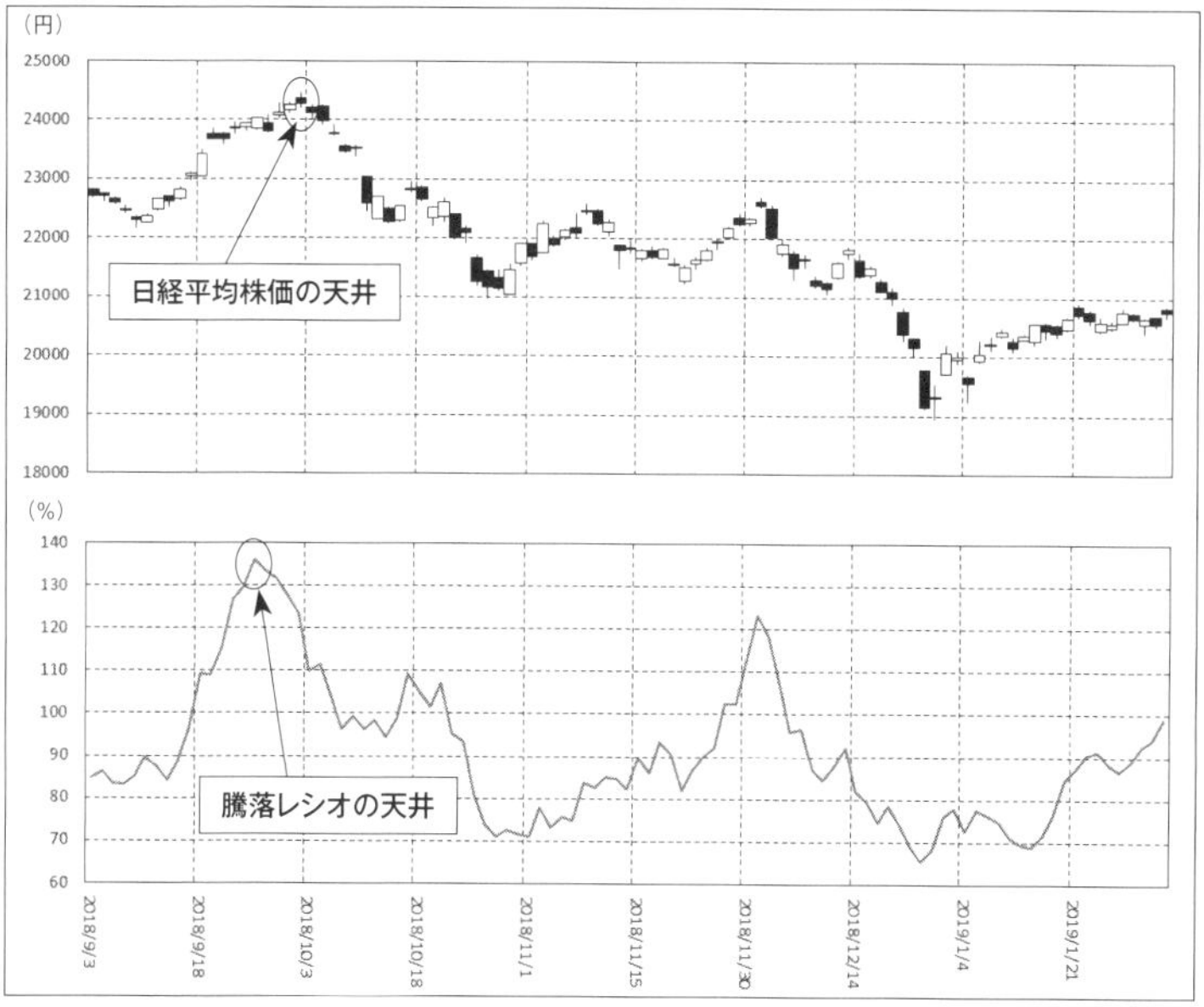

日足/2018.9～2019.1

100%を割り込みます。

中 日経平均の天井の前後で騰落レシオも天井を付ける

日経平均株価と騰落レシオの動きには、連動性があることが多く見られます。つまり、日経平均株価が天井を付けるあたりで、騰落レシオも天井を付ける傾向があります。ただ、日経平均株価の天井と騰落レシオの天井がぴったり一致することは少なく、両者のどちらかが先に天井を付けることが多く見られます。

図5・4は、2018年9月

～２０１９年１月の日経平均株価と騰落レシオの動きを比較したチャートです。このチャートを見ると、天井は10月２日ですが、騰落レシオは９月26日に天井を付けています。

この例のように、**日経平均株価に先立って騰落レシオが下がり出した**場合、「そろそろ日経平均株価の天井が近い」ということがわかります。こうなれば、**日経平均株価が下がり始めるのを待って、そのタイミングで空売りを仕掛ける**ことができます。

なお、騰落レシオが下がり出すより前に、日経平均株価が下がり始める場合もあります。この場合は、騰落レシオでは予兆をとらえきれないので、急落を狙って空売りするのは避けた方が無難でしょう。

判断がつかない場合もある

図５・５は、２０１９年11月～２０２０年３月の、**新型コロナウイルス問題**が出る前から、問題が深刻化するまでの日経平均株価と騰落レシオを見比べたチャートです。

日経平均株価は、新型コロナウイルス問題が深刻化するまで、２３０００円～２４０００円で保ち合いの動きを続けていました。しかし、騰落レシオは２０１９年11月中旬をピークに下落傾向になり、２０２０年２月上旬には80～90％付近まで下がっていました。

図5-5●2019年11月～2020年3月の動き

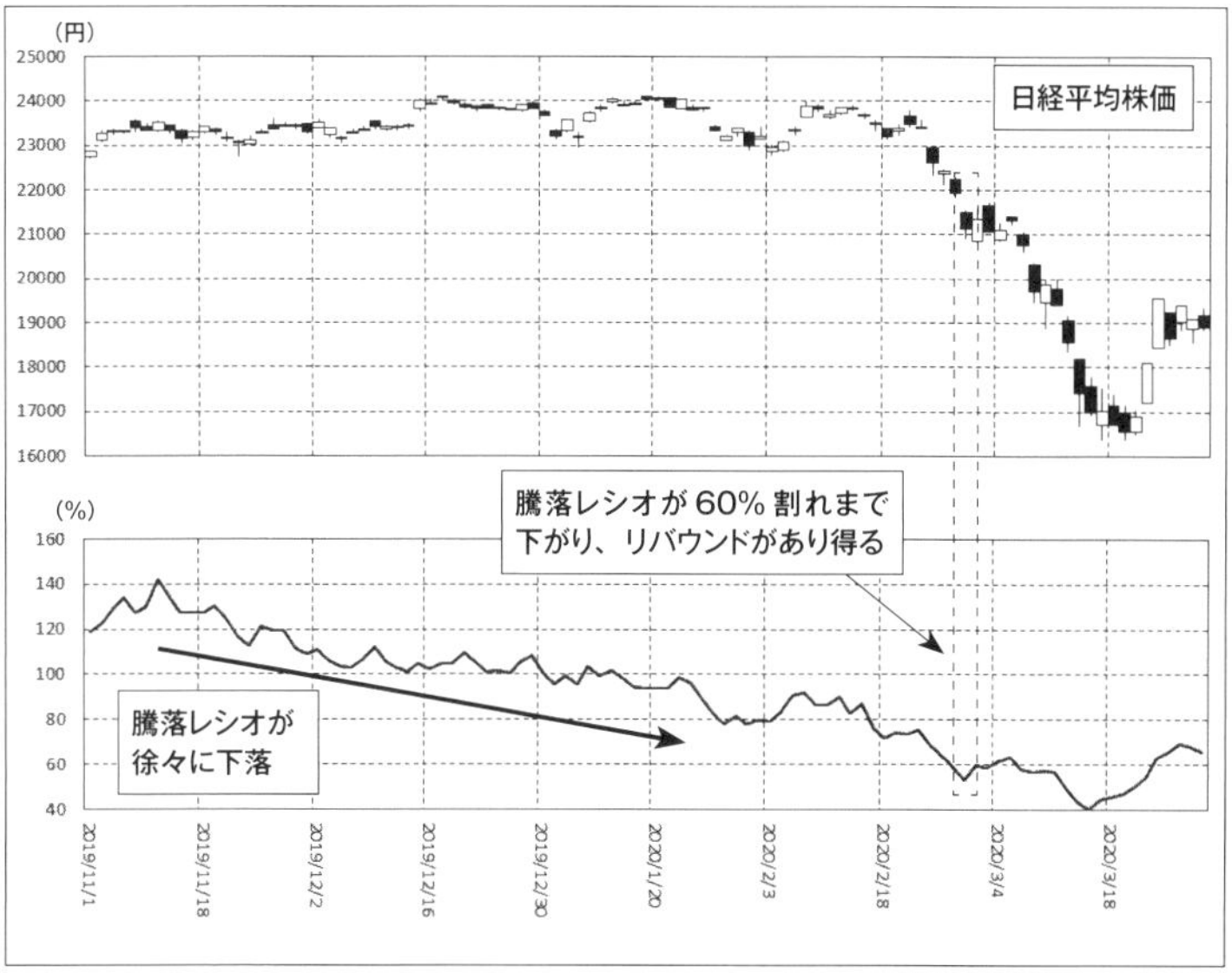

日足/2019.11～2020.3

一般に、騰落レシオが70%を割るところまで下がると、市場全体が底打ちすることが多いと言われています。ところが、**「コロナショック」**で株価が急落し始めた2月下旬の段階で、騰落レシオは一時60%を割るところまで下がっていました。騰落レシオがここまで下がると**リバウンド**もあり得るので、その時点で空売りするのはためらわれる状況でした。

最終的には日経平均株価は16000円台まで下がり、騰落レシオにいたっては約40%という前代未聞の水準まで下落しました。しかし、日経平均株価はそこから急反発して、19000円台まで急騰しています。

このように、**未曽有の事態になると株価がどのように動くか予想がつかない状態になる**ことがあります。騰落レシオでの判断が難しい場合は、空売りを見送って、次の機会を待つべきだと言えます。

中 騰落レシオの情報を入手する

騰落レシオのチャートは、たとえば、次のアドレスのホームページで無料で見ることができます。

https://nikkei225jp.com/data/touraku.php

また、マネックス証券の無料メールマガジン「マネックスメール」には、日々の騰落レシオの値が掲載されています。

https://mail01.monex.co.jp/php/mon_reg_form.php

評価損率で市場全体の天井と底を見る

買い建て側の損益状況から天井／底を判断する

信用取引の状況を元に市場全体の天井を判断する指標として、騰落レシオのほかに、「評価損率」という指標もあります。天井付近で空売りを仕掛けるには、評価損率も判断材料に加えると良いでしょう。

評価損率とは？

信用取引をしている人は、利益が出た建玉は短期間で手仕舞いし、損失が出ている建玉は決済を引き延ばす傾向があります。そのため、市場全体で建玉の状態を平均すると、含み損になっている場合が多いです。

信用取引のうち、空買いに関する含み損の状況を表す数値を「**評価損率**」と呼びます。買い側の数値なので、市場全体が上昇すると含み損は減少して、評価損率の値は小さくなります。逆に、市場全体が不調になって株価が下がると、評価損率の値は大きくなります。

一般に、**評価損率が3％程度まで上がると、市場全体が天井を付ける可能性が高い**と見られています。逆に、**評価損率が20％程度まで下がると、市場全体が底を打つ**可能性が高いと見られています。

なお、評価損率は、日本経済新聞社が毎週第3営業日（通常は水曜日）に前週末のデータを元に計算し、翌日の朝刊に掲載しています。

日経平均株価と評価損率の動きを見比べる

図5・6は、2016年4月以降の日経平均株価と評価損率の動きを見比べたチャートです。これを見ると、日経平均株価と評価損率の底／天井の時期がおおむね一致する傾向があることがわかります。また、評価損率の上限は5％前後で、下限が20％前後であることもわかります。

さらに、**評価損率がマイナス（＝評価益の状態）になることは、きわめて稀**です。たとえば、2013年前半はアベノミクスの影響で株価の動きが絶好調でしたが、このぐらい好調にならない限り、評価損率がマイナスになることはまずありません。

逆に言うと、評価損率がマイナスになるような相場は言わば「異常」であり、その状況が長く続くことはまずありません。

ちなみに、2001年以降で見ると、評価損率がマイナスの値を付けたのは、2013

図5-6●2016年4月以降の日経平均株価と評価損率の動き

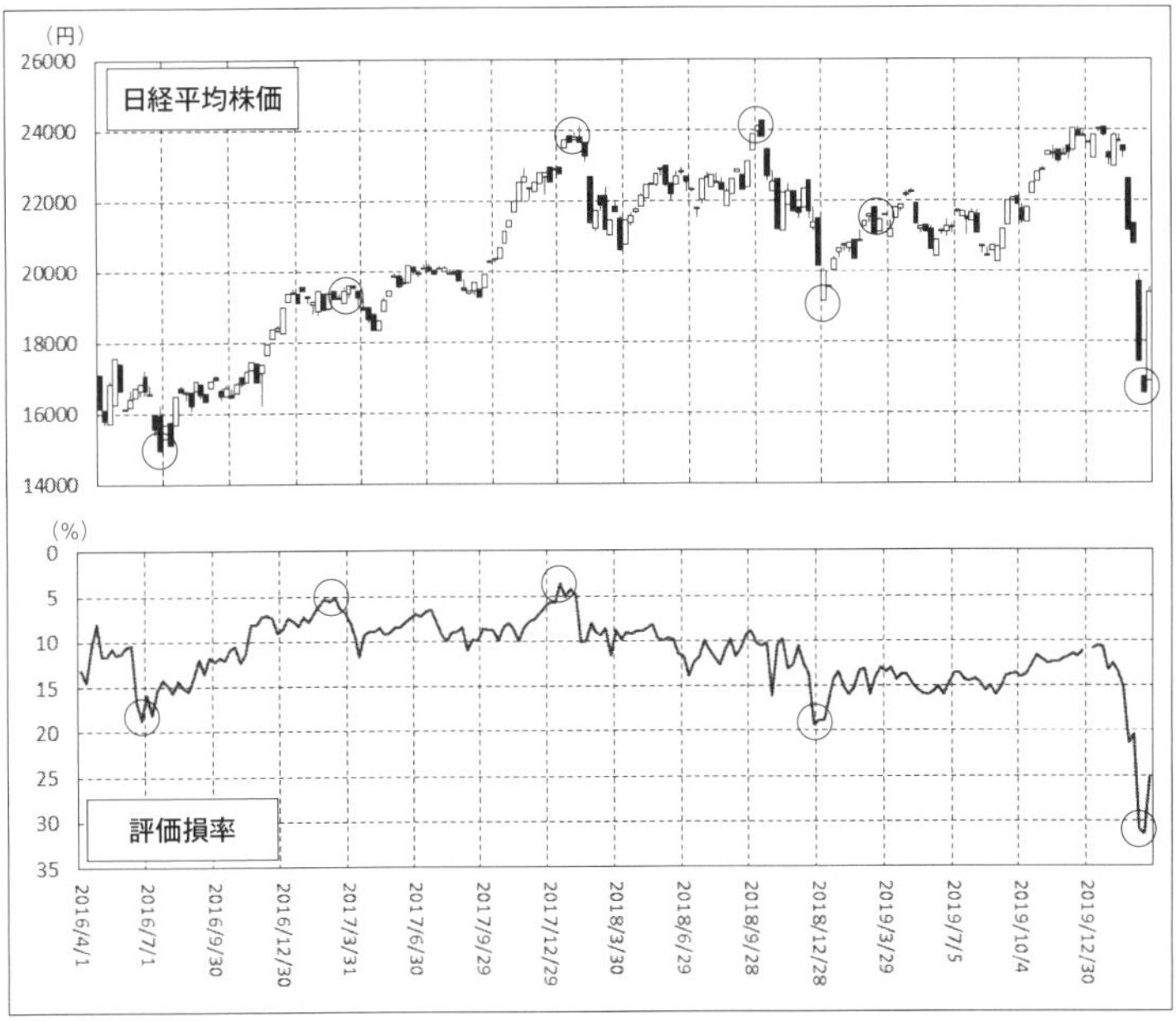

週足/2016.4～2020.3

年以外では2004年と2006年しかありません。2004年は、世界的に景気が回復傾向にあった時期です。

また2006年は景気回復に加えて、小泉総理による郵政解散・総選挙の年に当たり、構造改革への期待が高まって、株価が上がった時期です。

一方で、評価損率が20%を割り込んで大きく下がることも、めったにありません。ただし、世界を揺るがすような大きな問題が勃発すると、世界的に株価が暴落して、評価損率が20%を大きく割り込むこともあります。

たとえば、２０２０年3月の**新型コロナウイルス問題**の時には、評価損率が31％台まで下がりました。また、２００８年の**リーマンショック**の際には、36％台という激しい値を付けたこともあります。

中 評価損率の情報を入手する

評価損率のチャートは、nikkei225jp.comというサイトで見ることができます。アドレスは以下の通りです。

https://nikkei225jp.com/data/sinyou.php

また、「アセットアライブ株式情報」というサイトの以下のページでは、「信用評価損益率」のところに時系列の評価損率のデータが表示されています。

https://www.asset-alive.com/nikkei/demand_supply.php

ただし、これらのどちらも「信用評価損益率」で表されていて、利益が出ていればプラス、損失が出ていればマイナスになっています。

大きく上昇した銘柄が狙い目になる

大きく上昇した銘柄は市場全体の騰落の影響を受けやすい

市場全体が大きく上がった後に急落する時を狙って、どのような銘柄を空売りすれば良いでしょうか？　それは「大きく上がった銘柄」が狙い目です。

大きく上昇した銘柄ほど大きく下がりやすい

個々の銘柄で値動きには違いがあります。一般に、短期間で急騰した銘柄はその後に急落することが多く、市場全体が急騰した時にもその傾向が見られます。

過去の株価を使って表5・2のそれぞれの期間で、上昇期間の上昇率によって銘柄をグループに分け、各グループの下落期間の下落率を平均してみました。すると、図5・7のような結果が得られました。

2017年の例では、上昇期間の上昇率の大小と下落期間の下落率の大小にはあまり相関がありませんでした。しかし、それ以外の2回では、上昇期間の上昇率が大きかったグループほど、その後の下落期間の下落率が大きくなっている傾向が見られます。

表5-2●検証に使った過去3回の市場全体が下落した期間

年	上がり始め	天井	下げ終わり
2017年	2017年9月8日	2018年1月23日	2018年2月14日
2018年	2018年7月5日	2018年10月2日	2018年12月26日
2019年	2019年8月6日	2020年1月17日	2020年3月19日

図5-7●上昇率が高いほど、その後の下落率が大きくなる傾向がある

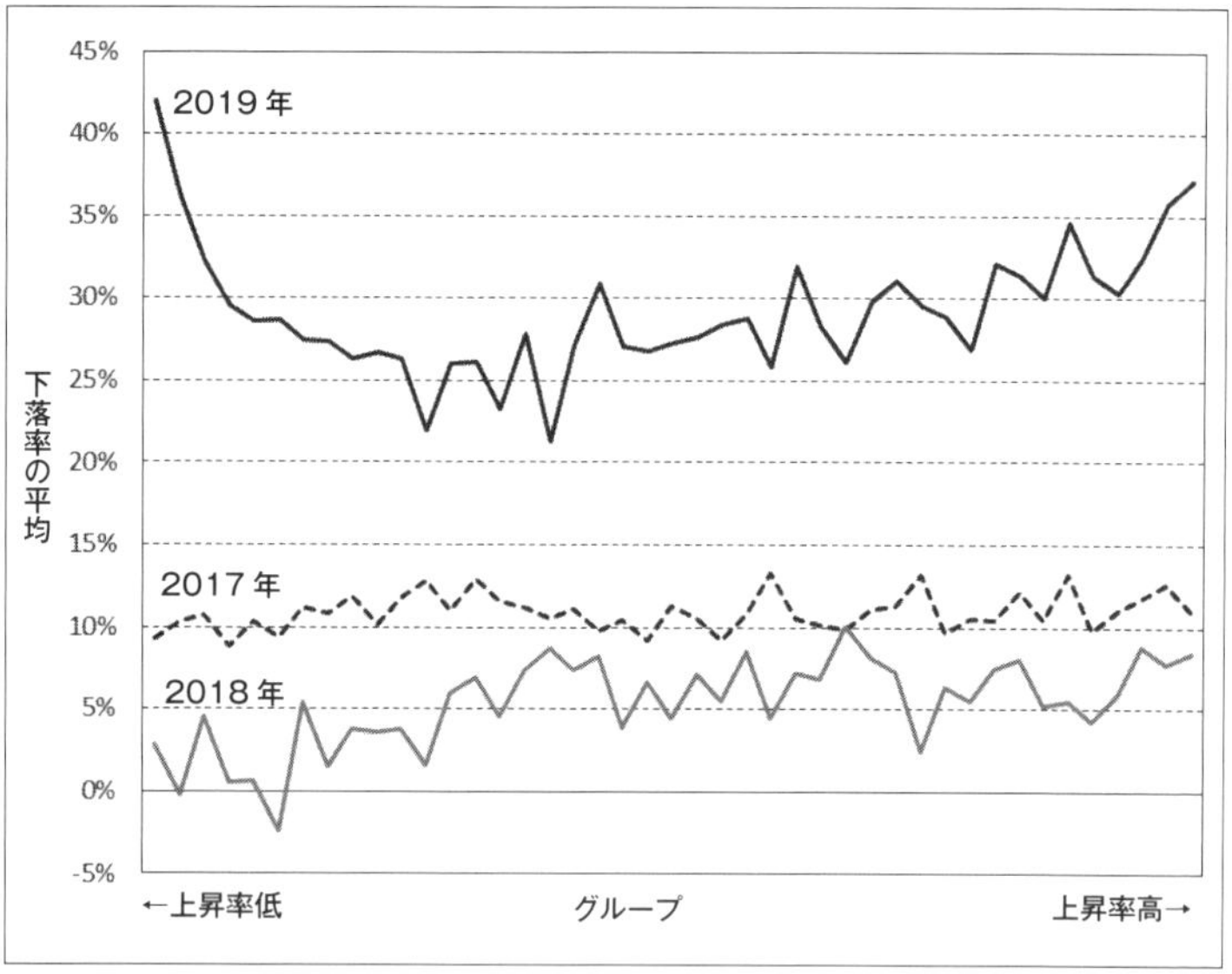

したがって、市場全体の下落の中で空売りを仕掛けるなら、**それまでの上昇期間に大きく上昇した銘柄**を狙うのが良いと考えられます。

表5-3●過去3回の市場全体の下落時での下落率ベスト20

位	2017年	2018年	2019年
1	タカラトミー (7867)	ネオス(3627)	UTグループ(2146)
2	メック(4971)	システムインテグレータ(3826)	シンクロ・フード(3963)
3	イーレックス(9517)	レノバ(9519)	ビジョン(9416)
4	TOWA(6315)	ダブルスタンダード(3925)	エアトリ(6191)
5	GameWith(6552)	オプティム(3694)	アイスタイル(3660)
6	フジクラ(5803)	SBテクノロジー (4726)	IBJ(6071)
7	タカキタ(6325)	古野電気(6814)	ビーネックスグループ(2154)
8	サンデンHD(6444)	イーブックイニシアティブジャパン(3658)	アルプスアルパイン(6770)
9	SMK(6798)	エムアップHD(3661)	アウトソーシング(2427)
10	石原産業(4028)	元気寿司(9828)	東祥(8920)
11	ノーリツ鋼機(7744)	ノーリツ鋼機(7744)	キャンディル(1446)
12	東亜建設工業(1885)	セック(3741)	イーソル(4420)
13	タツモ(6266)	石原産業(4028)	日総工産(6569)
14	福井コンピュータHD(9790)	アバント(3836)	and factory(7035)
15	ステラ ケミファ (4109)	日本システム技術(4323)	TOKYO BASE(3415)
16	Orchestra Holdings(6533)	チャーム・ケア・コーポレーション(6062)	グリーンズ(6547)
17	日東紡(3110)	出光興産(5019)	内田洋行(8057)
18	エイジア(2352)	オロ(3983)	ダブル・スコープ(6619)
19	デジタルガレージ(4819)	コムチュア(3844)	エン・ジャパン(4849)
20	チャーム・ケア・コーポレーション(6062)	デジタル・インフォメーション・テクノロジー (3916)	ナルミヤ・インターナショナル(9275)

中 「定番銘柄」はない

市場全体が大きく下がる度に、毎回大きく下がる個別銘柄があるならその銘柄を狙えば良いですが、残念ながらそのような「定番」と言えるような銘柄はありません。

前述の表5・2の3つの時期で、下落率ベスト20の銘柄を調べると、表5・3のようになりました。

石原産業(4028)

図5-8●対20日前騰落率の高い順に銘柄を表示した（トレーダーズウェブ）

銘柄スクリーニング

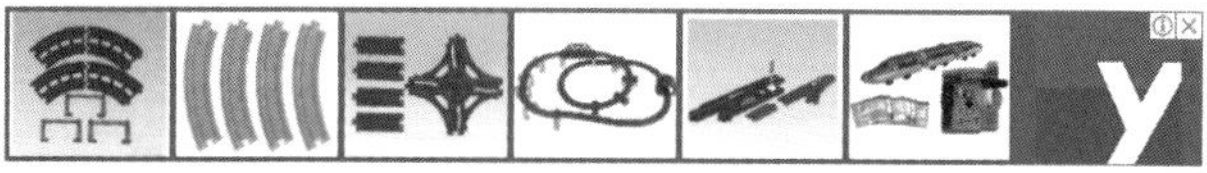

1〜100件表示中 / 381件　　1 2 3 4 次

2020/04/03

コード	銘柄名	市場	業種	終値	前日比	騰落率	対20日前比▼
2035	日経VI	東証	ETF・REIT等	1,820.0	-56.0	-2.98%	+143.97%
1552	VIX短期	東証	ETF・REIT等	16,400.0	+20.0	+0.12%	+100.98%
2417	ツヴァイ	東2	サービス業	879.0	0.0	0.00%	+73.03%
7634	星医療	JQ	卸売業	5,800.0	-100.0	-1.69%	+47.40%
3681	ブイキューブ	東1	情報・通信業	1,187.0	-110.0	-8.48%	+46.00%
4563	アンジェス	マザ	医薬品	690.0	-26.0	-3.63%	+36.09%
9533	邦ガス	東1	電気・ガス業	4,890.0	+230.0	+4.93%	+34.53%
7681	レオクラン	東2	卸売業	2,381.0	+400.0	+20.19%	+33.46%
8044	大都魚	東2	卸売業	1,216.0	+2.0	+0.16%	+32.90%
9090	丸和運輸	東1	陸運業	2,388.0	+21.0	+0.88%	+30.92%
4448	Chatwork	マザ	情報・通信業	1,171.0	-13.0	-1.09%	+30.11%

／**ノーリツ鋼機**（７７４４）／**チャーム・ケア・コーポレーション**（６０６２）が２０１７年と２０１８年にベスト20入りしていますが、それ以外の銘柄は毎回入れ替わっています。

◆大きく上昇した銘柄を探す方法

市場全体が上昇してきて、そろそろ下落に転じそうだという状況になったら、上昇局面で大きく上がった銘柄に狙いを付ける必要があります。

筆者が知る限りでは２つの時点を自分で指定し、その間の騰落率から銘柄を検索できるような無料のサービスはありませんが、**トレーダーズウェブ**（https://www.traders.co.jp）というサイトの「投資ツール」の中の銘柄スクリーニング機能では、無料で20日前からの騰落率で検索ができました（図5・8）。

また、市販の分析ツールの中では東洋経済新報社の**会社四季報CD－ROM**は、ある2つの時点での騰落率を計算し、それで銘柄を探すことができます。

空売り禁止は行われる？

新型コロナウイルス問題が世界的に深刻化する中で、株価のさらなる下落を防ぐために、国によっては空売りを禁止する動きが出てきました。たとえば、フランスやイタリアでは、２０２０年3月17日に一部の銘柄の空売りを禁止しました。また、スペインでは２０２０年3月16日に空売りを1か月間禁止することが発表されました。さらに、韓国では２０２０年3月16日から6か月間も空売りを禁止しています。

本書執筆時点では、日本ではここまでの厳しい空売り規制は行われていません。しかし、新型コロナウイルス問題が長期化し、株価下落が激しくなるようだと、日本でも空売り禁止が導入されることがあるのかもしれません。

もっとも、空売りを禁止すると投資家が動揺し、さらなる株価下落を招いてしまうという指摘もあります。

なお、信用取引が過熱化すると、制限がかかることがあります。それについては第6章で解説しています。

買い戻しは深追いせずに早めを心掛ける

目安を付け、騰落レシオ・新安値銘柄数などから底を判断

市場全体が急落する場合、その下げが終わる頃に買い戻す必要があります。ここでは、そのタイミングを判断する方法を紹介します。

急落の下落期間と下落率の目安

市場全体が急落する場合、下げが1日や2日で終わることは希で、ある程度の期間は下げが続きます。多くの場合、**天井から目先の底までの期間は1か月〜2か月**程度で、その間の日経平均株価の**下落率は10〜20%**程度です。

ここ何年かの急落時で、日経平均株価が目先の底を打つまでの期間と、その間の値下がり率は、表5・4の通りです。

したがって、天井から1か月程度、もしくは日経平均株価が10%程度下落したら、買い戻しておくのが無難だと言えます。

表5-4●市場全体が急落した時の期間と日経平均株価の下落率

天井		目先の底		日数	下落率
日付	高値（円）	日付	安値（円）		
2020/1/17	24115.95	2020/3/19	16358.19	63日	32.17%
2019/7/25	21823.07	2019/8/6	20110.76	14日	7.85%
2019/4/24	22362.92	2019/6/4	20289.64	42日	9.27%
2018/10/2	24448.07	2018/12/26	18948.58	86日	22.49%
2018/1/23	24129.34	2018/2/14	20960.15	23日	13.18%
2017/3/13	19656.48	2017/4/17	18224.68	36日	7.28%
2015/12/1	20012.40	2016/2/12	14865.77	73日	25.72%
2015/8/11	20946.93	2015/9/29	16901.49	49日	19.31%
2013/12/30	16320.22	2014/2/5	13995.86	36日	14.24%
2013/5/23	15942.60	2013/6/13	12415.85	21日	22.12%
2012/3/27	10255.15	2012/6/4	8238.96	69日	19.66%
2011/7/8	10207.91	2011/8/22	8619.21	45日	15.56%
2010/4/5	11408.17	2010/5/27	9395.29	52日	17.64%

騰落レシオで市場全体の底を判断する

市場全体の天井を判断するために、164ページで騰落レシオを紹介しました。騰落レシオは、市場全体の底を判断する際にも使うことができます。

一般に、騰落レシオが**70%付近**まで下がると、市場全体が反発するとされています。したがって、空売り後に騰落レシオが70%付近まで下がったら、その時点で買い戻しておくべきです。それ以上深追いすると、せっかくの利益を取り損ねるおそれがあります。

たとえば、2018年10月から12月の下落局面では、10月29日に騰落レシオが71・1%を付けました。その時点で日経平均株価は直

図5-9● 2018年10月～12月の下落局面での日経平均株価と騰落レシオの動き

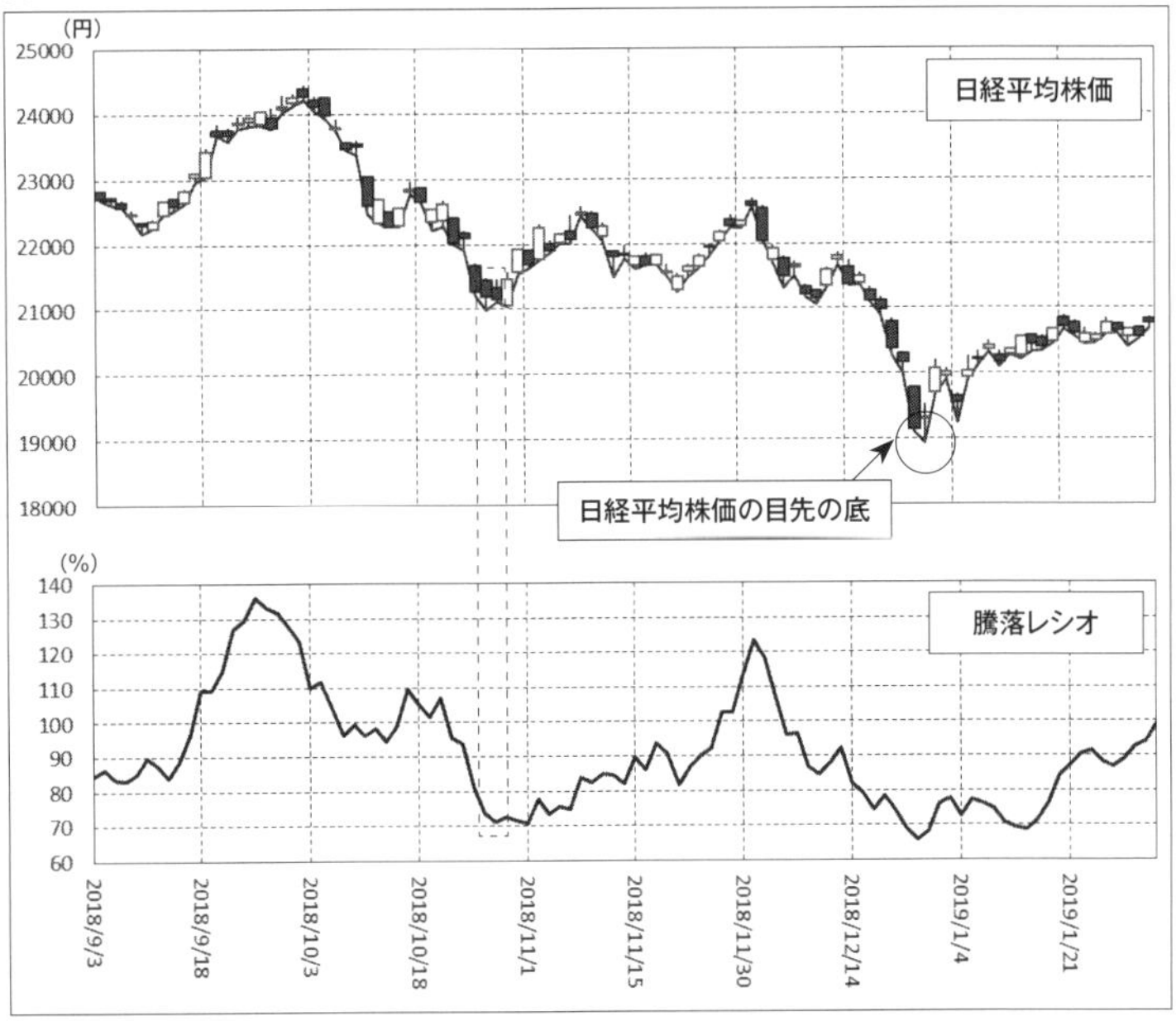

日足 /2018.9～2019.1

近の高値から約15％下落していましたので、底が近いと判断して、空売りした株は買い戻しておくべきでした（図5・9）。

なお、日経平均株価は2018年10月末にいったん底打ちした後、12月末に再度下落しました。ただ、その時は騰落レシオが65％程度まで下がっており、深追いすべきではありませんでした。

中 その他の指標も組み合わせる

騰落レシオだけでなくその

他の指標も組み合わせて、底を判断するとより良いです。

◆評価損率を見る

まず、評価損率（169ページ参照）も見ておくと良いでしょう。一般に、**市場全体が底を打つ時には評価損率が20％程度まで下落**しますので、そうなっていないかどうかを確認します。

ただ、評価損率は週に1回しか発表されませんので、リアルタイム性が薄いのがネックです。この点には注意する必要があります。

◆新安値銘柄数を見る

もう1つの指標として、「**新安値銘柄数**」をあげておきます。新安値銘柄数は「新安値」を付けた銘柄の数を表します。新安値を付けたかどうかは、以下のように判断します。

- **1月から3月末まで … 前年1月からその日までの最安値を付けた**
- **4月から12月末まで … その年の1月からその日までの最安値を付けた**

市場全体が急落してセリングクライマックスの状態になると、新安値を付ける銘柄が続出します。そのため新安値銘柄数が急激に増えます。

図5-10●2018年10月～12月の下落局面での日経平均株価と新安値銘柄数の動き

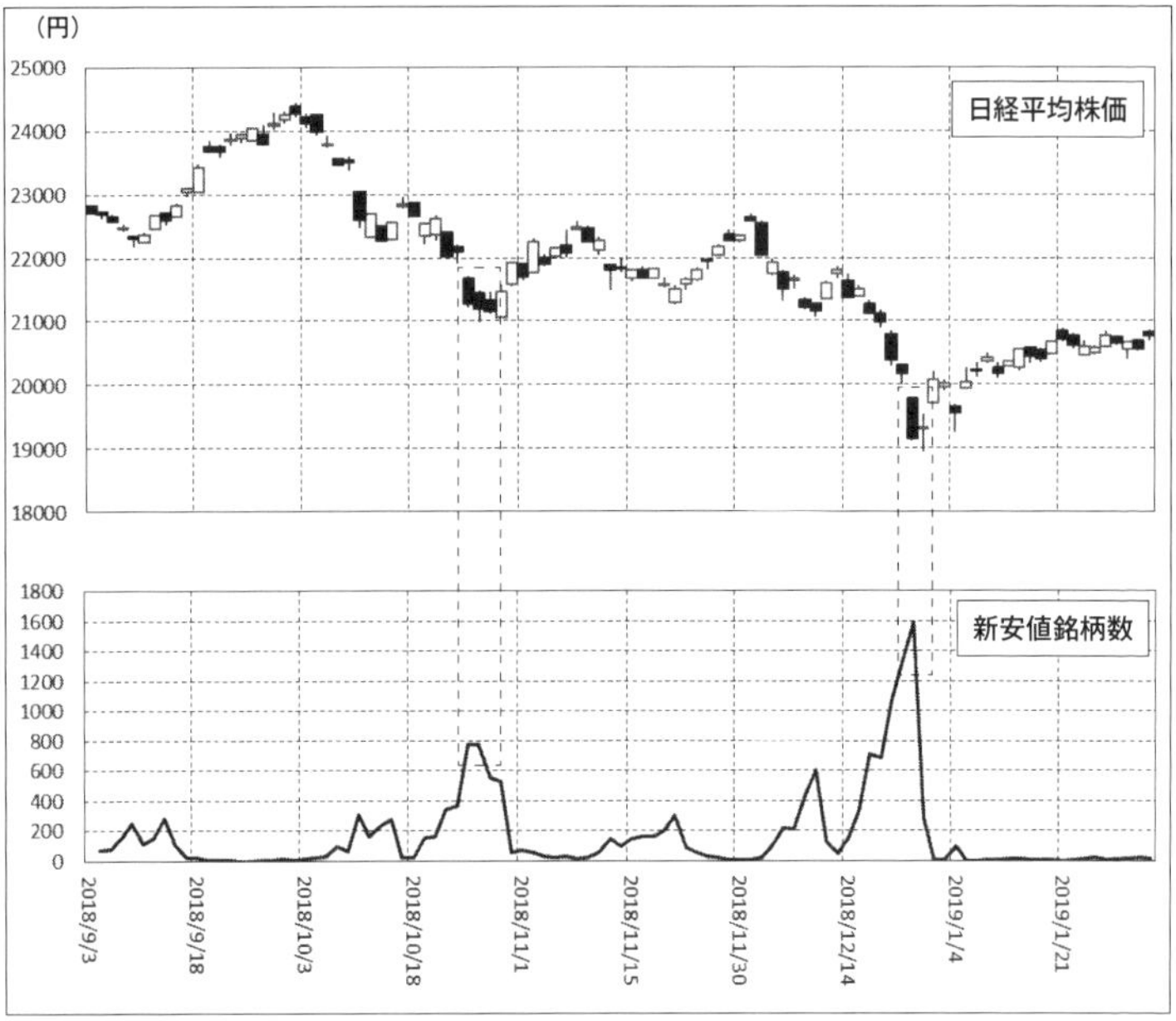

日足 /2018.9～2019.1

しかし、そこまで株価が下がると、「ここまで下がったらそろそろ反発するだろう」と思う人も増えて買いが入り、株価が上昇に転じやすくなります。新安値銘柄数が急増した時には、空売りを手仕舞うことをお勧めします。

たとえば、２０１８年10月～12月の下落局面では、日経平均株価が目先の底を打った日と、新安値銘柄数のピークが一致していました（図5・10）。

したがって、この時点で空売りしていた銘柄を買い戻しておく方がよかったと言えます。

なお、新安値銘柄数のチャートは、以下のページで見ることができます。

http://nikkei225jp.com/data/new.php

買い戻した後にドテンする？

市場全体の急落を利用して空売りし、底を判断して買い戻した場合、そのタイミングでドテンして買いを入れることも考えられます。この方法がうまくいけば空売りと買いの両方で稼ぐことができますが、もちろん、そううまくはいかない場合もあります。

目先の底が、上昇トレンドでの一時的な押し目になる場合があります。それなら、そのタイミングで買えば再度利益を上げられます。

しかし、急落をきっかけにして、トレンドが変化することも少なくありません。そのためドテンして買ったものの、保ち合いになったり、あまり上がらないまま下落トレンドになったりすることもあります。

まず、**ドテン買いがうまくいった例**を紹介します。２０１８年10月から12月にかけて市場全体が急落し、12月26日に日経平均株価が安値で１８９４６・58円を付けて底を打ちました。前日の12月25日には、騰落レシオが65・６％、新安値銘柄数が１５８６と、底打ち

図5-11●ドテン買いがうまくいった例（日経平均株価の2018年9月～2019年12月）

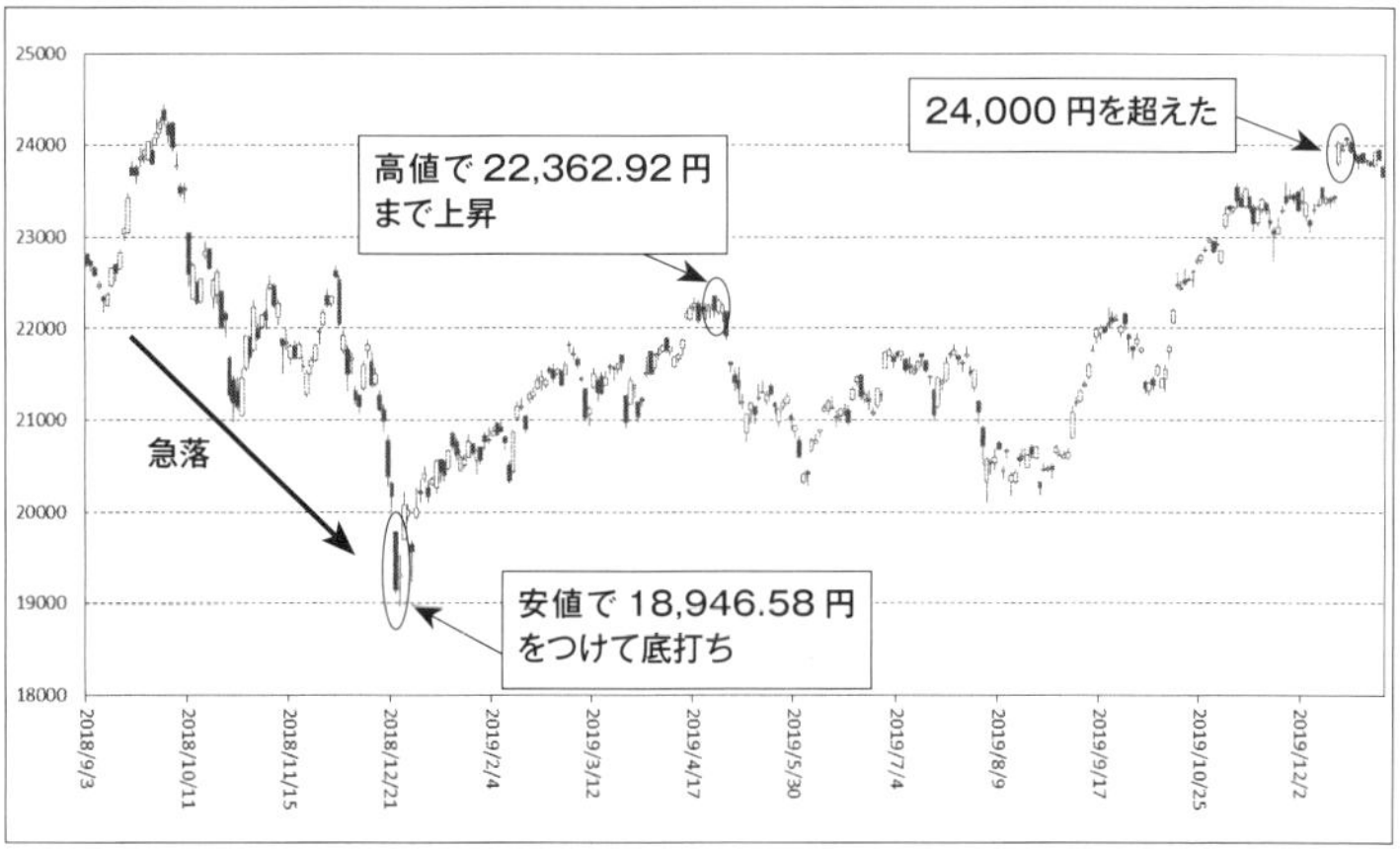

日足/2018.9～2019.12

感が強い状態でした。

この後は徐々に株価が戻り、2019年4月24日には日経平均株価が高値で22362・92円まで上昇し、底から約18％の値上がりになりました。また、その後は一時的に下がることもありましたが、2019年12月には日経平均株価が24000円を超え、2018年10月の下がり始めの頃に近い水準まで戻りました（図5・11）。

一方、ドテン買いがうまくいかないこともあります。たとえば、2015年12月以降の株価急落局面では、2016年2月12日に目先の底を打ちました。その時には、騰落レシオが57・7％まで下落し、また新安値銘柄数は1023という高水準で、底を示す指標が出そろいました。

図5-12●底の後に保ち合いとなり株価があまり上がらなかった例

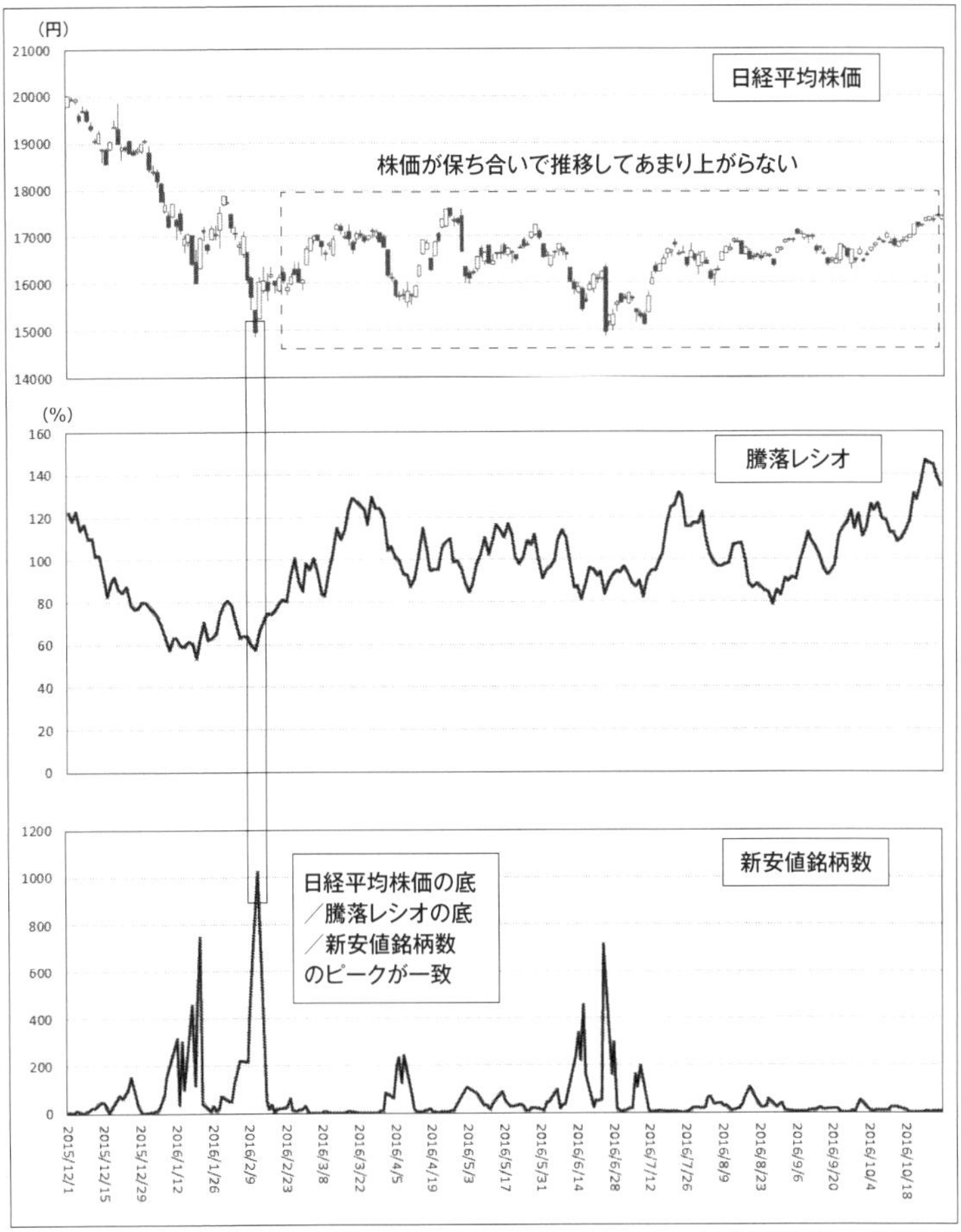

日足 /2015.11 ～ 2016.10

しかし、その後秋頃までは、株価は保ち合いの展開が続きました。ドテンで買っていたとしても、あまり利益にはなりませんでした（図5・12）。

さらに、底と思ったら、そこからまたさらに下がることもあります。図5・12の例でも、1月21日に騰落レシオが53・8％で底をうち、また新安値銘柄数が746まで上昇していて、その時点で売買を判断していたとしたら、「これは底打ちだ」と思ってドテンしていたかもしれません。しかし、実際の底はまだ先でした。

このように、急落を狙って空売りし、底で買い戻して、そのタイミングでドテンして買う場合、底にぴったりのタイミングで買えたとしてもあまり上昇しないことも想定して、あまり長く持たない方が良いでしょう。

また、底を予想したものの、底ではないこともあります。したがって、ドテンして買うなら、資金をすべてつぎ込まずに、余力を残しておくことをお勧めします。

CHAPTER 6

上手に稼ぐための空売りのリスク対策

空売りこそ徹底したリスク管理が必要になる

＋売り建玉が上昇すれば、損失は理論上無限大になる

買いと空売りの最大の違いは、「空売りでは理論上は損失が無限大になる可能性がある」という点です。まず、このことを頭に入れておきましょう。

「買い」での損失は限定される

株を買った時に損失が最大になるのは、倒産等の理由で買った株が紙屑になる（＝株価が０円になる）時です。現物取引の買いの場合、**買うのにかけた金額が損失**になります。たとえば、１００万円の銘柄を買い、その株が紙屑になったら、損失は１００万円です（図６・１）。

また、空買いで目いっぱいレバレッジをかけたとしても、損失の最大値は委託保証金の約３・３倍です。たとえば、30万円の委託保証金で１００万円の株を空買いし、その株が紙屑になったとします。この場合、１００万円を返済する必要が生じますので、委託保証金の30万円に対して、約３・３倍の損失になります。

なお、実際には後の節で解説する「**追証**」が発生しますので、空買いでの損失がここまで拡大することは、通常はありません。

ただ、理論的には委託保証金の約3・3倍の損失になることがありうるということを覚えておいてください。

図6-1●買いと空売りの損失の違い

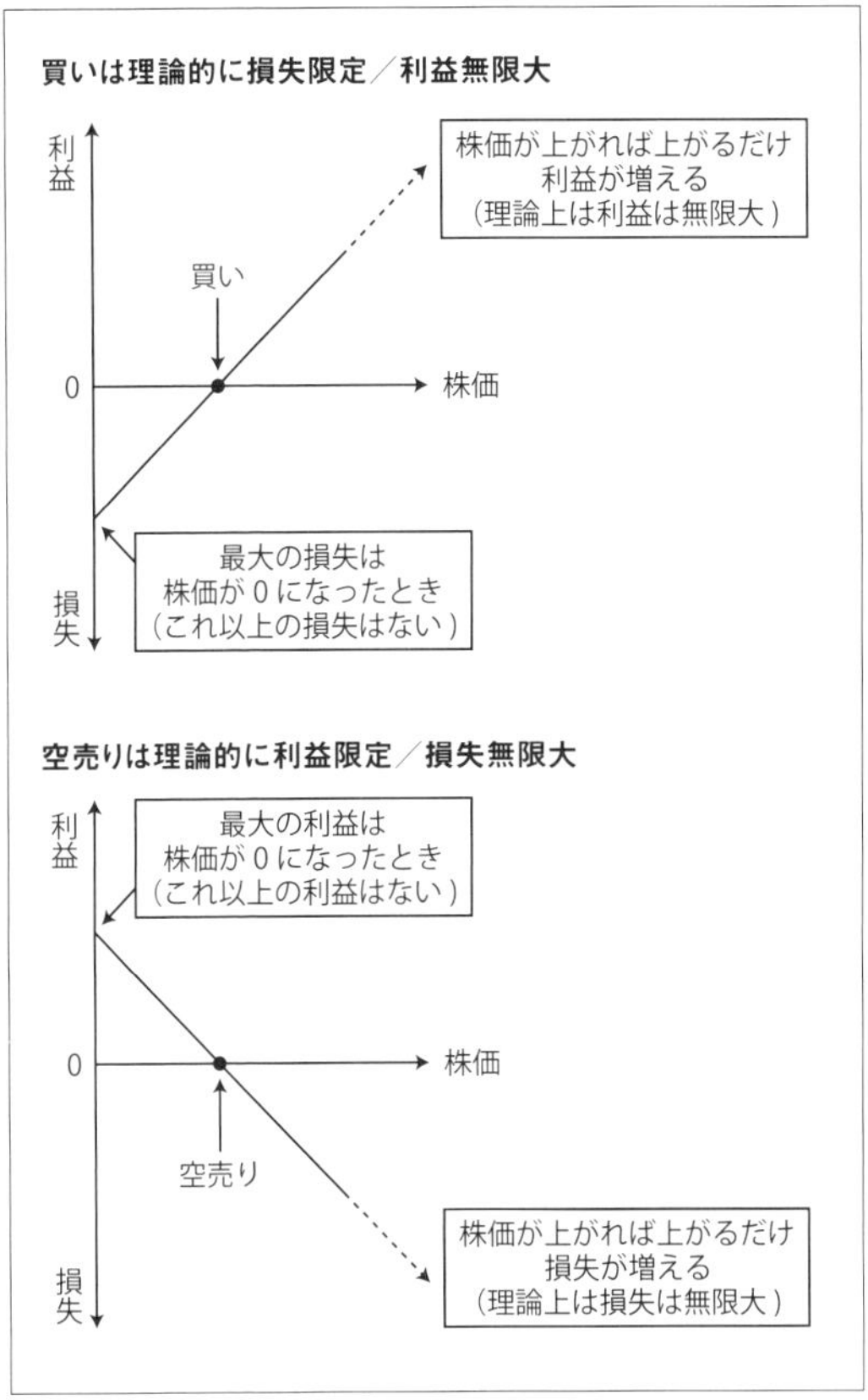

買いは理論的に損失限定／利益無限大
利益
損失
株価が上がれば上がるだけ
利益が増える
（理論上は利益は無限大）
買い
0
株価
最大の損失は
株価が0になったとき
（これ以上の損失はない）
空売りは理論的に利益限定／損失無限大
利益
損失
最大の利益は
株価が0になったとき
（これ以上の利益はない）
0
株価
空売り
株価が上がれば上がるだけ
損失が増える
（理論上は損失は無限大）

中 「空売り」での損失は最大いくら?

空売りでは株価が上がると損失になります。時には株価が5倍や10倍になることもありますし、もっと大きく上がることもあります。

たとえば、ある銘柄を100万円分空売りした後、その銘柄が何らかの理由で絶好調で上昇してしまい、買い戻すのに1000万円が必要になったとします。この場合、追証を無視すれば、100万円で売ったものを1000万円で買い戻さなければなりませんので、元の10倍もの損失が発生することになります。

また、上の例でレバレッジをかけていたとすると、損失はさらに拡大します。たとえば、30万円の委託保証金で100万円分空売りし、その銘柄を買い戻すのに1000万円が必要だとすると、委託保証金の約33・3倍もの損失が生じる計算になります。

このように、空売りでは「買い」とは異なり、**理論上は損失が無限大**になります。実際には、追証が発生して建玉が強制決済されますので、右で述べたような極端なことは起こりづらいですが、大きな損失につながる可能性があります。それだけリスク管理が重要になるということは、しっかり頭に入れておいてください。

失敗したら損切りは迷わず確実にする

損切りのできない人は絶対に稼ぐことはできない

空売りに限らず、株などの値動きがある金融商品を取引する上で、「損切り」は最も基本的で重要なリスク管理の方法です。

損切り＝損失が出ている取引を決済すること

株を買ったり、空売りしたりして建玉を持つと、その後の株価の変動によって、含み益（＝まだ確定していない利益）が出たり、含み損（＝まだ確定していない損失）が出たりします。空売りの場合は建玉を持った後で株価が上がると、含み損の状態になります。

損切りとは、**含み損が出ている建玉を反対売買して損失を確定させる**ことで、「**ロスカット**」とも呼ばれます。空売りの場合だと、建玉を取った後に株価が上昇して含み損になった時に、その売り建玉を買い戻して決済するのが損切りにあたります。

必ず損切りして塩漬けは絶対に避ける

現物取引の経験がある方の多くは、「買った株が値下がり過ぎて、売るに売れなくなった」という経験をお持ちでしょう。いわゆる**塩漬け株**の状態です。空売りに置き換えると、「空売りした後で株価が上がり過ぎて、買い戻せなくなった」という状態に相当します。

しかし、損失が大きくなればなるほど、挽回するのが難しくなります。何としても、大きな損失を出すことは避けなければなりません。その前に確実に損切りして、次のチャンスに備えるようにします。

例として、100万円の委託保証金を入れて空売りしたとして、その後にその銘柄が30％上がって、買い戻すのに130万円が必要になったとします。この時点で建玉を決済すると、100万円で売ったものを130万円で買い戻すことになるので、30万円の損失が発生し、委託保証金は70万円に減ります。100万円が70万円に減るので、損失は30％です。

ここで、損失を取り戻して委託保証金を100万円に戻すには、どれだけのリターンが必要でしょうか？「30％の損失だから、30％のリターンを上げれば良い」と思った人がいるかも知れませんが、残念ながらそれは違いま

$$\frac{100\text{万円}}{70\text{万円}} - 1 = 0.4285... \fallingdotseq 42.9\%$$

図6-2●損失を取り戻すのに必要なリターン

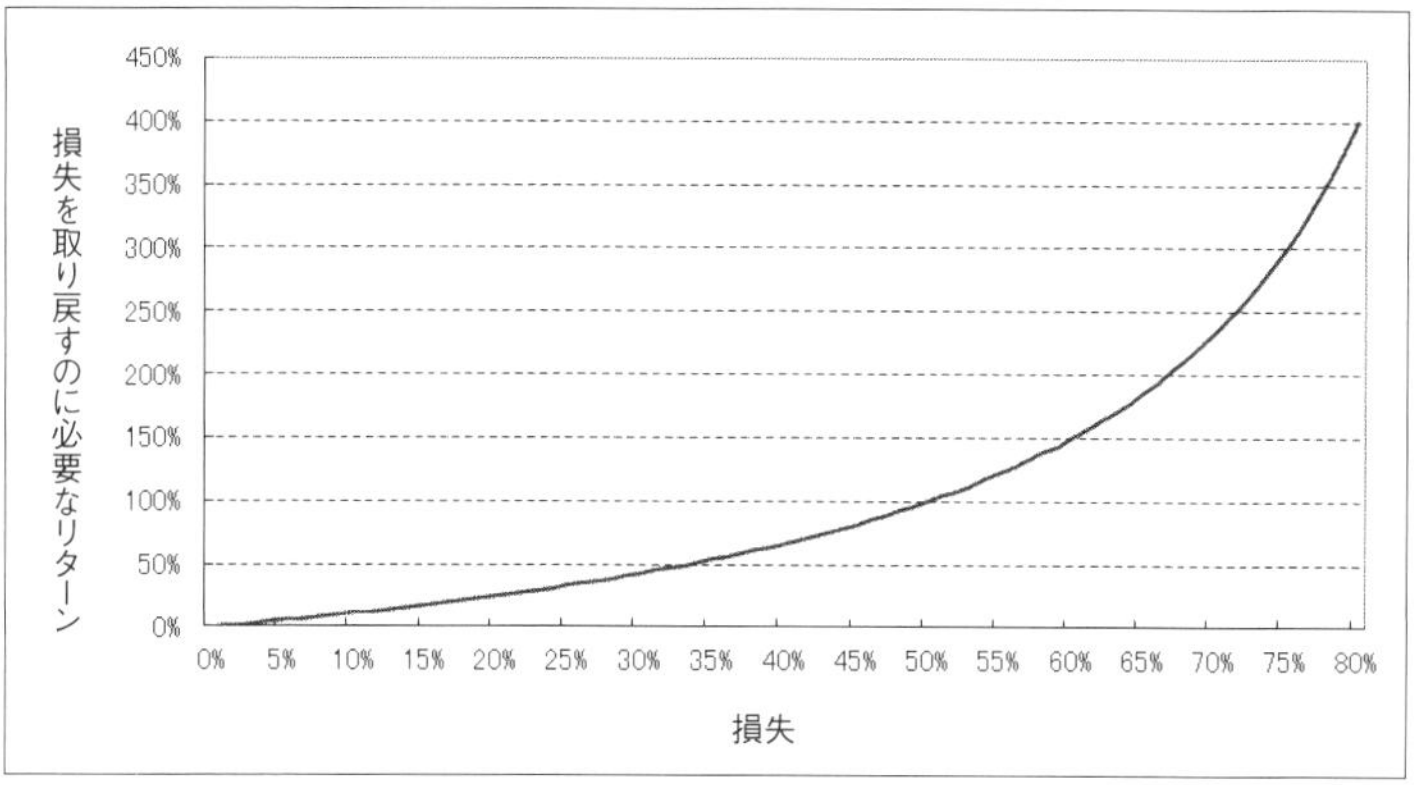

す。

70万円に対して30%のリターンを上げても70万円×30%＝21万円です。これを70万円に足しても91万円で、100万円に届きません。実際に必要なリターンを計算すると、前ページのように約42・9%になります。

このように損失を出すと、その損失を取り戻すにはより大きなリターンが必要になり、損失が大きくなればなるほど、取り戻すのに必要なリターンも加速度的に増えます（図6・2）。

したがって、損失が大きくならないうちに損切りして、資金が目減りしないようにする必要があります。

チャート的に買いシグナルが出たら損切りする

空売りしている状態で、チャート的に買いシグナルが出たら、その後に株価が上昇して損失が拡大することが考えられます。したがって、そのようなタイミングになったら、早めに損切りしておく方が無難です。これは第2章で説明した空売りのタイミングと逆の形になります。

たとえば、株価が下落トレンドの上側のトレンドライン（上値抵抗線）を越えて上昇した時や直近の高値を上回った時は、その後にさらに株価が上昇することがよくあります（図6・3）。下落トレンドが終了した恐れもあります。

そのほか、グランビルの法則で買い法則が出た時なども、損切りのタイミングと考えられます。

図6-3●下落トレンドが転換する時の損切りポイント

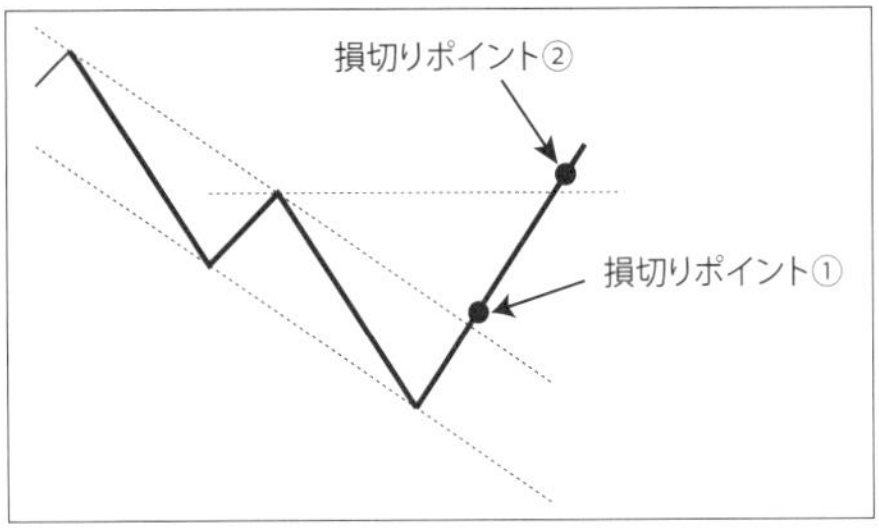

保証金から見た損切りの目安は10%

それでは、損切りのレベルはどの程度が良いのでしょうか？　わずかな含み損で損切りしていると、損切りばかりが

含み損が 10%になるまでの株価の上昇率
＝10% ÷レバレッジの倍率

付いて利益につながらず、「損切り貧乏」になってしまいます。早過ぎず、また遅過ぎない損切りが必要です。

損切りの1つの目安は、含み損が10％になった時です。たとえば、100万円分空売りした場合、株価が10％上がると含み損が10％になります。この段階で損切りして、損失を確定させるようにします。

なお、レバレッジをかけて空売りする場合は、含み損が委託保証金の10％に達した時点で、損切りするようにします。ただ、レバレッジをかけると、株価が少し上がっただけで含み損が大きくなり、すぐに損切りの目安に達してしまいますので、注意が必要です。

レバレッジの倍率と、含み損が10％になるまでの株価の上昇率との関係は、上の式で表すことができます。

たとえば、30万円の委託保証金で、レバレッジを目一杯かけて、100万円分の空売りをするとします。この場合、レバレッジは100万÷30万円＝3・33…倍です。この場合、前ページの式から含み損が10％になるまでの株価の上昇率は、以下のように求めることができます。

含み損が10%になるまでの株価の上昇率＝10%÷3.33…倍＝3%

つまり、レバレッジを目一杯かけると株価が３％上がるだけで、含み損が10％に達してしまいます。レバレッジはよく考えて行う必要があります。

中 逆指値注文などを利用して確実に損切りする

損切りを確実に行うために、あらかじめ損切りの注文を出しておくことをお勧めします。

多くのネット証券では、「逆指値」注文ができますので、これを使います。

空売りした場合、「株価が○○円以上になったら買い戻す」という逆指値注文を出しておきます。たとえば、ある銘柄を１０００円で空売りし、レバレッジはかけないとします。この場合、株価が10％上がって１１００円になると、含み損が10％になります。そこで、「株価が１１００円になったら買い戻す」という逆指値注文を出します（図６・４）。

図6-4●逆指値注文で空売りを損切りする

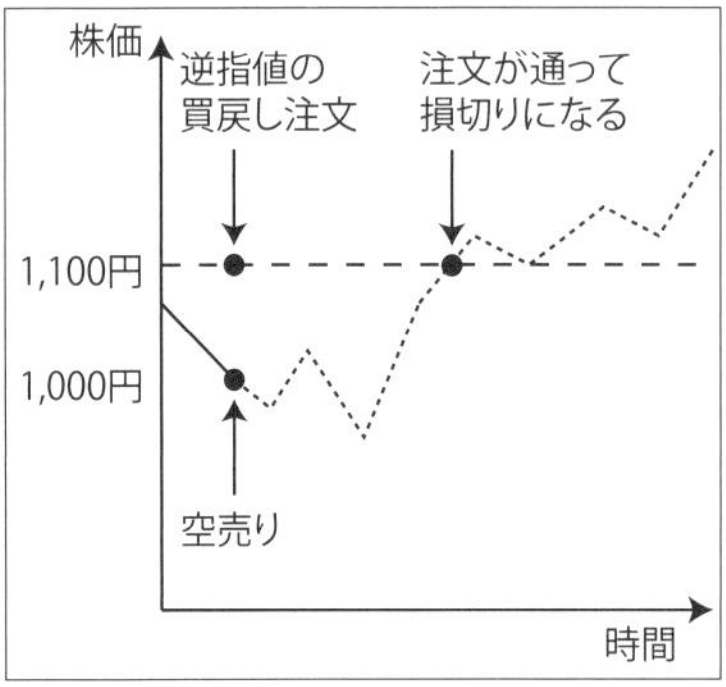

◆逆指値注文の注意点

逆指値注文には期限があります。証券会社によりますが、1週間から1か月程度です。期限を過ぎると注文が失効しますので、失効する前に注文を出しなおすようにします。

また、株価が大きく変動すると、逆指値注文が約定しない場合もあります。たとえば、「株価が1100円を超えたら、1101円の指値で買い戻す」という逆指値注文を出しておいたとします。ところが、何らかの事情で株価が急騰すると、株価の動きが急激過ぎて1101円の指値が約定しないことが起こりえます。そこで**注文執行条件の株価と指定する指値の間には、ある程度の幅を持たせる**と良いでしょう。

また、「株価アラート」というサービスも組み合わせることをお勧めします。株価アラートは、株価が指定した条件を満たした時に、自分あてにメールで通知してくれる機能です。

SBI証券やマネックス証券など、いくつかのネット証券でこのサービスが使えます。メールの送り先は、携帯電話やスマートフォンにしておくと良いでしょう。

たとえば、株価が1000円の銘柄を空売りする場合だと、「株価が1100円を超えたら通知」という条件で、株価アラートを設定しておきます。そして、アラートが来たら、逆指値注文が通ったかどうかを確認するようにします。

信用取引が過熱すると制限がかかることがある

過熱化して制限のかかった銘柄は、原則取引しないのが無難

空売りでは、「空売りが激しくなること」がリスクにつながります。このリスクと対策を理解しておきましょう。

株不足が起こるとどうなる？

空売りでは、誰かから株を借りてきて売ることになります。空売りしようとする人が多くなってくると、この点が問題になります。

たとえば、普段市場に出回っている株が1000万株の銘柄があるとします。一方、この株を空売りしたい人が増えて、3000万株借りてくる必要が出たら、どうすれば良いのでしょうか？

この場合、2000万株も株が不足する計算になります。無いものを売るわけにはいきませんので、いろいろな無理が生じます。

まず、「普段は市場に出回っていない株」を、どこかから調達してくる必要があります。

たとえば、大口の投資家が保有する株を何とかして借りてくる、といった手間が生じます。また、いろいろ手を尽くしても、借りる株が不足する場合もあります。こうなると、もはやその銘柄を空売りすることができない状態になります。

このように、空売りが過熱して空売りする株を調達しづらい（または調達できない）状態になると、空売りにいろいろと制限がかかります。その制限について、よく理解しておく必要があります。

中 株不足になると逆日歩が生じることがある

空売りが多くなってきたことを示すシグナルとして、「**逆日歩**」（ぎゃくひぶ）があります。逆日歩は、株を借りるのが難しくなってきた時に、特別に徴収される費用（ただし、制度信用取引の場合のみ）です。すでに持っている建玉に対してもかかります。

株不足の度合いがまだそれほどでもなければ、逆日歩が発生しても1株当たり1日0・1円といった程度です。ただ、株不足が激しくなってくると、逆日歩が上がっていきます。

たとえば、1株当たり1日1円の逆日歩が発生している銘柄を1000株空売りしていると、1日につき千円（＝1円×1千株）の費用が発生します。このような状況が続けば、仮に建玉が含み益になっていたとしても、それがどんどん減っていくことになります。

ただし、逆日歩が発生するのは、**基本的には制度信用取引で空売りが空買いを上回った時**です。そのため、あまり信用取引されていない銘柄では、空買いも少なく逆日歩が発生しやすいこともあります。

図6-5●逆日歩銘柄が見られる例（トレーダーズウェブ）

コード	銘柄名	04/02	04/01	03/31	03/30	03/27
1301	極洋	0.05	0.15	0.05	0.05	14.00
1377	サカタのタネ	0.05	0.00	0.00	0.00	0.00
1379	ホクト	0.00	0.00	0.00	-	0.05
1420	サンヨーホームズ	0.05	0.15	0.05	0.05	12.80
1429	日本アクア	0.00	0.00	0.00	0.00	0.00
1430	ファーストコーポレーション	0.05	0.15	0.05	0.05	0.05
1433	ベステラ	0.05	0.15	0.05	0.05	0.05
1605	国際石油開発帝石	0.00	-	-	-	-
1663	K＆Oエナジーグループ	0.05	-	-	-	-
1766	東建コーポレーション	0.15	0.45	0.20	0.15	0.15
1768	ソネック	0.05	0.15	0.05	0.05	1.85
1803	清水建設	0.00	0.00	0.00	0.00	0.00
1808	長谷工コーポレーション	0.00	0.00	0.00	0.00	0.80
1810	松井建設	0.00	0.00	0.00	0.00	0.05
1815	鉄建建設	0.00	0.00	0.00	0.00	0.00
1820	西松建設	0.00	0.00	-	-	0.10

出所：https://www.traders.co.jp/

なお、逆日歩が発生した銘柄は、**日証金**から日々発表され、エクセルの形式でデータを入手できます。その情報はインターネット等で見ることができます（図6・5）。

中 取引の制限

さらに空売りが過熱してくると、その銘柄の信用取引について、制限がかかるようになります。制限にはいくつかの段階があります。

◆日々公表銘柄と増担保規制

信用取引で空買い／空売りされ

図6-6●日本取引所グループのサイトで日々公表銘柄を閲覧
（https://www.jpx.co.jp/markets/equities/margin-daily/）

ている株数のことを、それぞれ「**買い残**」「**売り残**」と呼びます（これらについては後で再度解説します）。また、両者を総称して「**信用残**」と呼びます。信用残は証券取引所によって、通常は**週に1回発表**されます。

　ところが信用取引が増えてきた銘柄は、「日々公表銘柄」に指定されることがあります。日々公表銘柄では、投資家に注意を促すために、信用残の状況が毎日発表されます（図6・6）。

　また、日々公表銘柄になっても、信用取引がさらに過熱するようだと、「**増担保規制**」が行われます。増担保規制は、その銘柄を信用取引で売買する場合の**委託保証金の率と、委託保証**

金のうちで現金が占める割合を引き上げる規制です（新規で取引する場合のみ）。

通常は、委託保証金率は30％ですが、増担保規制になると、委託保証金率が50〜70％に段階的に引き上げられます。そのため、信用で取引しにくい状況になります。

なお、日々公表銘柄や増担保規制になったからといって、即座に信用取引ができなくなるのではありません。ただ、取引が増えている状況ですので、さらに過熱して取引の制限につながる可能性があると言えます。

◆注意喚起銘柄

空売りが活発化して、空売りする株の調達が困難になった銘柄では、そのことを投資家に周知するために、「**注意喚起銘柄**」に指定されます。注意喚起銘柄への指定は、日本証券金融株式会社が行います。

注意喚起銘柄になった時点では、新規に空売りすることはまだ可能です。ただ、状況がさらに進むと、空売りが停止される可能性が高いと言えます。そうなると売買が買い側に傾き、株価が上がる可能性があります。したがって、**注意喚起銘柄は新規に空売りすることは避ける**べきです。また、すでに空売りしていた銘柄が注意喚起銘柄になった時には、買い戻しておくのが無難です。

なお、注意喚起銘柄は、証券取引所では日々公表銘柄として扱います。

◆申し込み制限／申し込み停止

注意喚起銘柄に指定されたにもかかわらず、さらに空売りが激しくなると、**空売りできる株数に制限が設けられる**ことがあります。この状態を「**申し込み制限**」と呼びます。

また、株を調達できない状況になると、空売り自体が制限されます。これを「**申し込み停止**」と呼びます。

◆証券会社独自の制限

ここまで述べてきた制限は、証券取引所や証券金融会社によって、すべての投資家を対象に行われる規制です。一方、個々の証券会社が独自に取引を制限することもあります。

そのため、他の証券会社では空売りできるのに、自分の口座のある証券会社では空売りできないといった事態が起きることもあります。

◆空売り価格規制

前日の終値から株価が10％以上下落して取引が成立した銘柄は、「**トリガー抵触銘柄**」という扱いになります（証券取引所のサイトで日々公表されます）。トリガー抵触銘柄を新規に51単元以上（機関投資家は1単元から）空売りする場合、株価がさらに下がれば現在の株価以下で、株価が上がれば現在の株価未満で空売りすることは禁止されます。この規制は法令により、すべての投資家に適用されます。

ここまでで述べたように、信用取引が過熱化してくると、取引にいろいろと制限がかかる場合があります。

取引が制限される際によくあるパターンは、株価が上昇したのを見て「今買えば儲かる」と思った人が空買いする一方で、「ここまで上がったなら、そろそろ下がるだろう」と思った人が空売りして、**買い残と売り残がともに伸びていく**状況です。

この状況で、日々公表銘柄に指定されると、買い建てや売り建てをしている人は「これはそろそろまずい」と警戒します。また、証券会社によっては、独自に取引を制限するところも出てきます。このようなことからその銘柄の取引が減って、それまでとは値動きが大きく変わることが多々あります。さらに、空売りが制限されると、その分だけ売りが弱まることになり、一時的には株価が上がると考えられます。となると、空売りの建玉を持っていると、損失が拡大してしまいます。

このようなことから、**すでに売り建てている銘柄で逆日歩が発生したり、日々公表等の制限が発生した時には、買い戻しておく方が無難**だと言えます。また、そのような銘柄を新規に空売りするのは、避けた方が良いでしょう。

信用取引の全体状況をチェックする

信用残や信用倍率で買い方と売り方の均衡を見る

前節で述べたように、信用取引が過熱化した銘柄では、取引が規制されてリスクが高まることがあります。そこで、信用取引の全体状況をチェックするようにします。

中 買い残と売り残を見れば信用取引の勢力図がわかる

信用取引の状況をチェックする上で、もっとも重要な指標は、**信用取引の残高**です。残高の推移によって、株価が影響を受けることがあります。

信用取引の残高は、大きく分けて、市場全体の**信用取引残高**／**銘柄別の信用取引残高**／**日証金貸借取引残高**の3種類があります。特に、銘柄別の信用取引残高をよく使います。

銘柄別の信用取引残高は、各銘柄の「**買い残**」と「**売り残**」を表すデータです。買い残（かいざん）は、空買いしてまだ決済されていない株数のことです。一方の売り残（うりざん）は、空売りしてまだ決済されていない株数を表します。

一般の銘柄では、**週1回**（通常は火曜日、厳密には毎週第2営業日）に発表され、その翌日の日本経済新聞に掲載されます。ただし、日々公表銘柄では毎日発表されます。

通常は、信用取引をしている人でも空売りの方が少ないので、多くの銘柄では売り残よりも買い残の方が多くなります。ただ、信用取引が過熱化した銘柄では、空売りも増えて買い残と売り残が拮抗したり、売り残が買い残を上回ったりすることもあります。

また、信用取引を行っている人は、現物取引だけを行っている人に比べ数が少なく、買い残／売り残が通常の出来高よりはるかに小さい銘柄も多いです。

ただ、銘柄によっては、信用取引での人気が高く、買い残／売り残がかなり多いものもあります。

◆信用残の変化の例

図6・7は、**日本工営**（1954）の2019年5月〜10月の日足チャートに、出来高／買い残（細線）／売り残（太線）を追加した例です。

2019年8月上旬までは、株価は保ち合いで推移していて、その間は買い残が売り残より多い状態が続いています。しかし、2019年8月中旬頃に株価が上がり始めると、買い残が減り、売り残が増加して、両者が逆転しています（図中の①の箇所）。買い残が減ったのは、株価上昇で利益が出た投資家が空買いを決済したことによると思われます。

一方、株価が上がったことで「そろそろ下がるだろう」と見た投資家の空売りが増えた

図6-7●買い残／売り残の変化の例（日本工営）

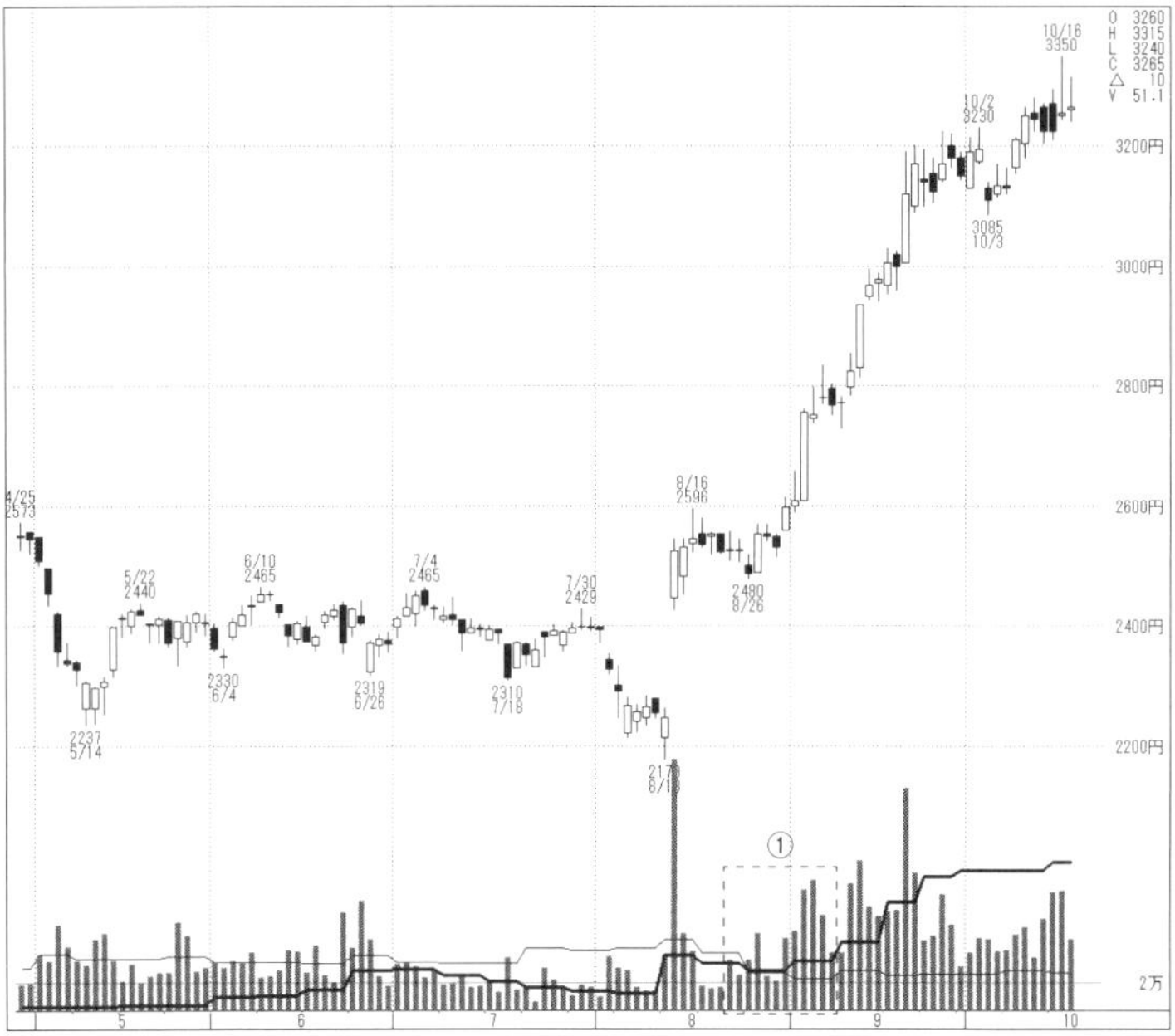

日足/2019.5～2019.10

と思われます。

日証金貸借取引残高もチェックする

信用取引の状況を見る指標として、「日証金貸借取引残高」もチェックしておきます。

こちらは、日本証券金融が毎日発表していて、表計算ソフトのエクセルの形式でデータを入手することができます（図6・8）。「融資残高」が空買いの残高で、「貸株残高」が空売りの残高を表します。

また、ネット証券の情報サービスでも、日証金貸借取

図6-8●日証金貸借取引残高のデータをExcelで開いた例
（https://www.taisyaku.jp/ からダウンロード）

	A	B	C	D	E	F	G	H	I	J	K
1	貸借取引銘柄別融資・貸株残高一覧表										
2	日本証券金融株式会社										
3	（単位：株・口）										
4											
5	申込日	コード	銘柄名	市場区分	融資新規	融資返済	融資残高	貸株新規	貸株返済	貸株残高	差引残高
6	2020/4/2	1301	極洋	東証およびＰＴＳ	0	0	1400	2200	900	10800	-9400
7	2020/4/2	1305	ダイワＥＴＦ・Ｔ	東証およびＰＴＳ	3260	1570	7780	2000	310	7780	0
8	2020/4/2	1306	ＴＯＰＩＸ連動型	東証およびＰＴＳ	7170	17400	91650	6090	16320	91650	0
9	2020/4/2	1308	上場ＴＯＰＩＸ	東証およびＰＴＳ	0	0	0	3700	5400	117900	-117900
10	2020/4/2	1309	中国株上証５０Ｅ	東証およびＰＴＳ	0	0	275	8	7	135	140
11	2020/4/2	1311	ＴＰＸ　Ｃｏｒｅ	東証およびＰＴＳ	940	80	2210	1050	0	2940	-730
12	2020/4/2	1312	ＲＮ小型コア投信	東証およびＰＴＳ	6	7	19	0	1	19	0
13	2020/4/2	1313	サムスンＫＤＸ２	東証およびＰＴＳ	0	0	0	0	0	0	0
14	2020/4/2	1319	日経３００投信	東証およびＰＴＳ	0	0	0	0	0	0	0
15	2020/4/2	1320	ダイワＥＴＦ・２	東証およびＰＴＳ	113	4492	3852	519	1678	8467	-4615
16	2020/4/2	1321	日経２２５投信	東証およびＰＴＳ	2393	3795	19381	3314	6928	170424	-151043
17	2020/4/2	1322	上場インデックス	東証およびＰＴＳ	0	50	440	0	0	0	440

引残高を見られるようになっているところがあります。

　前述の買い残／売り残は、制度信用取引／一般信用取引の両方を合計したデータで、信用取引の全体像を表します。

　一方、日証金貸借取引残高は、制度信用取引だけのデータを表します。そのため、信用取引の全体を表しているとは言えない点が難点です。ただ、毎日発表されるので、速報性があり、空売りの実態をよりはっきりと表していると考えられます。

　さらに、逆日歩が発生したり、空売りが制限されたりするかどうかを判断する上では、日証金貸借取引残高の方が重要です。基本的に、**貸株残が融資残を上回ると、逆日歩が発生**します。

したがって、融資残と貸借残の推移を日々調べた時に、貸借残の増え方の方が速く、いずれは融資残を上回りそうな銘柄は、逆日歩が発生する可能性が高いです。その銘柄をこれから空売りする時や、すでに空売りしている時には、注意が必要だと言えます。

信用倍率をチェックして「踏み上げ」を避ける

信用取引関連のデータの中で、**「信用倍率」**も注目されます。信用倍率は買い残を売り残で割った値で、**買い残が売り残の何倍あるかを表す値**です。

前述したように、多くの場合では買い残が売り残よりずっと多いので、信用倍率は1倍を大きく上回る値になります。しかし、信用取引が活発になり、買い残と売り残が拮抗すると、信用倍率が1倍に近づきます。そして、売り残が買い残を上回ると1倍を下回ります。

信用倍率が1倍に近い状態のことを、**「取組が良い」**（あるいは「好取組」）と呼びます。このような銘柄は、空買いと空売りがせめぎ合っている状態で、値動きが荒っぽくなりやすいと言えます。

しかし、そのような状態がいつまでも続くことはなく、いずれは買いか売りのどちらかに傾きます。そうなると、**傾いた側に株価が一気に動きやすい**と言われています。

特に、買い側に傾くと、空売りしていた人が損失を確定するために買い戻すため、一気に株価が上がるという現象が起こります。これを「**踏み上げ**」と呼びます。売り建てている状態で踏み上げに遭遇すると、大きな損失を被ってしまいます。

踏み上げに持っていかれることを避けるためにも、信用倍率をチェックしておく必要があります。

なお、信用倍率はネット証券のサービスですぐに見られますが、ネット証券によっては信用倍率がある範囲（たとえば0・8倍〜1・2倍）に入っている銘柄を、スクリーニング機能で検索することもできます。

ただし、株価は信用取引だけで決まるわけではありません。多くの銘柄では、信用取引よりも現物取引の方が、はるかに出来高が多いです。信用倍率をチェックすることは必要ですが、あまり過剰に考え過ぎない方が良いでしょう。

追証と強制決済のリスクを避ける

レバレッジは控え目にして、余裕のある委託保証金で取引

信用取引をする上で、「委託保証金」のしくみを理解することは必須です。よくわからないままに適当な取引をすると、「追証」が発生する羽目になります。

委託保証金とは、信用取引のための担保

信用取引は現物取引とは異なり、自分のお金で直接に株を売買するのではありません。空売りでは、持っていない株を人から借りて売り、後で買い戻して返すという手順を踏みます。

何かを借りる上では返せなくなった場合の保証をするために、「担保」が必要になります。信用取引での担保にあたるのが、「**委託保証金**」です。

委託保証金は、最低でも30万円以上、かつ建玉の30％以上の金額が必要です。ただし、証券会社によっては、より厳しい条件を指定しているところもあります。この「建玉の○％以上」の条件のことを、「**委託保証金率**」と呼びます（表6・1）。

表6-1●証券会社ごとの最低委託保証金と委託保証金率／最低保証金維持率の例

証券会社	最低保証金	委託保証金率	最低保証金維持率
マネックス証券	30万円	30%	25%
SBI証券	30万円	31%	20%
楽天証券	30万円	30%	20%
松井証券	30万円	30%	20%
auカブコム証券	30万円	30%	25%

出所：各社ホームページ。2020年3月20日時点

たとえば、委託保証金の最低額が30万円で、委託保証金率が30％の証券会社があるとします。この証券会社で200万円分の株を空売りする場合、200万円の30％は60万円なので、最低でも60万円の委託保証金を差し入れておく必要があります。

また、50万円分の株を空売りする場合、50万円の30％は15万円ですが、委託保証金の最低額が30万円なので、30万円を差し入れておく必要があります。

なお、委託保証金が不足している場合は、新規に空買いや空売りを始めることはできません。委託保証金を追加して、条件を満たす必要があります。

建玉を維持するのに必要な委託保証金は？

ここまでで述べたように、信用取引で新規に取引を始めるには、多くの証券会社では30万円以上かつ建玉の金額の30％以上の委託保証金が必要です。では、取引を始めた後で、建玉を維持するために必要な委託保証金は、いくらになるでしょうか？

$$\frac{\text{委託保証金}-\text{含み損}}{\text{建玉の総額}}=\frac{30\text{万円}-5\text{万円}}{100\text{万円}}=0.25=25\%$$

この額を決める率として、「**最低保証金維持率**」があります。最低保証金維持率は、建玉を維持するために、建玉に対して最低限必要な委託保証金の率のことです。別名「追証ライン」とも言われます。

株価は日々変動しますので、建玉には含み益や含み損が出ます。含み益の間は問題ありませんが、含み損になった時にこれが関係してきます。上の式の左の公式部分で求められる値が、最低保証金維持率を上回っていることが必要になります。

◆委託保証金の計算例

具体的な例で見てみましょう。最低保証金維持率が25％の証券会社で、30万円の委託保証金を差し入れて、100万円分の空売りをするとします（建玉の総額が100万円）。

ここで、株価が5％上がるとします。空売りなので、株価が上がると含み損になり、その額は100万円×5％＝5万円です。ここで前述の式の値を求めると、上の式のようになります。

つまり、これ以上含み損が拡大すると、最低保証金維持率を下回ることになります（図6・9）。

図6-9●最低保証金維持率のしくみ

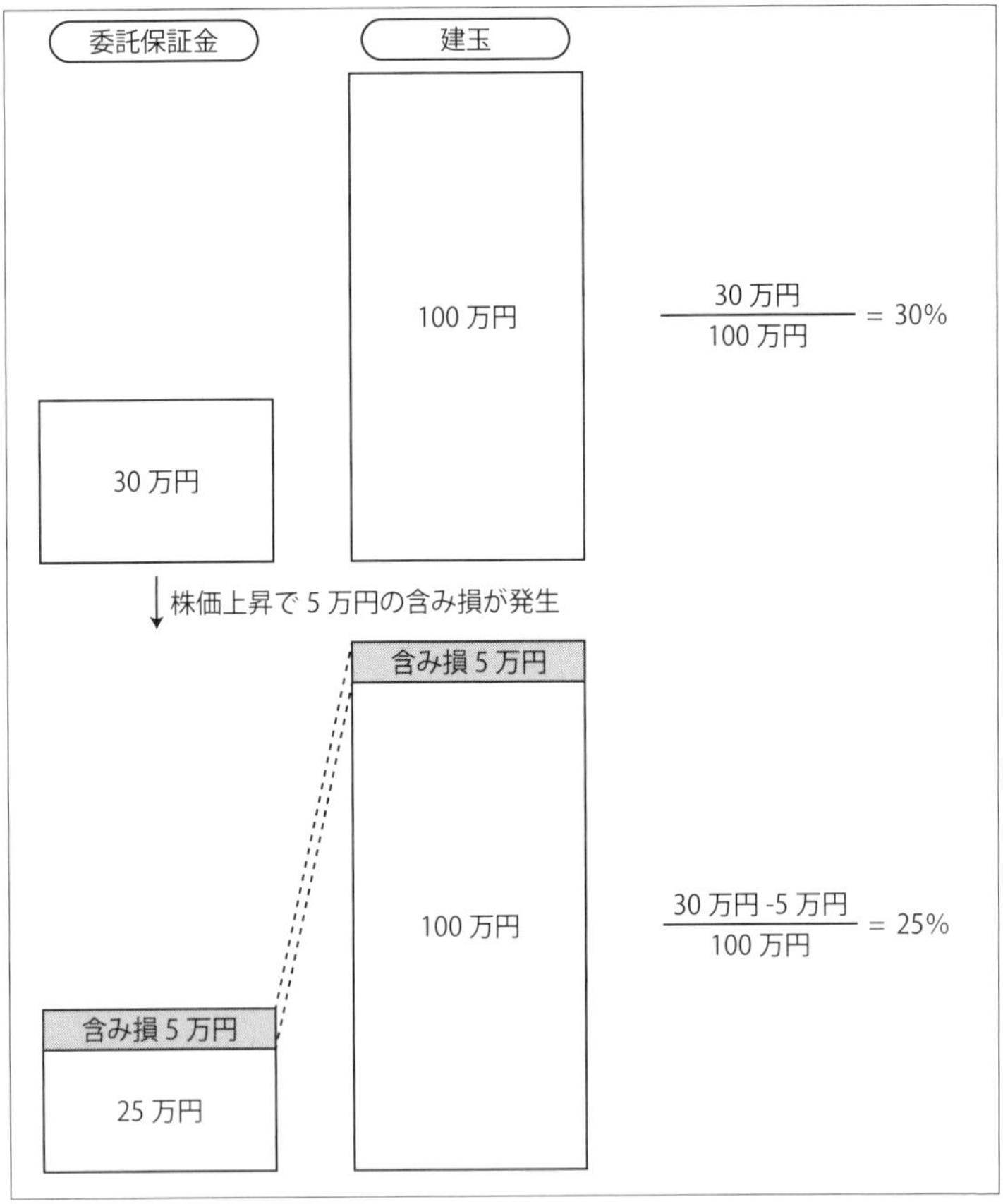

追証=建玉の総額×追証回復ライン（%）−（委託保証金ー含み損）
追証＝100万円×25%−（30万ー15万円）＝10万円

中 最低保証金維持率を下回ると追証の差し入れが必要

最低保証金維持率を下回る状態になった場合、その建玉を維持するためには、委託保証金を追加で差し入れることが必要になります。これを「追証」と呼びます。必要な追証の額は、上の公式で求めることができます。

具体的な例として、最低保証金維持率および追証回復ラインが25%の証券会社で、30万円の委託保証金を差し入れて、100万円分の空売りをするとします（建玉の総額が100万円）。

ここで株価が15%上がって、含み損が15万円（=100万円×15%）発生するとします。この段階で必要な追証の額は、上の式のようになります。

なお、最低保証金維持率を下回ると、「○○日○○時までに保証金を追加してください」といった通知がメール等できますので、証券会社が指定する追証回復ライン（証券会社によるが、委託保証金率ないしは最低保証金維持率が多い）に回復するまで、保証金を追加しなければなりません。

追証の差し入れが必要な状態で、**期限までに差し入れなかった場合、一定期間が過ぎると建玉は強制的に反対売買されて決済され、損失が確定**します。

追証の期限は、証券会社によりますが、追証が発生した日の翌営業日や翌々営業日です。

中 委託保証金は十分な余裕を持たせる

空売りして建玉を持ったとしても、最低保証金維持率をぎりぎり上回る程度の保証金しか入れていなければ、すぐに追証がきてしまい、取引が続けられなくなります。実際の取引では、**十分な余裕を持って保証金を用意する**ことが必要です。

信用取引ではレバレッジがかけられますが、レバレッジをかければかけるほど、追証が発生しやすくなります。

基本的には、慣れるまではレバレッジを1倍のままで、委託保証金の範囲内で取引することをお勧めします。そうすれば、よほどのことがない限り追証は発生しないでしょう。

たとえば、最低保証金維持率が25％の証券会社で、１００万円の委託保証金を差し入れて、１００万円分の空売りをするとします。この場合、含み損が75万円になると、その時点での委託保証金の率が25％になり、これ以上含み損が拡大すると追証が発生します。

ただ、１００万円分を空売りして、75万円の含み損が発生するのは、株価が売値から75％上がった時です。１９４ページで述べたように、そこまで含み損が拡大する前に損切りしているはずであり、通常はこれほどの含み損が発生することはないはずです。

市場全体の底を想定して深追いを避ける

＋GDPとTOPIXの値から想定してみる

新型コロナウイルス問題で株価下落が長期化しそうですが、その中で空売りする際のリスク対策の1つとして、「市場全体の底を想定する」ことを取り上げます。

中 「市場全体の底」を考えておく必要がある

本書執筆時点では、新型コロナウイルスの影響で、他人と接することを極力を控える必要があります。そのため、宿泊業・観光業・飲食業・航空業などを中心に、景気が急速に悪化しています。このウイルス問題が早期に終息することを願いたいですが、有効なワクチンや治療薬が開発されるまで、問題が長く続くことも十分に想定されます。

そうなると、株価下落が長期化することが考えられ、しばらくの間は空売りに適した市場が続きそうです。ただ、株価がマイナスになることはないので、株価下落もいつかは止まります。それ以後は、株価がしばらく**底這いの動きになるか、あるいは上昇トレンドに戻るか**のどちらかで、空売りしづらい市場になることが考えられます。

図6-10●各年のTOPIXの最安値を名目GDP（兆円）で割った値の推移（1992～2018）

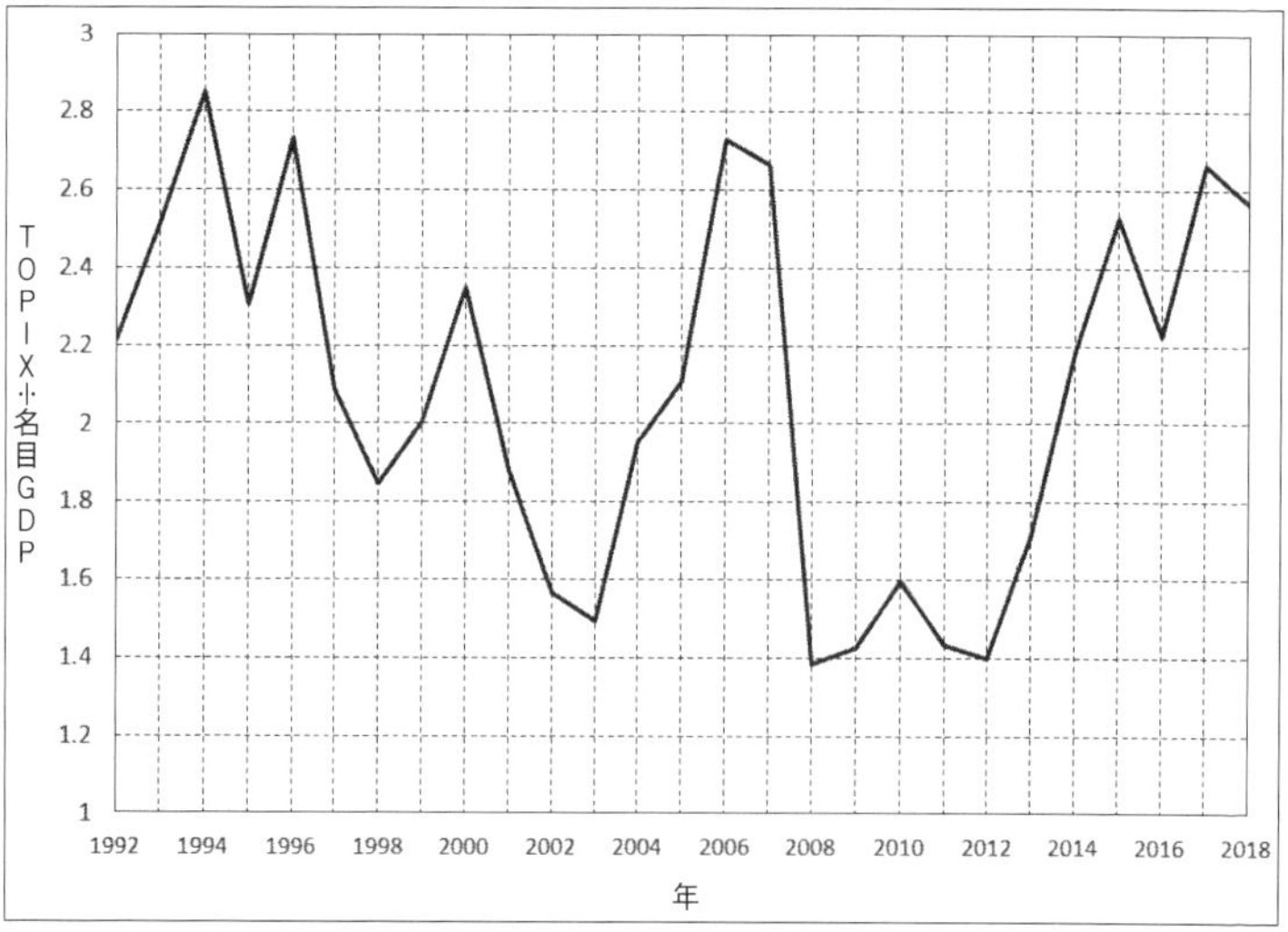

そこで、株価がどのぐらいの水準まで下落すると、「**市場全体の底**」に到達するのかということを、あらかじめ考えておく方が良いと思われます。そして、その付近まで株価が下がったら、それ以上の空売りは控えて、深追いしないようにする方が無難です。

GDPとTOPIXとの関連性

国全体の経済規模を示す指標として、**GDP（国内総生産）**があります。一方、東証一部全体の値動きを表す指標として、**TOPIX（東証株価指数）**があります。株価は経済規模の大小に大きく関係しますので、このGDPとTOPIXにも関連性があります。

過去30年で見ると、それぞれの年のＴＯＰＩＸの最安値を、名目ＧＤＰ（兆円）で割った値は、**下限が1・4程度、上限が2・8程度で推移**しています（図6・10）。ここから考えると、下落トレンドがしばらく続いたとしても、ＴＯＰＩＸの下限は、ＧＤＰ（兆円）×1・4程度になることが予想されます。

中 リーマンショック超えを想定して検討する

大幅な景気後退の例として、2008年9月のリーマンショックは記憶に新しいところです。2008年とその翌年の2009年とで日本のＧＤＰを比較すると、2008年が約521兆円、2009年が約490兆円で、約6％の落ち込みになりました。

今回の新型コロナウイルス問題では、影響する範囲が大きいので、**リーマンショックを超える景気悪化が起こることが予想**されています。仮に、2020年のＧＤＰが2019年より10％程度落ち込み、500兆円になるとします。すると、ＴＯＰＩＸの最安値は、500×1・4＝700程度まで下がりそうだという予想が立ちます。

また、本書執筆時点では日経平均株価はＴＯＰＩＸの13・5倍程度ですので、その傾向が続くとすれば、日経平均株価は700×13・5＝約9500円まで下がりそうだと考えられます。

ここで挙げた数字はあくまで例であり、実際にＧＤＰがどの程度下がるか、また新型コロナウイルス問題がどの程度長期化するかによって、市場全体の下がり方は変わってきます。随時情報を確認し、それを元にして市場の底がどのくらいになりそうかを推測しながら、空売りを行うと良いでしょう。

CHAPTER 7

空売りを使った応用ワザで稼ぐ

下げの途中で買い戻して資金を増やす

＋利益を保証金に組み入れ、売り建てる度に建玉を増やす

下落トレンドにある株も一本調子に下がるのではなく、**下がっては少し戻してまた下がる**という動きを繰り返していきます。空売りでは、大底に値下がりするまで待ってから買い戻すのも手ですが、一定程度下がるごとに、こまめに買い戻して利食いした方がより利益を上げられる場合もあります。

中 底まで待つのと途中で買い戻すのではどちらが儲かる？

たとえば、株価が1000円の銘柄を1000株空売りし、大底で半値の500円になったところで買い戻すとします。また、レバレッジはかけずに、委託保証金として100万円（＝1000円×1000株）を口座に入れていたとします。

株価が500円になるまで買い戻さずに待ったとすると、株価の値下がり分が利益になりますので、利益は次の通り50万円です。

値下がり幅＝1,000円－500円＝500円

利益＝500円×1,000株＝50万円

一方、株価が下がりきる（大底）まで待たずに、一定程度下がるごとにこまめに買い戻して、空売りをやりなおすことも考えられます（図7・1）。たとえば、結果として株価が100円下がるごとに買い戻して、空売りをやりなおしたとします。この場合の利益はどうなるでしょうか？

仮に、委託保証金を100万円入れていたとします。また、買い戻して得た利益は、委託保証金に加算し、空売りする株数を増やしていくものとします。この場合の委託保証金の額の推移は、表7・1のようになります。空売りできる株数が増える分、複利のように利益が利益を呼ぶ形になり、資金が大きく増える結果になります（以下、手数料等は省略します）。

図7-1●一定程度下がるごとにこまめに買い戻して再度空売りする

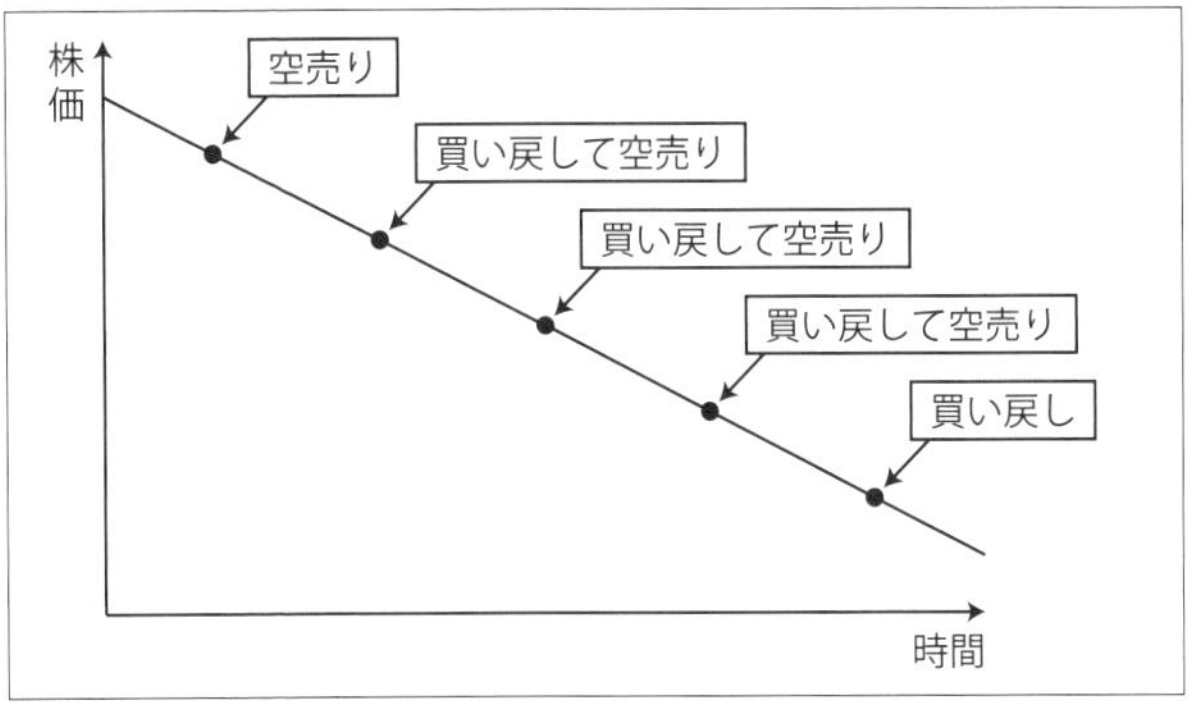

表7-1●株価が100円下がるごとに買い戻して、空売りしなおした場合の利益（円）

空売り前の株価	空売り後の株価	空売り前の委託保証金	空売りする株数	利益	空売り後の委託保証金
1,000	900	1,000,000	1,000株	100,000	1,100,000
900	800	1,100,000	1,200株	120,000	1,220,000
800	700	1,220,000	1,500株	150,000	1,370,000
700	600	1,370,000	1,900株	190,000	1,560,000
600	500	1,560,000	2,600株	260,000	1,820,000

この「株価が下がるごとに買い戻して空売りをやりなおす方が利益になる」というのは、空売りだけの特徴です。買いの場合だと、レバレッジをかけないなら途中で売って買いなおしても、株価が上がるのを待ってから売っても、利益は同じになります。

買いだと、資金が増えるとともに株価も上がるので、買える株数は変化しません。この点が空売りと異なります。

たとえば、株価が1000円の銘柄を1000株買って、その株が1500円に上がったとします。1500円まで上がるのを待ってから売った場合、利益は次の通り50万円です。

値上がり幅＝1,500円－1,000円＝500円

利益＝500円×1,000株＝50万円

一方、株価が100円上がる度に利食い売りして、買いなおした場合、資金の増え方は表7・2のようになります。最終的な利益は50万円で、株価が1500円まで上がるのを待ってから売った時と同じです。

表7-2●株価が100円上がるごとに利食いし、買いなおした場合の利益（円）

買い前の株価	買い後の株価	買い前の資金	買う株数	利益	買い後の資金
1,000	1,100	1,000,000	1,000株	100,000	1,100,000
1,100	1,200	1,100,000	1,000株	100,000	1,200,000
1,200	1,300	1,200,000	1,000株	100,000	1,300,000
1,300	1,400	1,300,000	1,000株	100,000	1,400,000
1,400	1,500	1,400,000	1,000株	100,000	1,500,000

レバレッジをかけると効果が上がる

ここまでで述べたように、空売りでは株価が大底まで下がるのを待ち続けるよりも、適度に買い戻して空売りをやりなおす方が、大きく利益を上げられる可能性があります。

そして、レバレッジをかけると、利益がより大きくなる可能性があります。

たとえば、ある銘柄の株価が1000円の時に1000株空売りし、500円で買い戻すとします。また、レバレッジを2倍にするとします。

この場合、1000円×1000株＝100万円なので、レバレッジを2倍にするなら、必要な委託保証金は100万円の半分で50万円になります。途中で買い戻さずに、500円まで下がるまで待ったとすると、224ページと同様に利益は50万円です。

結果として、50万円の委託保証金に利益の50万円が加わって100万円になるので、資金が2倍になった計算になります。

表7-3●レバレッジ2倍で、100円下がるごとに買い戻して空売りしなおした場合の利益（円）

空売り前の株価	空売り後の株価	空売り前の委託保証金	空売りする株数	利益	空売り後の委託保証金
1,000	900	500,000	1,000株	100,000	600,000
900	800	600,000	1,300株	130,000	730,000
800	700	730,000	1,800株	180,000	910,000
700	600	910,000	2,600株	260,000	1,170,000
600	500	1,170,000	3,900株	390,000	1,560,000

一方、株価が100円下がるごとに買い戻して空売りをやりなおしたものとして、委託保証金の増え具合を計算してみると、表7・3のようになります。元々50万円だった委託保証金が最終的に156万円まで増えていて、資金が3倍強になった計算になります。

ちなみに、レバレッジをかける場合は、買いであっても株価が天井に上がりきるまで待たずに、適宜利食い売りして空買いをやりなおす方が利益が大きくなります。ただ、空売りと比べると、利益の増え方はさほど大きくありません。

たとえば、委託保証金を50万円用意し、ある銘柄が1000円の時に1000株空買いするとします。そして、その後に株価が1500円まで上がるとします。

株価が1500円になるまで待って売った場合だと、利益は50万円で、委託保証金は100万円になりますので、2倍になる計算です。

表7-4●株価が100円上がるごとに利食い売りして、買いなおした場合の利益（円）

買い前の株価	買い後の株価	買い前の資金	買う株数	利益	買い後の資金
1,000	1,100	500,000	1,000株	100,000	600,000
1,100	1,200	600,000	1,000株	100,000	700,000
1,200	1,300	700,000	1,100株	110,000	810,000
1,300	1,400	810,000	1,200株	120,000	930,000
1,400	1,500	930,000	1,300株	130,000	1,060,000

一方、株価が100円上がるごとに利食い売りして、空買いをやりなおした場合、最終的な委託保証金は106万円になるだけです（表7・4）。

前述したように、空売りでは株価が下がるごとにこまめに買い戻して空売りをやりなおすと、資金が増える一方で株価が下がることで、空売りできる株数が大きく増えて、利益が伸びます。そのため、レバレッジをかけると、こまめに空売りをやりなおす効果がより大きく出ます。

一方の、空買いでレバレッジをかけた場合、株価が上がるごとに売って空買いをやりなおすと、資金が増える分だけ空買いできる株数が増えますので、利益は伸びます。ただ、空売りの時と比べると買える株数がそれほど増えないので、効果は低いと言えます。

「つなぎ売り」で現物株の下げをヘッジする

+ 保有する現物株と同じ銘柄を空売りして損益を固定

空売りでは持っていない銘柄を売ることが多いですが、現物で今持っている銘柄を空売りする「つなぎ売り」という手法もあります。

中 つなぎ売りとは？

まず、つなぎ売りとはどういった手法でしょうか？　このことからお話しします。

つなぎ売りは簡単に言えば、**すでに買っている銘柄を同じ株数だけ空売りする**ことです。たとえば、トヨタ自動車を１００株持っている時に、トヨタ自動車を１００株空売りするのが、つなぎ売りにあたります。

同じ銘柄で買いと売りの両方のポジションを取ることを、「**両建て**」と呼びます。つなぎ売りは両建ての一種と言える手法で、「**持っている株を売りたくないが、株価下落で利益が減る（または損失になる）のは避けたい**」という時に使います。

たとえば、ある株が２００円の時に現物で買い、その後保有し続けて、今の株価が

図7-2●株価が下がりそうな時の取引（利食い⇒買いなおし）

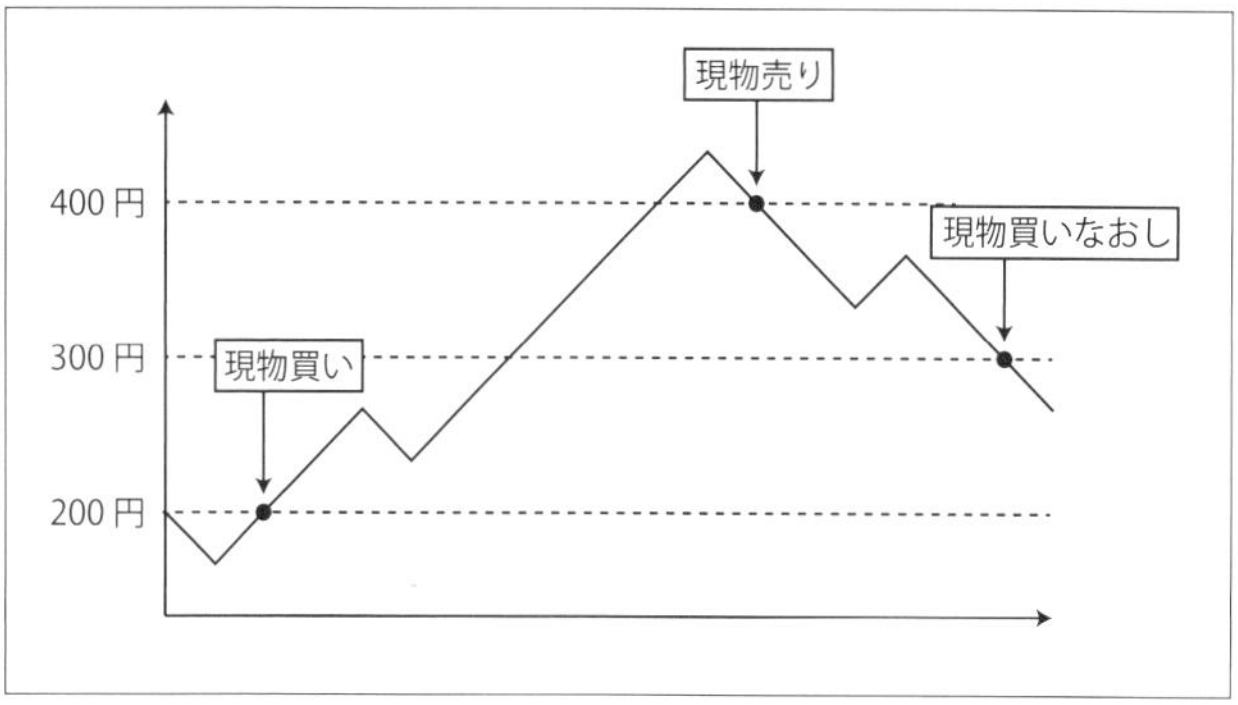

400円になっているとします。しかし、これから株価が300円まで下がりそうな気配だと思ったとします。この場合、以下のような手順を取ることが考えられます（図7・2）。

①現物で持っている株を売って、利益を確定する

②株価が300円に下がったら、再度その株を買いなおす

右の方法では、①の時点で持っている株を売っています。ただ、売った後で予想に反して株価がもっと上がるかもしれません。

この株を手放さすに、かつ今出ている含み益を逃したくない場合は、つなぎ売りを使って以下のようにすることもできます（図7・3）。

①現物で持っている株は売らずに、400円で空売り

図7-3●株価が下がりそうな時の取引（つなぎ売り）

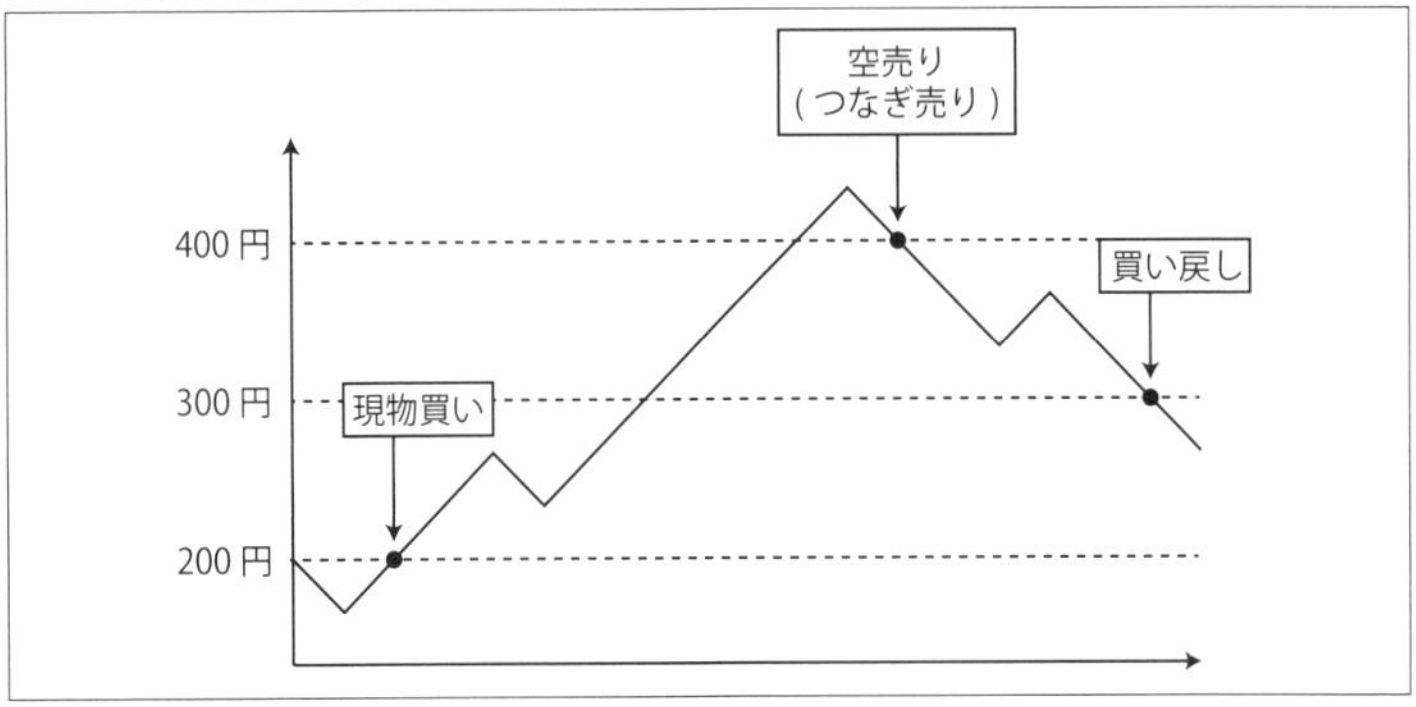

（つなぎ売り）する

②株価が300円に下がったら空売りを買い戻す

つなぎ売りのメリット

つなぎ売りは、短期的には株価が下落局面にあるが中長期的には上昇トレンドにある時など、手持ちの有望な現物株を売りたくない時に、**両建てにすることでポジションをニュートラル**にします。そうすると、株価が上昇・下落のどちらに動いても現物株と空売りの損益が相殺され、それまでの利益が確保されるとともに、新たな損失が発生しないことになります。

また、つなぎ売りは、たとえば米国の大統領選挙で共和党・民主党のどちらの候補が勝つか、日銀が新たな金融政策を打ち出すかどうか、といったような、結果によっては市場全体の急落や混乱が予想されるようなイベントが迫った時に、つなぎ売りをしておいて、結果がどちらにころぶか様子を見るといった使い方もできます。

◆心理的に余裕が持てる

つなぎ売りは厳密に損益だけを考えると、特にメリットはありません。ただ、心理的なメリットと税金面のメリットはあります。

前述の図7・2の例では、一度200円で買った株を売り、300円で買いなおしています。最初の買値よりも高い値段で買いなおしている分、株価の下落に対する不安が大きくなりがちです。また、売った後で株価が下がらずに予想に反してどんどん上がった場合、売値よりもさらに高い値段で買いなおすには、かなりの抵抗感が生じます。

一方、つなぎ売りの方法では、200円で買った株をそのまま持ち続けている感覚があり、その分だけ精神的に余裕を持つことができます。また、売った後に株価が上がり調子だったとしても、空売りの方を損切りして決済すれば済みます。

◆塩漬け株の処理に使う

買った後で株価が下がり過ぎて、売るに売れないまま塩漬け株にしてしまった経験はないでしょうか。そのような銘柄だと少々株価が上がっても、なかなか売る気にはなれないものです。

ここで、つなぎ売りを利用することが考えられます。「株価がある程度上がったが、まだまだ買い値には届かず、このままではまた下がりそう」という時に、その銘柄でつなぎ売りをします。そして、実際に株価が下がったならそこで買い戻し、少しずつ含み損を解消していきます（図7・4）。

図7-4●つなぎ売りを繰り返し塩漬け株の損失を少しずつ取り返す

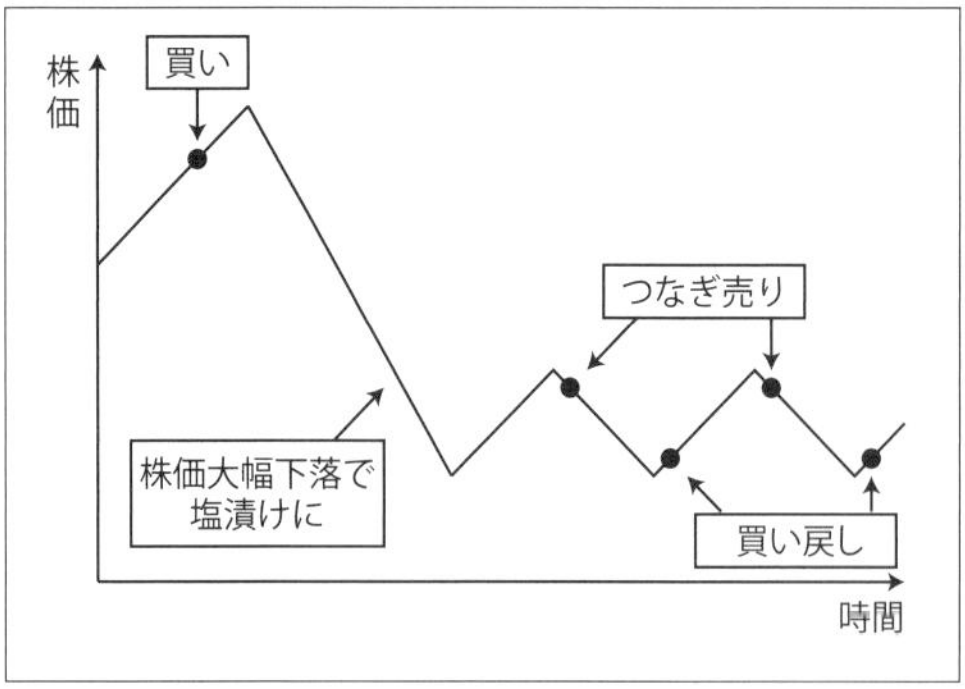

ただ、つなぎ売りを何度も続けて利益を貯め、塩漬け株の含み損を解消したとしても、最終的にはその塩漬け株の株価が買値を超えて利益が出る状態にならないと、なかなか売る気にはなれないのではないかと思います。

しかし、含み損が解消できたなら、もうその株を持ち続ける意味はあまりないでしょう。塩漬け株をその場で売ってすっきりして次のチャンスに備える方が、良い結果が得られる可能性があります。

◆税金面のメリット

もう1つのメリットとして、税金面を上げることができます。こちらは合理的に考えても意味があるメリットです。

買った株を売って利益を確定すると、税金がかかります。しかし、つなぎ売りの場合、現物株は保有し続けていて、株価上昇に対する利益はまだ確定していない状況です。結果として、つなぎ売りを使うことで、**税金の一部を先送り**することができます。

つなぎ売りして利益を来年以降に先送りすることで、メリットが出ることがあります。来年以降に他の銘柄で損失が出れば、その損失を、**つなぎ売りして先送りした利益と相殺して、税金を抑える**ことができます。

ただ、今年すでに損失が出ている場合、つなぎ売りせずに現物を売って利益を確定し、その利益をすでに出ている損失と相殺する、という方法を取ることもできます。税金面のメリットを得られるのかどうか、よく考えた上でつなぎ売りするようにすべきです。

中 つなぎ売りと現渡し

つなぎ売りのように、現物を持っている銘柄を空売りした場合、空売りを買い戻して決済するほかに、「**現渡し**」という方法を取ることもできます。現渡しは、空売りしている株を買い戻して決済するのではなく、**自分が現物で持っている株を充当して決済する**（借りている株を現物株で返済する）ことを指します。

現渡しすると、最終的な損益は現在の株価に関係なく、現物を買った時の株価と、つなぎ売りした時点の株価の差になります。

◆**現渡しで決済する例**

たとえば、ある銘柄が200円の時に現物で買い、400円の時につなぎ売りしたとします。この後で現渡しすると、その時の株価がいくらであるかに関係なく、1株当たりの利益は200円（＝400円－200円）になります。

なお、現渡しは、形の上では空売りした株を買い戻して、同時に現物を売ったのと同じになります。ただ、空売りの買い戻し＋現物の売りだとそれぞれで手数料がかかるのに対し、現渡しは通常は手数料はかかりませんので、うまく使うと良いでしょう。

「サヤ取り」で2つの銘柄の値動きの差で稼ぐ

似たような2銘柄で買いと空売りを組み合わせる

空売りを使ったテクニックの1つとして、「サヤ取り」があります。リターンはあまり大きくはありませんが、その分リスクも低いというメリットがあります。

サヤ取りのしくみ

サヤ取りとは、**2つの銘柄の値動きの差（サヤ）を利用して利益を上げる**方法です（図7・5）。

同じような性質がある2つの銘柄では、普段のサヤはある範囲に収まることが多いです。しかし、何らかの理由で、サヤが普段より急に拡大したり、逆に縮小したりすることがあります。

このようなタイミングで、**2つの銘柄のうち株価が割高な方を空売りし、割安な方を買います**。そして、サヤが普段の範囲に戻るのを待って、両方の銘柄の取引を決済すると、サヤが変化した分だけ利益を得ることができます。

図7-5●サヤ取りのしくみ

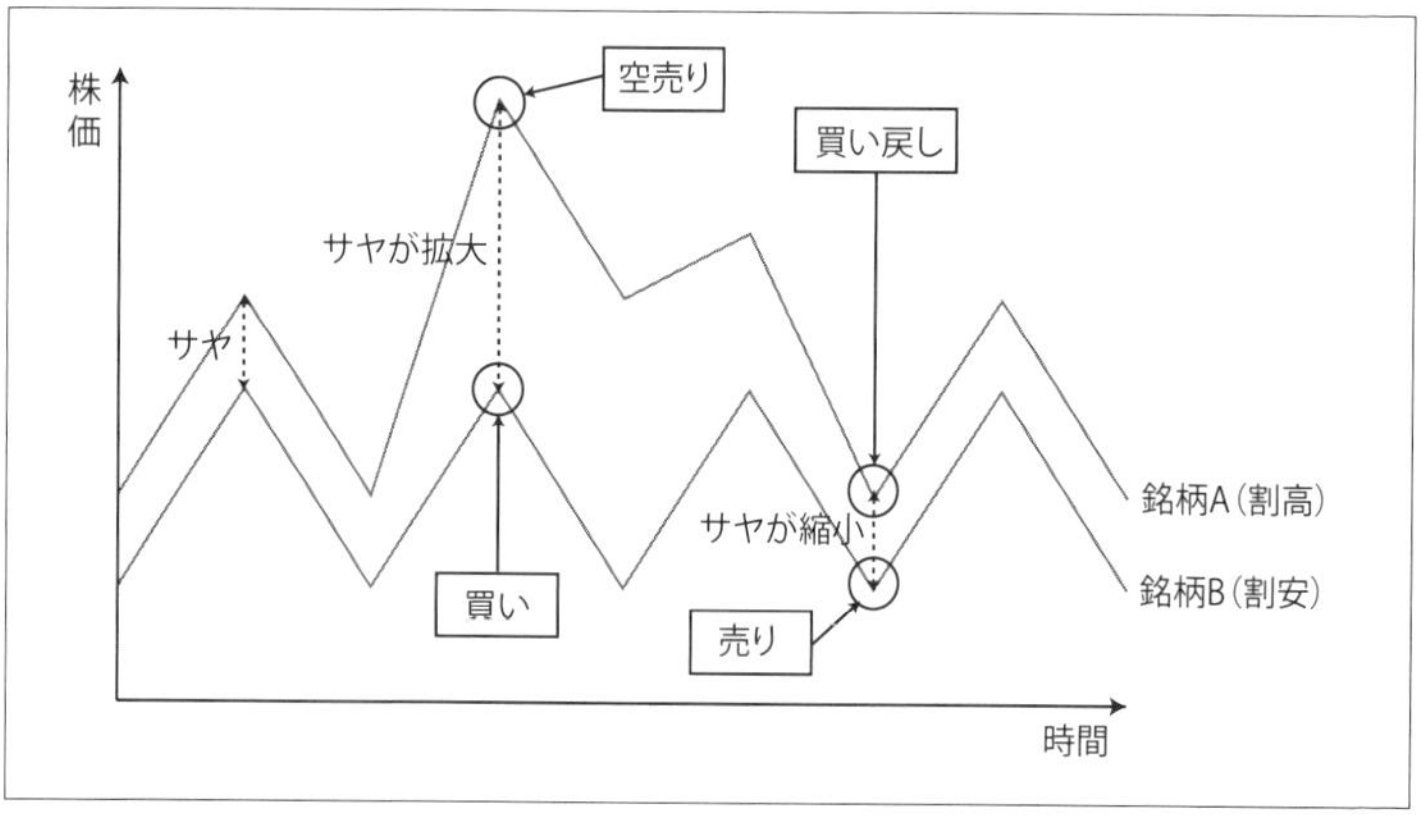

たとえば、図7・5のように2つの銘柄の株価が推移したとします。この場合、サヤが拡大した時点で、割高になった銘柄Aを空売りし、割安な銘柄Bを買います。そして、サヤが縮小した時点で、銘柄Aを買い戻し、銘柄Bを売ります。すると、サヤが縮小した分の利益が得られます。

中 サヤ取りの例（日本精工とNTN）

仕組みの話だけではわかりづらいと思いますので、実際の例として、**日本精工**（6421）と、**NTN**（6472）の2019年9月～2020年1月の株価をもとに、サヤ取りを行う例を紹介します（図7・6）。この期間の日本精工の株価はNTNの3倍前後なので、株価の差をわかりやすくするために、NTNの株価はすべて3倍して計算します。また、サヤは日本精工からNTNを引

図7-6●日本精工／NTNの株価と両者のサヤ

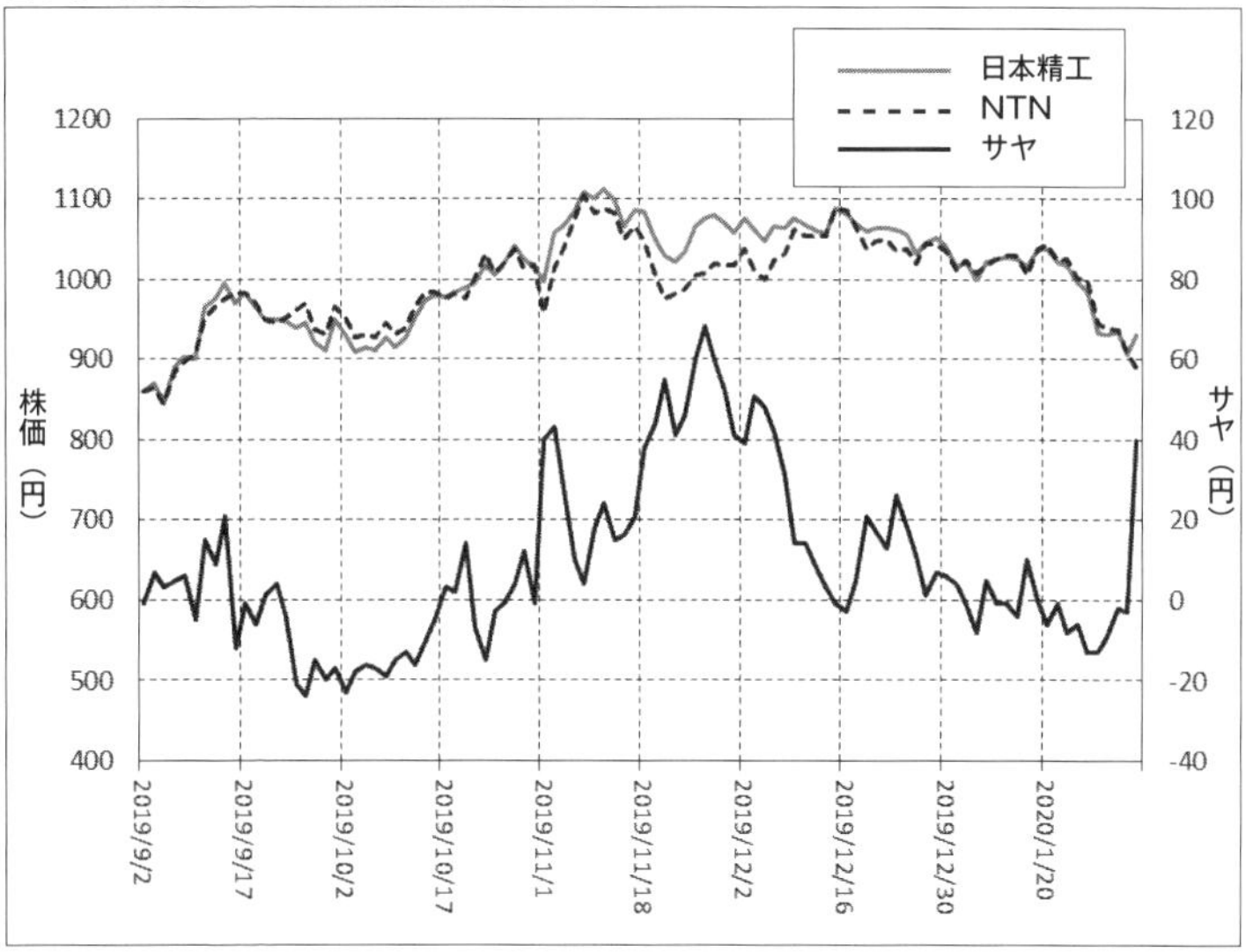

いて求めています。

●サヤ取りの例①

２０１９年9月下旬にかけてサヤが縮小していますが、10月上旬から11月中旬にかけて拡大に転じています。９月26日は日本精工とＮＴＮの株価はそれぞれ９４５円／９６９円になって、サヤが－24円になっています。

この時点で、サヤ取りを始めるものとします。日本精工と比べてＮＴＮの値下がりが小さくてサヤが縮小したので、割高なのはＮＴＮです。したがって、ＮＴＮを空売りし、日本精工を買います。

この後、サヤは徐々に拡大していきます。たとえば、11月26日には、日本精工とNTNの株価はそれぞれ1076円／1008円になって、サヤが68円に拡大しています。このタイミングでサヤ取りを終えるとすると、NTNの空売り／日本精工の買いで、それぞれの1株当たりの損益は、以下のようになります。合計で1株当たり92円の利益になっていますが、この92円は、サヤ取り開始時点のサヤの－24円と、終了時点のサヤの68円との差にあたります（手数料等は省略）。

◆サヤ取りの例②

もう1つの例として、2019年11月下旬から2020年1月下旬にかけてのところを見てみましょう。11月下旬まではサヤが拡大しましたが、その後はサヤが縮小しています。

この期間にサヤが縮小したのは、**NTNと比べて日本精工の値下がりが大きかった**ことが原因です。そこで、元々割安だったNTNを買い、割高な日本精工を空売りします。サヤが最も大きくなっているのは、2019年11月26日です。この日の日

例1
①NTNの空売り　969円－1008円＝－39円
②日本精工の買い　1076円－945円＝＋131円

例2
①NTNの買い　999円－1008円＝－9円
②日本精工の空売り　1076円－986円＝＋90円

本精工／ＮＴＮの株価は１０７６円／１００８円で、サヤは68円です。ここでサヤ取りを始めるものとします。

その後サヤは縮小しています。２０２０年1月24日には日本精工／ＮＴＮの株価は９８６円／９９９円で、サヤは－13円になっています。ここでサヤ取りを終えるとします。

この場合のＮＴＮの買い／日本精工の空売りで、それぞれの1株当たりの損益は、以下のようになります。合計で81円の利益になっていますが、この81円も、サヤ取り開始時点と終了時点のサヤの差（＋68円と－13円の差）にあたります。

サヤ取りが失敗する時は？

サヤ取りが成功するのは、サヤが普段より拡大ないし縮小した時点でサヤ取りを始め、その後にサヤが普段通りの値に戻った時です。逆に言うと、サヤが普段通りの状態に戻らないと、サヤ取りが失敗します。

たとえば、Ａ・Ｂの2つの銘柄が似たような値動きをしていたとします。そして、Ａが大きく上がってサヤが拡大したので、割高なＡを空売りし、割安なＢを買って、サヤ取りを始めるとします。

ここで、割高なＡの株価がさらに上昇し、割安なＢの株価があまり上昇しないで、サヤ

図7-7●サヤ取りが失敗する時のパターン

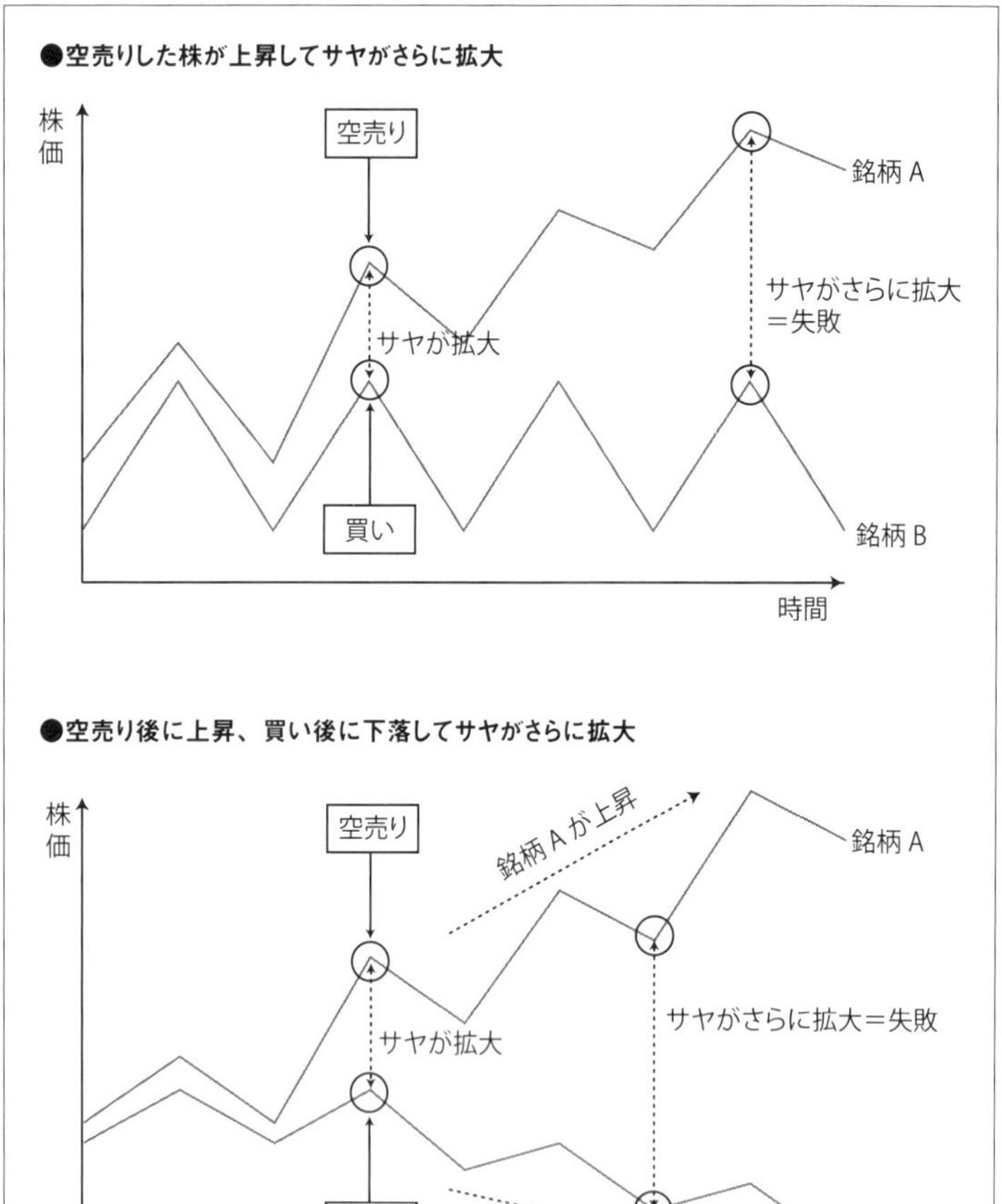

が一段と拡大したとします。この場合、Aの空売りで大きな損失が出る一方、Bの買いでは利益がわずかしか出ず、サヤ取りは失敗に終わります（図7・7の上）。

また、割高なAがさらに上昇し、割安なBが下落すると、Aの空売り／Bの買いの両方が損失になります（図7・7の下）。このように、2銘柄がともに思惑と逆の動きをすると、両方に損失が出て、最悪のパターンになります。

サヤ取りはローリスク・ローリターン

右で述べたように、サヤ取りが大きく失敗する可能性も、もちろんあります。ただ、値動きの似た銘柄をきちんと選べば、片方が一段と大きく上がってもう片方が下がるということは、そう多くは起こりません。そのため、サヤ取りは**比較的ローリスク**であると考えられます。

ただ、リターンもあまり高くはありません。一般的には、**買いと空売りのどちらかが利益になり、もう片方は損失になって、その差額分だけ利益が残る**形になります。

サヤ取りに適した銘柄の組み合わせ方

サヤ取りをうまく行うには、**よく似た値動きをする2つの銘柄を組み合わせる**ことが必要です。また、**株価が急騰・急落しやすいような銘柄は避けるべきです**。そのような銘柄を使うと、サヤの動きを読みづらくなり、サヤ取りに失敗しやすくなります。前述のオリンパスと富士フィルムのように、**同じ業種のライバル同士で、株価の動き方が近い２つの銘柄を組み合わせる**のが基本です。たとえば、以下のような組み合わせが考えられます。

①清水建設（１８０３）と鹿島建設（１８１２）
②三井Ｅ＆Ｓホールディングス（７００３）と日立造船（７００４）
③日本郵船（９１０１）と川崎汽船（９１０７）

また、日経平均株価とＴＯＰＩＸのそれぞれに連動するＥＴＦを組み合わせて、サヤ取りすることも考えられます。

日経平均株価とＴＯＰＩＸは、個別銘柄のように極端に大きく動くことはめったにありません。そのため、サヤ取りに失敗したとしても、大きな損失にはなりにくく、リスクが小さいと言えます。もっとも、リスクが小さい分リターンも小さくなります。

その他の空売りを使った小技あれこれ

株主優待や配当金の権利取得のつなぎにも使える

空売りに関して、他にも小技があります。大きく稼げるというものではありませんが、紹介しておきます。

株主優待だけをゲットする

株主重視の風潮が進む中で、株主優待を行う企業が増えました。通常、株主優待は**決算日の時点で株を保有している**と受け取ることができます。

ここで、信用取引を使うことで、少ないリスクで株主優待だけを得ることができます。

具体的な手順は以下の通りです。

①権利付最終日に、対象の銘柄を現物で買うとともに、同じ値段で同じ株数だけ空売りする

②翌営業日（権利落ち日）に、現渡しして取引を決済する

現物の買いと空売りを同じ値段で同じ株数だけ行い、翌日に現渡ししますので、株価が上下しても、利益も損失も発生しません。また、権利付最終日から権利落ち日をまたがるので、買いでは**配当**を得ることができますが、空売りでは**配当金相当額**を支払うことになり、これらも相殺されます。

ただ、買いで株主優待を得ることができる一方、空売りして権利付最終日から権利落ち日にまたがったからといって、株主優待に相当するものを支払う必要はありません。そのため、株主優待だけが手元に残るという結果になります。

もっとも、現物買いと空売りにかかる手数料と、空売りしたことによる貸株料は支払う必要があります。これらの費用に比べて、**株主優待のメリットが大きい銘柄を選ぶ**必要があります。

また、株価は動いていますので、買いと空売りを同じ株価で約定できるという保証はありません。買う時の株価が高く、空売りする時の株価が安くなることもあります。そうなると、両者の差だけ損失が発生します。

さらに、株主優待のメリットが大きい銘柄だと、同じことを考える人が多数空売りしようとして、逆日歩が発生したり、空売り自体ができなかったりすることもあります。この点にも注意が必要です。

つなぎ売りで株主優待を受け取る

「現物株を持っていて、あともう少し待てば株主優待の権利が得られるけど、株価が下がり気味なので、売って利益を確定したい」という場面が来ることもあります。この時には、そのタイミングで現物株と同じ株数だけ空売り（つなぎ売り）して、権利落ち日に現渡しする、という手法を取ることができます（図7・8）。

つなぎ売りした後で現渡しすることで、つなぎ売りした日の株価で売ったのと同じ利益を得られます。一方、権利落ち日に現渡しすることで、株主優待の権利も得られます。

ただし、つなぎ売りする際の手数料と、つなぎ売りしている間の貸株料がかかりますので、株主優待にそれ以上のメリットがなければ意味がありません。また、つなぎ売りしている間に、逆日歩が発生する可能性もあります。これらの点に注意が必要です。

図7-8●つなぎ売りして権利落ち日に現渡しする

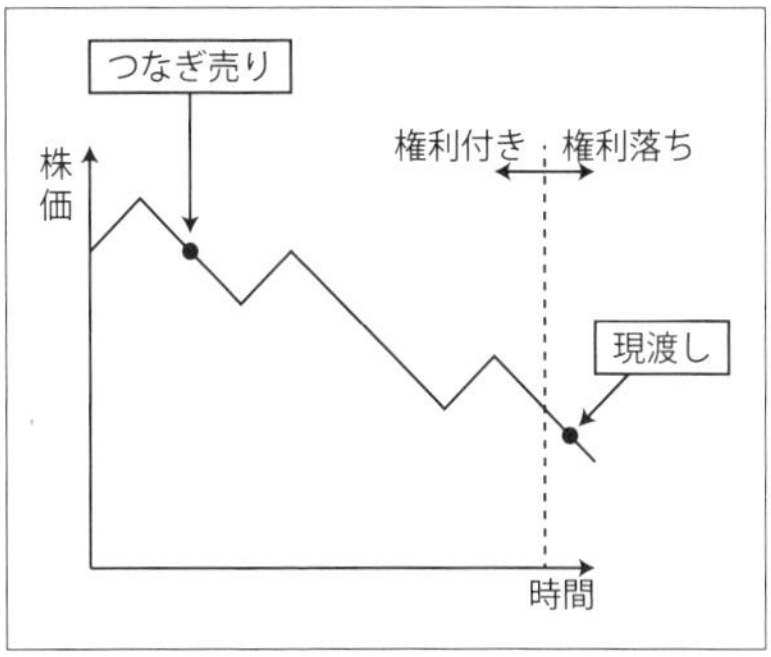

1日分の貸株料＝100万円×0.1%÷365＝2.73円
（100分の1円未満を切り捨て）
30日間の貸株料＝2.73円×30=81円（円未満を切り捨て）
※税引き前

貸株料を受け取る

空売りをすると貸株料が徴収されます。一方、**手持ちの現物株を証券会社に貸して、貸株料を受け取る**こともできます。マネックス証券、SBI証券などいくつかの証券会社で、貸株料が得られるサービスを行っています。貸株のサービスを利用できる銘柄は、証券会社によって異なります。

長期保有するつもりの現物株があるなら、単に寝かせておくのではなく、貸株料を受け取ると良いでしょう。

もっとも、本書執筆時点では、受け取れる貸株料はごくわずかで、多くの場合年率で0.1%です（一部の銘柄でボーナス金利が適用され、年0.5%以上になる場合もあります）。

たとえば、貸株にした銘柄の時価評価額が100万円（株価変動はないものとします）で、貸株料の率が年利0.1%だとします。この状況で30日間貸したとすると、貸株料は上のようになります。

◆貸株料を受け取る場合の注意

貸株料を受け取るサービスを利用すると、株を貸している間は株の名義が証券会社の名義になります。そのため、株主優待を受けるには権利付最終日の時点でいったん貸株を解除し、権利落ち日に再度貸株にする、といった処理が必要です。

証券会社では、このような処理を自動的に行うサービスも用意されていますので、それを利用すると良いでしょう。また、配当金は、証券会社から税引き後の配当金相当額が支払われる形になります（配当所得ではなくなり、雑所得の扱いになります）が、前述の自動受取りサービスを利用すれば、配当金として受け取ることもできます。

貸株のサービスについては、詳しくは各証券会社のサイトでご確認ください。

■著者紹介
藤本 壱（ふじもと はじめ）
1969年兵庫県伊丹市生まれ。神戸大学工学部電子工学科を卒業後、パッケージソフトメーカーの開発職を経て、現在はパソコンおよびマネー関係の執筆活動のほか、ファイナンシャルプランナー（CFP® 認定者）としても活動している。個人投資家としては、早くからパソコンとデータを駆使した株式投資を実践している。
・ホームページ　https://www.1-fuji.com/
・ブログ　https://www.h-fj.com/blog

【最近の投資・マネー関連の著書】

「高配当・連続増配株投資の教科書」「株初心者も資産が増やせる高配当株投資」「実戦相場で勝つ！ 株価チャート攻略ガイド」「実戦相場で勝つ！ ＦＸチャート攻略ガイド」（以上、自由国民社）、「Excelでここまでできる！株式投資の分析＆シミュレーション完全入門」（技術評論社）、「プロが教える！金融商品の数値・計算メカニズム」（近代セールス社）などがある。

※本書は2017年2月小社発行「新版 上手に稼ぐカラ売りテクニック」を最新事例で改訂のうえ改題した改訂新版です。

手堅く短期で効率よく稼ぐ　株カラ売り５つの戦術

2020年5月22日　初版第1刷発行

著　者　藤本　壱
発行者　伊藤　滋
発行所　株式会社　自由国民社
〒171-0033　東京都豊島区高田3-10-11
https://www.jiyu.co.jp/
電話 03-6233-0781（営業部）

チャート提供（個別株式銘柄）　株式会社ゴールデン・チャート社
印刷所　奥村印刷株式会社
製本所　新風製本株式会社
ブックデザイン　吉村朋子
本文DTP　門川ゆかり